伊丽莎白女王

〔英〕爱德华·S.比斯利 著

张宝元 译

全盛时期的都铎王朝

THE AGE OF ELIZABETH

人民东方出版传媒
People's Oriental Publishing & Media
东方出版社
The Oriental Press

图书在版编目（CIP）数据

伊丽莎白女王：全盛时期的都铎王朝 /（英）爱德华·S.
比斯利 著；张宝元 译. -- 北京：东方出版社, 2020.5
　ISBN 978-7-5207-1487-7

　Ⅰ.①伊… Ⅱ.①爱…②张… Ⅲ.①伊丽莎白一世
(Elizabeth Ⅰ 1533-1603)—传记 Ⅳ.①K835.617=33

中国版本图书馆CIP数据核字(2020)第042046号

伊丽莎白女王：全盛时期的都铎王朝
（YILISHABAINVWANG:QUANSHENGSHIQIDEDUDUOWANGCHAO）

作　　者：[英] 爱德华·S.比斯利
译　　者：张宝元
责任编辑：辛春来
出　　版：东方出版社
发　　行：人民东方出版传媒有限公司
地　　址：北京市朝阳区西坝河北里51号
邮　　编：100028
印　　刷：三河市刚利印务有限公司
版　　次：2020年5月第1版
印　　次：2020年5月第1次印刷
开　　本：710毫米×1000毫米　1 / 16
印　　张：23
字　　数：340千字
书　　号：ISBN 978-7-5207-1487-7
定　　价：90.00元
发行电话：（010）85924663　85924664　85924641

目 录

第 **1** 章

从亨利八世到玛丽一世
的英格兰政局

1533—1558

精彩
看点

我不得不用有限的篇幅来讲述伊丽莎白女王一生的故事。她的成年几乎是在王位上度过的；她的成年其实就是英格兰四十五年的历史。她兴趣广泛。无论是她的私生活，还是她在公众心目中的形象，她的一生始终充满无休止的争议。显然，我只能以她一生中最重要的事件为线索，尝试从宏观的角度来讲述她的故事。

伊丽莎白生于1533年9月6日。她是亨利八世与第三代诺福克公爵托马斯·霍华德①的外甥女安妮·博林②的女儿。霍华德家族的所有显贵都参加了四天后举行的受礼仪式。根据《国会法案》，伊丽莎白为私生女。据历史记载，自从母亲被处死后，伊丽莎白从未表达过对母亲的任何看法，也从未提到过其名字。她一直没有废止《剥夺公权法案》。她执意这么做的目的或许就是要证明自

---

① 托马斯·霍华德（Thomas Howard, 1473—1554），嘉德勋章获得者，都铎王朝时期杰出的政治家，亨利八世的枢密大臣。他分别是亨利八世的两任妻子安妮·博林和凯瑟琳·霍华德（两人都死在断头台上）的舅舅和叔叔，他在这两场婚姻中都扮演了极重要的角色。1546年失宠后他先是被剥夺公爵爵位，接着被关进伦敦塔等候发落。1547年1月28日亨利八世驾崩，他才侥幸逃过一劫。（本书中除原注外，均为译者注，不再另行说明）

② 安妮·博林（Anne Boleyn, 约1501—1536），英格兰王后（1533—1536），亨利八世的第二任妻子。安妮·博林与亨利八世颇受争议的婚姻以及后来殒命断头台两件事掀起了英格兰政治、宗教改革的序幕。她也因此成为这场运动的焦点人物。安妮·博林从小在尼德兰、法兰西接受教育。1522年，安妮·博林入宫做了亨利八世的第一任妻子阿拉贡的凯瑟琳的侍从女官。1533年1月25日，她与亨利八世正式宣布结婚。1536年5月19日她在伦敦塔被处死。

托马斯·霍华德　　　　　　　　　　　　　　　　　　　　安妮·博林

己的母亲安妮·博林是无罪的。为此，她刻意栽培、提拔亨利·诺里斯[1]爵士的儿子——据说是她的情夫，为他加官晋爵，并格外眷顾他的家人。

　　亨利八世在位期间，伊丽莎白主要在哈特菲尔德[2]生活。同她一起生活的还有一位女管家和弟弟爱德华[3]。1536年，国会授权亨利八世指定王位继承人。1544年，亨利八世颁布了一部法案，宣布他的王位继承人顺序依次为爱德华、

---

[1]　亨利·诺里斯（Henry Norris，约1482—1536），亨利八世的粪便男仆。他是亨利八世的贴身仆人之一，与王后安妮·博林关系很好。安妮·博林失宠后，他以叛国罪、通奸罪被处死，一同被处死的还有安妮·博林的弟弟乔治·博林、弗朗西斯·韦斯顿爵士、威廉·布里尔顿及马克·思米顿。据说，他们几个都与王后有染。但大多数历史学家认为亨利八世对他们的指控纯属子虚乌有。

[2]　哈特菲尔德（Hatfield），英格兰赫特福德郡的一座城镇。

[3]　即爱德华六世（Edward VI，1537—1553），英格兰及爱尔兰王国国王（1547—1553），亨利八世与他的第三任妻子简·西摩之子。爱德华六世九岁登上王位，是英格兰历史上第一位信奉新教的君主。爱德华六世政府为摄政府，分别由他的舅舅第一代萨默塞特公爵爱德华·西摩（1547—1549）和1551年被封为诺森伯兰伯爵的第一代沃里克伯爵（1550—1553）约翰·达德利摄政。

玛丽①和伊丽莎白。在亨利八世驾崩前几天所立的遗嘱中，他重申了1544年法案中王位继承人的合法性，并把他的妹妹萨福克公爵夫人玛丽·都铎②的女儿也列为合法继承人，顺序在伊丽莎白之后。此举巧妙地否定了他的姐姐苏格兰王后玛格丽特·都铎③后裔的王位继承权。

亨利八世

玛丽·都铎

① 即英格兰女王玛丽一世（Mary I of England, 1516—1558），英格兰及爱尔兰王国女王（1553—1558），亨利八世与他的第一任妻子阿拉贡的凯瑟琳之女。玛丽一世执政时期最激进的政策就是推翻了先王亨利八世一生苦苦经营的宗教改革成果。为恢复罗马天主教在英格兰及爱尔兰的统治地位，她血腥惩处新教徒，是新教徒眼中的"血腥玛丽"。

② 玛丽·都铎（Mary Tudor, 1496—1533），法王路易十二之妻，法兰西王后（1514—1515），亨利八世的妹妹。路易十二驾崩后，她改嫁第一代萨福克公爵查尔斯·布兰登，两人育有四个孩子，其中大女儿弗朗西丝·布兰登郡主是英格兰历史上"九日女王"简·格雷郡主的母亲。

③ 玛格丽特·都铎（Margaret Tudor, 1489—1541），苏格兰国王詹姆斯四世之妻，苏格兰王后（1503—1513）、摄政（1513—1515），亨利八世的姐姐。詹姆斯四世在英苏战争中殒命沙场之后，她改嫁第六代安格斯伯爵阿奇博尔德·道格拉斯。她分别是玛丽·斯图亚特和达恩利勋爵的祖母。玛格丽特·都铎与詹姆斯四世的婚姻预示了后来英苏两国实现共主联邦的前景，他们的重孙苏格兰国王詹姆斯六世（英格兰王国的詹姆斯一世）是英国历史上首位实现共主联邦的君主。

凯瑟琳·帕尔

　　1547年1月28日亨利八世驾崩时，伊丽莎白仅十三岁。随后，她与先王的遗孀
凯瑟琳·帕尔①生活在一起。亨利八世驾崩后没过几周，凯瑟琳·帕尔就与她的
旧情人、时任海军大臣、被称为"仪表堂堂，气度不凡，声音很有磁性，但智商平
平，为人狂妄自大"的托马斯·西摩②——摄政萨摩塞特公爵爱德华·西摩③的弟

---

① 凯瑟琳·帕尔（Catherine Parr, 1512—1548），英格兰及爱尔兰王国王后（1543—1547）。她是
　亨利八世的最后一任（第六任）妻子，也是都铎王朝的最后一位王后。1543年7月12日，她与
　亨利八世结婚，比他多活了一年。她一生历经四次婚姻，是英格兰历史上结婚次数最多的一
　位王后。
② 托马斯·西摩（Thomas Seymour, 约1508—1549），嘉德勋章获得者，简·西摩王后的哥哥，也
　是凯瑟琳·帕尔的第四任丈夫。
③ 爱德华·西摩（Edward Seymour, 约1500—1552），嘉德勋章获得者，简·西摩王后的哥哥，英
　格兰都铎王朝爱德华六世时期的摄政（1547—1549）。尽管他广受普通老百姓爱戴，但贵族们
　却对他的政策极为不满，最终被迫下台。

弟——结婚了。但没过多久，两人的和谐就被托马斯·西摩与伊丽莎白之间的轻佻行为打破了。1548年伊始，凯瑟琳·帕尔粗鲁地把伊丽莎白赶出了宫。从此以后，伊丽莎白主要是在哈特菲尔德生活。

1548年8月，凯瑟琳·帕尔薨逝后，托马斯·西摩立即萌生了迎娶伊丽莎白的念头。1549年3月，他的这种念头以及其他一些野心勃勃的阴谋最终把他送上了断头台。没有确凿证据表明伊丽莎白曾同意鳏居的托马斯·西摩的结婚请求，或者对他的提议做出过任何正面回应。但她却乐于倾听托马斯·西摩的意见，并经常对他说一些暧昧的话。对于他们之间的结合，伊丽莎白深知没有任何可能。她只不过是和一位足以做她父亲的老男人玩一场感情游戏罢了，这和她后来玩弄足以做她儿子的年轻男士时的手法如出一辙。据此，我们领略了贯穿伊丽莎白一生的对待感情的态度——见异思迁，逢场作戏。当伊丽莎白获悉海军上将

托马斯·西摩

少女时期的伊丽莎白

托马斯·西摩被处死的消息时，她只淡淡地说了一句："今天，一位聪明异常但头脑糊涂的人永远离开了这个世界。"伊丽莎白就是这样一位女性。她或许跟常人一样具有丰富的情感，但宁愿把它们埋在心底。这就是她从未真正爱过别人或从未被别人真正爱过的原因所在，也是人们——不管是男性还是女性——一直以来对她敬而远之的原因所在。不管怎样，她与托马斯·西摩之间的这起丑闻还是给她造成了一定的影响。一段时间以来，头顶上的乌云一直笼罩着她。在著名学者罗杰·阿夏姆①的悉心教导下，她整天在阿什里吉、恩菲尔德及哈特菲尔德的宅邸里潜心研究学问。

1553年7月6日，爱德华六世驾崩时，伊丽莎白还不满二十岁。简·格雷在位期间，伊丽莎白尽管与姐姐玛丽②有着相同的政治利益，但总是谨慎行事，始终保持中立。简·格雷被赶下王位后，伊丽莎白立即写信祝贺姐姐，并与她一起策马进入伦敦。玛丽一世统治早期，伊丽莎白如履薄冰，整日提心吊胆，唯恐性

伊丽莎白与姐姐玛丽一起进入伦敦

---

① 罗杰·阿夏姆（Roger Ascham，约1515—1568），英格兰杰出的人文主义者，著名散文家、教育家、语言学家，伊丽莎白女王的希腊语、拉丁语启蒙导师。在爱德华六世、玛丽一世及伊丽莎白女王的政府中任过公职。
② 即后来的玛丽一世。

托马斯·怀亚特

命朝夕不保，哪怕是不经意间的一言一行都有可能为她带来灭顶之灾。有人曾臆测伊丽莎白是托马斯·怀亚特之乱[①]的幕后指使者。但事实证明无论是托马斯·怀亚特之乱，还是其他的任何阴谋诡计，都与她无任何瓜葛。后来，在与苏格兰女王玛丽·斯图亚特[②]的殊死较量中，她谨小慎微、光明磊落的做事风格赢得了许多主动权。相反，在身陷几乎同样的处境时，苏格兰女王玛丽·斯图亚特的行事手段却与她极为不同。

西班牙大使西蒙·雷纳要求玛丽一世处死伊丽莎白，以此为条件结成两国同盟。玛丽一世满口应诺，向西班牙大使西蒙·雷纳保证绝不会让其失望。在亨

---

① 托马斯·怀亚特之乱（Wyatt's Rebellion）是1554年发生在英格兰的一场著名叛乱。叛乱的主要领袖是托马斯·怀亚特。叛乱因玛丽一世与西班牙国王腓力二世之间的婚约而起，后演变成了一场虽没有明确指示但暗示推翻玛丽一世统治的反叛运动。叛乱最终被血腥镇压。托马斯·怀亚特于1554年4月11日因谋反罪被处死。

② 玛丽·斯图亚特（Mary Stuart, 1542—1587），苏格兰女王（1542—1567），也称"玛丽一世"。她是伊丽莎白女王的表侄女（她的祖母玛格丽特·都铎是亨利八世的姐姐）。

利八世时代，如果有人胆敢目无君主、对他指手画脚，那就该扳着手指度过余生了。然而，玛丽一世却不具备先王那种强硬的政治手腕。枢密院是一道很难迈过的坎儿。即便这样，枢密大臣迫于压力还是做了让步。尽管上议院的某些议员提出了强烈的抗议，但伊丽莎白最终还是没能逃脱被关进伦敦塔的厄运。负责押送伊丽莎白前往伦敦塔的第二代苏塞克斯伯爵亨利·拉德克利夫①——一个古老贵族的后裔——擅作主张，故意延迟了出发时间，以此争取可能在玛丽一世面前为伊丽莎白申辩的机会。玛丽一世勃然大怒道："如果先王亨利在世，他们敢这样违抗君命吗? 要是先王能多活一个月该多好!" 然而，任凭玛丽一世大发雷霆，一切还是于事无补。一国之君绝对独裁的日子俨然已经成为历史! 深谋

亨利·拉德克利夫

① 第二代苏塞克斯伯爵亨利·拉德克利夫 (Henry Radclyffe, 2nd Earl of Sussex, 1507—1557)，英格兰贵族，嘉德勋章获得者。第一代苏塞克斯伯爵罗伯特·拉德克利夫与苏塞克斯伯爵夫人伊丽莎白·斯塔福德之子。

远虑的亨利·拉德克利夫因担心有人作乱，提前警告看守伦敦塔的中尉道：没有他的书面指示，任何命令都不得执行。在玛丽争夺王位的斗争中，海军大臣埃芬厄姆的霍华德①是玛丽最坚定的支持者，但他也是伊丽莎白的舅爷。他强烈要求伊丽莎白在伦敦塔囚禁期间的膳食应由她的贴身仆人准备。因议员强烈反对，议会不得不撤销由玛丽一世指定王位继承人的提议。最后，法官宣布伊丽莎白无罪。忧心忡忡的玛丽一世不得不做出让步。后来，伊丽莎白被转移到伍德斯托克宫，她在那里被软禁了差不多一年时间。这也不足为怪，作为王位的合法继承人和此起彼伏的阴谋及叛乱的假定幕后指使者，伊丽莎白不可能绝对自由。1555年10月，伊丽莎白获准前往哈德菲尔德，由托马斯·波普②爵士负责监护。玛丽一世统治后期，天主教在英格兰重新占据了统治地位。但此时的伊丽莎白却不问政事，所以巧妙地躲开了不同宗教信仰之间的纠纷。随着伊丽莎白继承王位日子的逼近，她开始密切关注着事态的发展，潜心研究将来可能面临的各种复杂情况。此时，她与威廉·塞西尔③建立了良好的友谊。显然，伊丽莎白登上宝座是经过事先周密计划的。

在玛丽一世奄奄一息之际，西班牙大使菲里亚公爵戈麦斯·苏亚雷斯④拜会了伊丽莎白，告诉她，他的主人"腓力二世已经向玛丽一世和枢密院施加压力，她成功继承王位毫无悬念"。但伊丽莎白婉言谢绝了大使的好意，回告他她已深得民心，百姓和贵族现在都站在她这边。

---

① 即第一代埃芬厄姆的霍华德男爵威廉·霍华德（William Howard, 1st Baron Howard of Effingham, 约1510—1573），第二代诺福克公爵托马斯·霍华德与阿格尼丝·蒂尔尼之子。他是四朝老臣，分别在亨利八世、爱德华六世、玛丽一世和伊丽莎白女王政府中担任公职，其中最重要的职位分别为外交使臣、海军大臣、官务大臣。他是亨利八世第二任妻子安妮·博林的舅父，也是伊丽莎白女王的舅爷。
② 托马斯·波普（Thomas Pope, 约1507—1559），英格兰16世纪中期杰出的政治家、牛津大学三一学院的创始人。
③ 威廉·塞西尔（William Cecil, 1520—1598），嘉德勋章获得者，枢密大臣。爱德华六世的首相（1550—1553），伊丽莎白女王的首席顾问、首相（1558—1572）、财政大臣（1572—1598）。正如艾伯特·波拉德所言，"从1558年起之后的四十年中，威廉·塞西尔的点点滴滴与伊丽莎白女王是难以分清的，与英格兰这四十年的历史是一脉相承的"。
④ 戈麦斯·苏亚雷斯（Gómez Suárez, 约1520—1571），西班牙贵族、外交官，腓力二世的重要谋臣。

第 **2** 章

宗教改革

1559

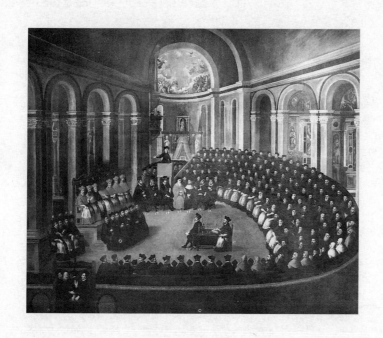

1558年11月17日，玛丽一世驾崩。在国会两院召集的联席会议上，约克大主教尼古拉·希斯[①]率先承认伊丽莎白的王位继承权，"在王位继承一事上，无论合法性还是身份，感谢慈悲的主，我们无须质疑。"约克大主教尼古拉·希斯是一位坚定的天主教信徒，拒绝为伊丽莎白主持两个月之后即将举行的加冕礼。然而，他是英格兰人。即便是那些最忠实的天主教徒对新上台的女王即将实行的宗教政策也惴惴不安，但无一例外地一致拥护伊丽莎白继承王位。此外，伊丽莎白已经明确表态她不会遵奉玛丽一世统治后期施行的教会法，不允许骚扰、焚烧主教的暴力事件发生。对于这一点，所有人的看法都是肯定的。但伊丽莎白却极有可能继续认可教皇对英格兰教会名义上的最高领导权，并继续承认天主教弥撒仪式的合法性。我们清楚地记得英格兰的宗教改革史只有短暂的三十年时间。每位中年人都还记得英格兰举国上下信奉天主教时的情形：没有人敢亵渎"崇拜偶像"，因为"崇拜偶像"已经在英格兰屹立了几个世纪。自最高法案颁布以来，英王从教皇手中接过教会最高领导权的时间只有二十四年；在英格兰人的强烈反对声与恐惧中，摄政萨摩塞特公爵爱德华·西摩迫使他们接受新教教义和崇拜仪式的时间只有十一年。爱德华六世的不幸驾崩使英格兰人悲痛不已，英格兰人担心王位交替会给他们带来灾难，担心一场内战在所难免。然而，除了主要活跃在伦敦地区的少数激进派新教徒外，大部分臣

_____

① 尼古拉·希斯（Nicholas Heath，约1501—1578），约克大主教，英格兰著名的大法官。

尼古拉·希斯 爱德华六世

民都持保守态度：在经历了虽然短暂但难以忍受的混乱的宗教改革所带来的痛苦之后，他们都希望天主教能重回统治地位。英格兰人历来痛恨主教的飞扬跋扈，对他们动辄就以天主教教义来干涉自己生活的做法极其不满。那些拥有大量教会庄园的贵族、乡绅也不愿割舍自己的财产。但英格兰四分之三的人口，或许是六分之五的人口以及拥有大量庄园的阶层中，大部分人更倾向于恢复天主教会圣餐仪式和教皇的最高领导权。玛丽的继位为旧教会势力的恢复提供了难得的契机。如果玛丽一世和枢机主教雷金纳德·波尔[①]不那么激进，而是冷静地看待当时国内的政治形势，在恢复天主教会势力的同时不去无情地剥夺新教教士享有圣职的权利，而仅对攻击国教的行为施以打击、报复的话，那么伊丽莎白就不会那么轻而易举地继承玛丽的王位，因为人们对她是否会否定姐姐的宗教改革成果仍持有怀疑态度。

　　天主教会势力为所欲为的日子已经一去不复返。玛丽一世统治时期被迫流

---

① 雷金纳德·波尔（Reginald Pole, 1500—1558），英格兰罗马天主教枢机主教，最后一任坎特伯雷天主教大主教（1556—1558）。他残忍迫害新教徒，反对英格兰宗教改革。

亡国外的主教们重新回到英格兰，悉数玛丽一世曾经对他们犯下的累累罪行以及他们的教会遭受的种种屈辱，并扬言报复。六年来，天主教势力在英格兰横行无阻，猖狂至极。天主教徒们极尽阴谋之能事，刻意抹黑新教徒，扭曲他们的功绩。英格兰人比任何时候都清楚教士占据统治地位的日子将会是什么样子。不管是普通的天主教徒，还是新教徒，他们一样痛恨教士统治的日子，因此大都急切盼望伊丽莎白继承王位：一方面希望宗教迫害不要再发生；另一方面希望伊丽莎白能够保持传统的礼拜仪式。在继位后的头五年，伊丽莎白遵守了传统的礼拜仪式。对此，西班牙国王腓力二世明确地表达了对她的支持态度。

我们已经习惯了教廷的non possumus[1]。没有哪个国家或哪派教会期盼罗马教廷容忍任何背离天主教教义或戒律的行为发生。但在1558年时，不同教会之

雷金纳德·波尔

---

[1] non possumus 是拉丁语，字面意思是"我们不能（做某事或采取行动）"，是教会的一种拒绝形式，一种无能为力的声明。——原注

特伦托会议

间的冲突还没有发展到不可挽回的地步。法兰西宗教改革正如火如荼地进行着：
既要礼拜仪式本土化，也要教会准许神父结婚生子。1545年的特伦托会议①宣
布天主教教义与《圣经》和《外典》②是一脉相承的。1551年特伦托会议确定了
圣餐变体论的概念，对圣餐仪式也做了明确的规定。1552年特伦托会议没能如
期召开。在1556年重新召开的特伦托会议上，人们依然不能确信不同教派之间
的圣礼问题是否已经达成妥协。如果伊丽莎白女王当时接受法兰西宗教改革方
案，并与法兰西一道强力实施该方案，那么其他各国的君主——只在乎本国的圣
礼崇拜仪式的统一——极有可能联合迫使教皇妥协。路德派教义变体论有可能

---

① 特伦托会议(the Council of Trent)是罗马教廷于1545年至1563年在神圣罗马帝国城市特伦托
召开的一系列宗教会议，会议的目的是反对宗教改革、维护天主教会的统治地位。
② 《外典》也就是《圣经外传》，指未收入《圣经》的公元前后的历史、传奇和启示。

得到教廷的认可。许多信奉英格兰国教的信徒认为他们的信仰来源于"真实同在"。就像法兰西所经历的那样,这在名义上或许延迟了英格兰与罗马天主教廷的分离,甚至极有可能避免这种分离。等到特伦托会议闭会时,一切为时已晚。

伊丽莎白继位两年后(1560)对西班牙驻英格兰大使阿尔瓦罗·德·拉夸德拉[①]说,她的宗教信仰与罗马教廷管辖下的所有教民的天主教信仰是一致的。当阿尔瓦罗·德·拉夸德拉问及伊丽莎白女王为何在1559年改变宗教信仰一事时,

登上王位的伊丽莎白

---

① 阿尔瓦罗·德·拉夸德拉(Álvaro de la Quadra, ?—1564),西班牙教士,外交家,曾参加特伦托会议。

她说当时迫不得已，还说如果换作大使本人，她相信他也会那么做，并让大使理解她的苦衷。继位七年后（1565），她对鲁伊·戈麦斯·德席尔瓦①也说了同样的话。伊丽莎白女王长于避重就轻，当断定自己的声明不会产生任何严重后果时，她就玩弄言辞，歪曲事实。就她个人的偏好与情感而言，她更喜欢天主教的礼拜仪式。然而，她并不是一位虔诚的信徒。她的内心不会因此而惴惴不安，她也不会觉得自己有罪。她不会刻意去营造与主之间的亲密氛围，她需要的只是某种形式的礼拜仪式而已。从小接受的教育使她始终凌驾于各种迷信思想与偏见之上。不管是哪种教义，只要合理，且能给她带来方便，她就采纳。没有任何史料证明伊丽莎白女王在1559年时拒绝做新教教会的代理人。那么，是谁在背后操纵着她呢？新教徒不可能自乱阵脚，在新教教会内部树立敌人。尽管身份显赫的贵族也极力反对宗教迫害，并渴望最大限度地削弱教皇的影响力，但还是支持信仰自由的。不过，在一件事情上，伊丽莎白女王的态度是坚决的，那就是先王亨利八世融入王权之中的宗教事务绝对"最高领导权"。为了确保对宗教事务的"最高领导权"，她觉得唯一行之有效的途径就是与传统的天主教教会彻底决裂。她的决定或许是正确的。如果当时她听任天主教温和派人士如威廉·佩吉特②等人的摆布，认为只有在腓力二世的保护下才能使自己的王位不受威胁的话，那么天主教温和派肯定不会让她实际控制英格兰国教会，就像多数英王只是名义上的宗教事务"最高领袖"一样。伊丽莎白女王并不满足于此。她渴望能凌驾于教会权力之上，没有分歧、没有争端、无须时刻保持警觉，随时准备回击。

　　从伊丽莎白女王实际推行的对外政策来看，此时或许不是进行宗教改革的最佳时机。再说行事谨慎、久负盛名的政府高官也断然不会这么做。但玛丽一世却敢在同样不利的形势下，于继位后的三年里依仗极端天主教徒的支持，用极其强硬、残忍的手段进行宗教改革，最终确立了天主教在英格兰的绝对统治地

① 鲁伊·戈麦斯·德席尔瓦（Ruy Gómez de Silva, 1516—1573），葡萄牙贵族，西班牙国王腓力二世的重要谋臣。

② 威廉·佩吉特（William Paget, 1506—1563），嘉德勋章获得者，枢密大臣，英格兰政治家，先后在亨利八世、爱德华六世及玛丽一世政府中担任要职。

威廉·佩吉特 　　　　　　　　　　　　　　　　　　　　　　　　腓力二世

位。对天主教目前在英格兰的支配地位，伊丽莎白女王心知肚明。但她同时注意到天主教势力日渐消退，新教将来肯定会取而代之。那些曾经寄希望于玛丽一世的年轻人如今已聚集到她的身边。从秉性与所接受的教育来看，伊丽莎白女王是一位深受文艺复兴思想影响的现代女性，而不是一位改良主义者。作为少数以反启蒙主义为核心教义的加尔文派新教徒所倡导的宗教改革思想，一段时间以来就是温和、充满智慧的英格兰宗教改革的风向标。在这样一个背景下，伊丽莎白女王该以怎样的姿态面对这场改革呢？是抵制还是顺应呢？在内心深处，她并不看好加尔文主义者，因为他们过于激进，其狭隘的宗教思想和腐败的罗马天主教教义一样迷信、盲目，更重要的是缺乏人性，不利于社会的进步、发展。现在面临的问题是：还有谁会做她的搭档呢？通情达理、无宗派倾向、宽以待人的无神论者并不总是不受人待见。当时他们的力量还很薄弱，但他们却在寻求——至少在英格兰是这样的——摆脱两极宗教狂热倾向共同挤压的有效途径。如果伊丽莎白女王放弃信仰天主教，那么三分之一虔诚的英格兰人绝对会

威廉·塞西尔

拥护她。对于这些人，她没有必要再伤神费脑地去取悦他们。至于剩下的三分之二，她希望能以保护人的身份使他们免遭偏执新教主义者的迫害，进而达到与他们中大部分人和解的目的。

　　在与罗马教廷斗争的过程中，威廉·塞西尔的态度和伊丽莎白女王一样坚决，甚至比她更坚决。伊丽莎白继位时，威廉·塞西尔已经三十八岁。这么多年来，他始终是伊丽莎白女王的贴心知己和忠实仆人。作为都铎王室信任的股肱大臣之一，他早在亨利八世统治时期就被委以重任。爱德华六世在位时，他官至首相。他是一位众人皆知的新教徒。摄政萨摩塞特公爵爱德华·西摩倒台后，他因受到牵连而被关进伦敦塔，但不久重回政坛，为他的旧主诺森伯兰伯爵约翰·达德利①做事。有人认为这件事是威廉·塞西尔一生当中的一个污点。他签署《英王制诰》，赋予简·格雷继承王位的权利，但私下却支持玛丽。玛丽一世

简·格雷

---

① 约翰·达德利（John Dudley, 1504—1553），嘉德勋章获得者，英格兰海军上将。他是爱德华六世政府的实际掌权者（1550—1553）。爱德华六世驾崩后，他通过一系列措施扶植简·格雷（史称"九日女王"）登上英格兰王位，但不久被玛丽一世废黜，于1554年2月12日在伦敦塔被处死。

统治时期，他放弃新教，改信天主教。他尽管在玛丽一世政府中并没有担任任何职务，但实际上扮演着高级顾问的角色，并曾与其他两位政要一道诱使枢机主教雷金纳德·波尔重新回到英格兰。由于擅长权术，他总能审时度势，权衡利弊，使自己处于有利地位。他头脑冷静，不偏执，既讨厌别人无动于衷，又善于以别人的冷漠无情为己所用。他的处事原则是："最行之有效的治理办法就是最好的办法。"然而，威廉·塞西尔在宗教信仰上并不是没有特别的偏好，而这些偏好正好是新教徒所看好的。另外，在遵奉哪种教义上，他得提前做好打算，而伊丽莎白女王却不存在同样的困境。伊丽莎白女王可能早逝，如果新教势力在伊丽莎白女王驾崩前就在英格兰占据绝对优势，那么塞西尔的权力就会随之消失，生命也会受到威胁。时不待人，他得立即采取行动，联合党羽——尽管他的党羽在人数上不占绝对优势，但他在政府各部门从上到下都有坚定的支持者——抵制信奉天主教的王位觊觎者继承王位。如有必要，他们不惜诉诸武力。但在伊丽莎白女王统治早期，威廉·塞西尔不得不费尽心思地去讨好她。面对更加沉着冷静的伊丽莎白女王，他再也不能只以旁观者的姿态默默关注事态的发展了，而要凭借自己的影响力尽快、彻底地推动宗教改革向前发展。

近代历史学者普遍认为，在伊丽莎白继位前夕，教皇保罗四世向她施加了压力，迫使她对罗马教廷做出让步，尽管约翰·林加德①和亨利·哈勒姆②在他们后期的著作中对此持反对意见，但这可以从保罗四世写给她的继位通告的复信中那带有傲慢色彩的言辞上看出来。然而，事实上除了教皇保罗四世，伊丽莎白女王给其他所有与英格兰交好国家的君主都发了继位通告。同样不具有说服力的是，在继位后的前几周，她还没明确做出信奉何种宗教的决定。事实表明，各种形式的布道仪式在当时都被禁止了。政府同时颁布法令：原有的崇拜仪式照旧进行，"直到女王与三大阶层③的代表在国会中达成一致为止"。此外，伊丽莎白

---

① 约翰·林加德（John Lingard, 1771—1851），英国著名历史学家。大作《英格兰史：从罗马第一次入侵到亨利八世即位》（八卷本，1819 年出版）成为传世经典。

② 亨利·哈勒姆（Henry Hallam, 1777—1859），英国历史学家。著有《中世纪欧洲》（1818）、《英国宪法史》（1827）、《15、16、17 世纪欧洲文学导论》（1837）等书。

③ 三大阶层（three Estates），即教士（第一阶层）、贵族（第二阶层）和市民（第三阶层）。

保罗四世

女王的加冕礼也是按照传统宗教仪式进行的，仪式由卡莱尔主教欧文·奥格尔索普主持。或许只有真正懂得帝王权术的君主才会这么做。伊丽莎白女王这么做的目的无疑是想告诉世人：她并不想继位伊始就被个别极端、鲁莽的教士所倡导的，且广受臣民热爱的宗教仪式所绑架。宗教改革的第一步就是彻底清除

尼古拉·培根

枢密院中的天主教顽固分子，任命威廉·塞西尔为首相、尼古拉·培根①为掌玺大臣。1559年1月25日在政府的提议下，由新教徒组成的新一届国会产生。1559年5月8日，当新组建的国会正式运行时，伊丽莎白女王的宗教改革在法律上取得了决定性的成功。

　　政府、崇拜仪式及国教会教义是伊丽莎白女王留给英格兰人最丰厚的遗

———————

① 尼古拉·培根（Nicholas Bacon, 1510—1579），英格兰政治家，伊丽莎白女王时期的掌玺大臣，哲学家、政治家弗朗西斯·培根的父亲。

产。按常理，教义问题的解决应在组建政府、确定崇拜仪式之前，但国教会的特点却正好决定了相反的顺序。对伊丽莎白女王来说，最关心的问题是教会与政府；而对臣民来说，最关心的问题则是崇拜仪式。1559年初，这两个问题都得到了及时的解决。选择何种教义或许是教士最关心的问题，但教义的选择却不是最迫切需要解决的问题。直到1563年，国会才同意采纳"三十九条信纲"[①]；1571年国会召开会议时，"三十九条信纲"才被正式通过。

1559年4月颁布的《至尊法案》解决了教会政府问题。它是亨利八世版《至尊法案》的延续，内容上除了将原来的"教会最高领袖"一项改为"教会最高统治者"[②]外，其余未做改动。刑罚相应减轻了。根据亨利八世版《至尊法案》的规定，拒绝承认至尊王权被定为叛国罪；伊丽莎白女王只要求教职人员和政府官员无条件承认至尊王权，若有犯者，对其的惩罚只是逐出教会或勒令退出政府。然而，那些执意冒犯至尊王权的人仍然会被定为叛国罪，如果他们冒犯的次数达到三次的话。

1559年4月颁布的《统一法案》以同样的速度快速解决了崇拜仪式问题。除了对部分内容做了重大修改外，它规定无条件接受爱德华六世时代的第二部或更近版本的祈祷书中所要求的新教崇拜仪式。原祈祷书中关于贬斥"罗马主教的暴政及一切可憎暴行"的应答祈祷和在圣餐仪式上跪在地上违心崇拜耶稣"圣体"的规定全部删除。修正后的祈祷书中的圣餐仪式主持词只包含两句话：第一句话暗示"真实同在"，引自爱德华六世时代的第一部祈祷书；第二句话强调"纪念"，出自爱德华六世时代的第二部祈祷书。1559年颁布的祈祷书只是把修正后的主持词中的两句话合并为一句话，此举旨在让天主教徒和新教徒都满意。最后，《统一法案》规定对法衣暂不做变动，目前仍按爱德华六世第一部祈祷书中的要求执行。对爱德华六世第二部祈祷书中做出的，旨在安抚天主教徒的改动是伊丽莎白女王执意要求的。为了使改革顺利进行，伊丽莎白女王刻意绕开天主教情结严重的两院议员，既不征求他们的意见，也不理睬他们的抗议。

---

① "三十九条信纲"是英格兰国教会的信仰纲要。
② 只是叫法不同，其实质是一样的。——原注

为扶植新教势力，创建独立的英格兰国教会，就像我们已经看到的那样，伊丽莎白女王频频打破传统，以非常规的手段一步步诱使天主教徒做出让步。与强势、精明的政治家一样，伊丽莎白女王绝不会允许自己被别人牵着鼻子走。相反，她喜欢阔步前行，一口气能走多远就走多远。在统治初期，她一边采取有史以来最温和的手段巧妙诱使天主教徒不断做出妥协，一边对世俗的多数臣民施加有力的影响。她不希望任何人受到伤害，但前提是他们要理智地克制自己。她所追求的就是外在形式上的统一，她要求教徒无条件地去教堂礼拜就是最好的说明。诚然，教士才是最大的障碍。不能仅仅要求教徒遵奉国教就可以了，教士是否愿意签署声明、宣誓并在教会中履行相应的职责才是关键。据说，九千四百名教士中只有不到两百人宁愿放弃圣职，以此来宣泄他们的不满。这两百人中大约有一百人曾是教会中的显要人物。选择放弃圣职的教士的人数显然不止这些，因为很长一段时间以来，新任主教面临的主要困难就是无法找到合适的教职人员来为教区教堂服务。但有一点是肯定的，为了生计，绝大多数教区的教职人员不得不在公众场合尽量表现出乐意接受新规的样子。他们只能在私底下继续按天主教仪式"崇拜偶像"。毫无疑问，国会当时在执行宗教改革法案上下的功夫绝不亚于今天——法案已经颁布，全国范围内无条件执行，尤其是大地主、治安法官联手拒绝落实该法案的英格兰北部地区。即便这样，相当数量的神父私下依然遵奉天主教崇拜仪式，但并未因此而面临牢狱之灾。当然，这也算是侵犯了他们信仰自由的权利。不过按照当时的说法，这种惩罚已经相当温和了。为了推进宗教改革，政府也是迫不得已。再说政府并没有一刀切，只是适当打压一下某些极端狂热的主教罢了。

第 **3** 章

苏格兰战争与英法战争

1559—1563

金雀花王朝时期的爱德华三世[①]及亨利五世[②]发动并赢得的几场战争极易使人们过高评价英格兰的军事实力。英格兰当时的人口总数——算上威尔士——还不到四百万，而法兰西的人口总数则差不多是它的四倍，更何况两国综合国力的差距还远不止四倍[③]。因长期的封建割据，直到路易十一[④]时期，法兰西仍然不是英格兰的对手，尽管英格兰国土面积比它小，但全国上下比法兰西更团结。然而，随着法兰西后继各代英主的励精图治以及西班牙帝国的兴起，到15世纪末期时，英格兰已经沦为二流国家。亨利八世时期的英格兰当时在欧洲的地位就是这样一种情况，尽管亨利八世动辄以欧洲一流国家君主的姿态，将自

①　爱德华三世（Edward III, 1312—1377），英格兰国王、爱尔兰领主（1327—1377）。他因出色的军事才华及废除父王爱德华二世灾难性的异族统治、巩固英格兰王室的正统统治而被世人铭记。爱德华三世统治时期，英格兰的军事实力在欧洲首屈一指。他在位长达五十年，是中世纪英格兰在位时间最长的君主之一。爱德华三世见证了英格兰立法系统的剧烈变革、政府机构的快速发展——尤其是英格兰议会的发展，以及黑死病的无情肆虐。
②　亨利五世（Henry V, 1386—1422），英格兰开斯特王朝的第二位君主（1413—1422）。
③　据约翰·洛斯罗普·莫特利先生推测，西班牙和葡萄牙当时的人口总数大约是一千两百万。——原注
④　路易十一（Louis XI, 1423—1483），史称"蜘蛛国王"，法兰西瓦卢瓦王朝国王（1461—1483），他的父亲是查理七世。

爱德华三世　　　　　　　　　　　　　　　　　　　　　　　　亨利五世

己与查理五世①和弗朗索瓦一世②相提并论，以此来炫耀功绩。在爱德华六世和玛丽一世的糟糕统治下，英格兰的军事实力直线下滑。到玛丽一世统治末期，英格兰军队的作战能力滑到了历史最低水平。英格兰虽然强撑着与法兰西作战，但实际上面临着一系列问题：兵源不足、缺乏优秀的指挥官、武器装备匮乏、没有可以抵挡大炮轰击的坚固要塞、可用于作战的船少之又少、债务沉重，最重要的是全国上下蔓延着极端悲观的情绪。1558年加来的丢失就是英格兰国力衰落的最直接体现。要知道两百年来加来一直是英格兰神圣不可分割的一部分！我们如果不能正视伊丽莎白即位伊始英格兰所面临的窘境的话，就不能客观、公正地评价她为英格兰的复兴做出的伟大贡献。

---

① 查理五世（Charles V, 1500—1558），神圣罗马帝国皇帝（1519—1556）。十五岁时开始统治尼德兰，1516年成为西班牙国王，1520年通过贿选当上德意志国王，同时获得神圣罗马帝国皇帝称号。在他的统治下，西班牙成为欧洲首屈一指的强国。

② 弗朗索瓦一世（Francis I, 1494—1547），法兰西瓦卢瓦王朝昂古莱姆分支的第一位国王（1515—1547）。他是昂古莱姆伯爵查理和萨伏依的路易丝的儿子，因表亲及岳父路易十二死后无嗣，而继承了王位。

在伊丽莎白女王统治初期，国内外的人们普遍认为：如果没有西班牙的保护，她肯定抵挡不住支持苏格兰女王玛丽·斯图亚特的法军入侵，她的王位也会因此而丢掉。法王亨利二世[①]想通过王太子弗朗索瓦[②]与玛丽·斯图亚特的联姻使英格兰与苏格兰成为一个整体，最后把它纳入法兰西的版图。这样一来，西班牙国王腓力二世就会失去通往尼德兰[③]的海路控制权，也从此会失去左右奥

亨利二世

---

① 亨利二世（Henry II, 1519—1559），法兰西瓦卢瓦王朝国王（1547—1559）。他是弗朗索瓦一世的次子，于1536年在哥哥布列塔尼公爵弗朗索瓦三世去世之际被宣布为法兰西王太子。
② 即弗朗索瓦二世（Francis II, 1544—1560），法兰西瓦卢瓦王朝国王（1559—1560），苏格兰女王玛丽·斯图亚特的丈夫（1558—1560）。
③ 尼德兰是西欧历史地区名，位于北海之滨，莱茵河、默兹河与斯凯尔特河下游，包括今荷兰、比利时、卢森堡和法国东北部的部分地区。

地利哈布斯家族的重要筹码。这样的想法在那个以政治联姻为手段来图谋大片领土管辖权的时代似乎一点儿也不奇怪。然而,妄自尊大的腓力二世确信来自法兰西的威胁肯定会使伊丽莎白女王投入他的怀抱。尽管他派驻英格兰的大使菲里亚不止一次地提醒他,伊丽莎白女王是个异教徒,但他还是自信地认为伊丽莎白女王断然不会冒着得罪他的风险而进行宗教改革。唯一让他纠结的问题是他自己娶伊丽莎白女王,还是把她赐给王室的某位可靠的朋友。他实在太自负了,所以根本没有想过伊丽莎白女王会拒绝嫁给他,或嫁给他提名的候选人。

从一开始,伊丽莎白女王就断定自己手中可利用的筹码要比腓力二世想象的要多。毫无疑问,就目前英格兰所面临的形势而言,它确实需要腓力二世的保护。但问题是他会心甘情愿地向英格兰提供庇护吗?伊丽莎白女王大胆做出猜想:无论哪种情况,利益使腓力二世不会坐视斯图亚特-瓦卢瓦王朝的阴谋发展而不顾,因此她或许可以在不征求他意见的情况下解决英格兰国内的宗教问题。

1559年1月,腓力二世正式向伊丽莎白女王求婚。在一封写给菲里亚的信中,他自信地说伊丽莎白女王肯定会接受他的求婚。在经历多次挫折后,他说他可以做出某些让步,但前提是伊丽莎白女王必须要奉行支持天主教的政策;不能奢求他长时间陪在她的身边,他只能偶尔来英格兰看看她。愚蠢的菲里亚拿着信到处炫耀,信件内容最后传到了伊丽莎白女王的耳朵里。她既觉得好笑又异常生气。论年龄,他们两人倒很般配。腓力二世三十二岁,伊丽莎白女王二十五岁。但伊丽莎白女王对男人的挑剔程度一点儿也不比她父王对女人的挑剔程度逊色;当时如果不是政治需要,她断然不会把丑陋难看、性情乖戾且胆小怕事的表兄爱德华·考特尼①当作自己的假定丈夫。经过几次搪塞、应付之后,她明确告知腓力二世她不想结婚,并告诉他她也不惧怕法兰西。

早在玛丽一世驾崩前,英格兰、西班牙与法兰西三国之间的和谈就已经展开。加来的归属问题是三方角逐的重点,但一直未能达成一致。英格兰人永远

---

① 爱德华·考特尼(Edward Courtenay, 1526—1556),都铎王朝时期的英格兰贵族。他的祖母和伊丽莎白女王的祖母同为爱德华四世的女儿。因与王室的这层亲密关系,他于不同时期分别被假定为玛丽一世和伊丽莎白女王的丈夫。

爱德华·考特尼

也不会理解在别的国家的疆域内占据一处城池会使当地居民何其反感！伊丽莎白女王也有同感。因此，她促使腓力二世表明支持她的立场，要求法兰西归还加来。如果伊丽莎白女王先前在其他事务上满足了腓力二世的要求的话，他或许会帮她这个忙。即使腓力二世不愿伸出援助之手，但就尼德兰而言，法兰西在加来的驻军实际上已经威胁到了他对尼德兰的统治。只有在英格兰加盟的情况下，他才可以进攻加来的法兰西驻军，但伊丽莎白女王只答应出兵苏格兰。毋庸置疑，这种隔靴搔痒的支援方式对腓力二世来说毫无实际意义。形势再清晰不

签订《卡托－康布雷西斯和约》，腓力二世与亨利二世握手致意

过了，和谈是唯一的出路。1559年3月，三方商定在康布雷附近的卡托签订和约，史称《卡托－康布雷西斯和约》①。和约规定加来暂由法兰西代管，期限为八年，到期后法兰西无条件交还加来，如若不还，法兰西则须向英格兰支付五十万克朗的补偿费。和约表面上保全了英格兰的面子。

伊丽莎白女王在加来问题上做出让步是理性使然。与法兰西继续纠缠下去则意味着要背负更沉重的债务负担，英格兰的国力也会透支。更糟糕的是，英格兰将会逐渐沦为腓力二世的附庸。而如果要收复加来，除非有办法使法兰西彻

---

① 《卡托－康布雷西斯和约》是法兰西、西班牙和英格兰三国于1559年4月2日至1559年4月3日在法兰西的卡托签订的一份和约。《卡托－康布雷西斯和约》规定法兰西继续拥有对加来和三个主教辖区梅斯、图勒及凡尔登的管辖权，但须把萨伏依、科西嘉及在意大利和尼德兰的近两百个要塞割让给腓力二世。同时规定法兰西、萨伏依及西班牙三国之间应相互通婚。除此之外，法兰西的吉斯家族与尼德兰的格朗韦勒家族达成密约，要求双方联手共同镇压异教徒。

底一蹶不振，这样的结局完全不利于她企图通过两个强大邻居之间的相互制衡以寻求独立的初衷。签订《卡托-康布雷西斯和约》时，腓力二世和法王亨利二世达成密约，要求双方应在各自领土管辖范围内镇压异教徒，决不能以任何方式支持对方领土范围内的异教活动，从而达到互挖对方墙脚的目的。伊丽莎白的继位以及紧随其后的苏格兰宗教改革将欧洲的新教运动推向了高潮。当初，查理五世与法兰西的连年战争给新教的广泛传播提供了千载难逢的机会——弗朗索瓦一世暗中勾结神圣罗马帝国的新教诸侯，而查理五世则不得不一再迁就他们。新教运动分别在大不列颠岛、斯堪的纳维亚半岛、北德意志、巴拉丁及斯瓦比亚取得了成功，还广泛波及波兰、匈牙利、尼德兰和法兰西等国家和地区。然而，呈燎原之势的新教运动即将面临严峻考验。上述部分国家的新教派被迫做出让步，而在另外一些国家，新教徒势力则被彻底铲除。那些见证了马丁·路德[①]初次

马丁·路德

---

① 马丁·路德（Martin Luther, 1483—1546），德意志神学教授、作曲家、牧师、修士、新教改革派的创始人。

王太子弗朗索瓦二世

宣讲新教教义的人们既目睹了新教运动的高潮, 也亲历了它的低谷。新教本身的革新倾向开始使君主们变得焦虑不安。更有甚者, 许多信奉天主教的国家的教会正逐渐成为那个国家的一个部门, 其数量不比信奉新教国家的数量少。国王们一直对教皇至高无上的神权垂涎三尺。他们在想, 如果能把教皇至高无上的神权与自己的王权合二为一, 那该多好!

暂且不提附加的密约条款,《卡托-康布雷西斯和约》使英格兰成功地避开了一场一触即发的浩劫, 避免了西班牙和法兰西的军队染指英格兰国土的厄运。英格兰终于赢得了难得的喘息机会。该如何充分利用这来之不易的大好机会呢? 当然是抓紧时机加强国防, 恢复财政了。

然而, 来自法兰西的威胁还远没有结束。在与英格兰的一份双边协议中, 伊丽莎白女王王位的合法性得到了法兰西的认可, 但在与西班牙的另一份协议中, 王太子弗朗索瓦二世却给自己冠以 "苏格兰、英格兰及爱尔兰国王" 的头衔, 并与妻子苏格兰女王玛丽·斯图亚特图谋控制英格兰的军队。如果法军进攻英格兰，他们就会以苏格兰为跳板。当时那些极力拥护伊丽莎白女王登上王位的大部分英格兰天主教徒，如今对她的宗教改革政策非常不满，个个怒气冲冲。如果苏格兰女王玛丽·斯图亚特把法军带到苏格兰，人们担心英格兰北部地区会立即爆发叛乱。届时，腓力二世肯定会打着驱逐苏格兰女王玛丽·斯图亚特的旗号登陆英格兰南部，但这样会"医不得法，使病更糟糕"。腓力二世对伊丽莎白女

玛丽·斯图亚特

爱德华·西摩   玛丽·德·吉斯

王的所作所为已经极其不满，很有可能趁机废黜她。因此，为了不被两个强邻绑架，伊丽莎白女王必须清除法兰西在苏格兰的势力。

　　苏格兰的精英们早已有意通过政治联姻与英格兰结盟。然而，他们的想法却因摄政萨默塞特公爵爱德华·西摩对苏格兰的敌意而胎死腹中。最后，走投无路的苏格兰不得不重新投入老盟友法兰西的怀抱。但苏格兰摄政玛丽·德·吉斯①试图增强法兰西对苏格兰的影响力，允许小股法军常驻苏格兰，以此来巩固她的统治地位，进而达到与法王亨利二世共同压制英格兰的目的，这再次掀起了苏格兰人的反法情绪。结果，苏格兰人把友善的目光投向了英格兰，英格兰和苏格兰之间的结盟指日可待。

――――――――――

① 玛丽·德·吉斯（Mary de Guise, 1515—1560），苏格兰王后（1538—1542），詹姆斯五世的第二任妻子。她是苏格兰女王玛丽·斯图亚特的母亲。玛丽·斯图亚特继位后，她以女儿的名义主政苏格兰（1554—1560）。她生于洛林，是16世纪主宰法兰西政坛的实力雄厚的吉斯家族的一员。她的主要目标就是让强大的天主教国家法兰西与弱小的苏格兰结成亲密联盟，使苏格兰也成为天主教国家，以此摆脱英格兰的束缚。但她没能如愿实现她的计划。她去世时，新教控制了苏格兰。几十年后，她的外孙苏格兰国王詹姆斯六世（在英格兰称"詹姆斯一世"）成功继承苏格兰、英格兰王位，实现了联邦共主。

相对其他财产而言,没有哪个国家的教会像苏格兰教会这般富有。据统计,苏格兰教会的财产约占全国总财产的一半。没有哪个国家教会的神职人员像苏格兰的神职人员这般腐败,也没有哪个国家像苏格兰这般迷信、迂腐。但随着新教教义在苏格兰的广泛传播,到1557年,部分贪慕教会财产的贵族率先发起新教运动。反叛的新教贵族和教士称他们自己为"公理会"教派。

苏格兰宗教改革①是由下而上进行的,这和英格兰的情况正好相反。因此,正当英格兰集中精力解决王权至上还是教权至上的问题时,苏格兰已经发起变更教义与崇拜仪式的宗教改革运动。在苏格兰低地,天主教派与新教派虽然人数不相上下,但新教派明显占据绝对优势。除了戴维·比顿②在1546年被谋杀

戴维·比顿

①　苏格兰宗教改革是指苏格兰在1560年正式与教皇决裂而产生的一系列改革,是整个欧洲宗教改革的一部分。改革以加尔文主义重塑了苏格兰的教会,确定了长老会在苏格兰的国教地位。

②　戴维·比顿(David Beaton, 约1494—1546),圣安德鲁斯大主教,苏格兰宗教改革运动开始前的最后一位红衣主教。他大肆迫害新教徒,曾指使人用火刑处死著名布道者乔治·威沙特。1546年5月9日,他在自己的城堡中被人暗杀。

爱丁堡

外，一直没有任何动因迫使苏格兰在全国范围内发起宗教改革运动，苏格兰也没有在这方面主动做出任何尝试。伊丽莎白女王继承英格兰王位极大地鼓舞了新教徒。在珀斯，苏格兰新教徒不仅占领了各教堂，而且焚烧了一座修道院。然而，《卡托－康布雷西斯和约》签订后，法王亨利二世指使摄政玛丽·德·吉斯镇压新教徒。此举一方面是为了兑现他与腓力二世达成的密约，另一方面是为了联合苏格兰进攻英格兰做准备。1559年6月，苏格兰爆发叛乱。"公理会"教派相继占领了珀斯、斯特林以及爱丁堡。苏格兰低地的所有大修道院被毁坏殆尽，修士们遭到凌辱，教堂中的圣像被拆除，弥撒仪式被废止，取而代之的是英王爱德华一世时期的宗教仪式。在过去三十年中，苏格兰的历次宗教改革都是在国王和国会的授权下进行的。苏格兰新教徒发动暴乱的第一要务就是推翻天主教会。尽管苏格兰的宗教改革比英格兰稍晚，但苏格兰人早已做好宗教改革的思想准备。既然下定决心改革，那就要改革彻底。

起初，人们认为摄政玛丽·德·吉斯和亨利·克勒丹①指挥的为数不多的苏

---

① 亨利·克勒丹（Henri Cleutin, 1515—1566），法兰西驻英格兰代表（1546—1560），法兰西国王的贴身男仆，法兰西宗教战争期间驻罗马外交官（1564—1566）。

格兰正规军似乎毫无招架之力。但亨利·克勒丹早已在利斯筑好工事，不仅可以进行有效防御，还可以主动发起攻击。一支法兰西援军不日就会抵达苏格兰。苏格兰贵族领导的一帮缺乏供给的乌合之众不久就会瓦解。事态越来越清晰了：如果伊丽莎白女王不及时伸出援助之手，等法兰西援军一到，苏格兰的叛军迟早会被残酷镇压。

伊丽莎白女王早在事态恶化之前就已经意识到她在苏格兰局势中面临的艰难处境。苏格兰困局给她的统治带来了许多麻烦，她不得不耗费大量精力解决苏格兰问题。尽管人们对于苏格兰问题众说纷纭，但大致论调一直没有变。苏格兰存在两大宗教派系：亲英格兰的新教派和亲法兰西的天主教派。苏格兰新教派领袖中只有三人——莫里伯爵詹姆斯·斯图亚特[①]、格伦凯恩伯爵亚历山大·坎宁安[②]和格兰奇的威廉·柯卡尔迪[③]爵士——是真正的改革者，其他人只在乎教会的地产，想重新夺回家族的原有封地。在伊丽莎白女王看来，他们是一群既穷困潦倒又贪得无厌的奸诈之徒，一心只想着压榨她的财富，却很难给她带来任何好处。此外，苏格兰人民族自尊心强，非常忌讳外国势力染指苏格兰。因此，外国军人只要出现在苏格兰的土地上，都会招致他们的反感，且不论外国军人因何出现在那里，也不论是谁邀请他们到那里去的。

苏格兰"公理会"教派请求伊丽莎白女王为他们提供庇护。他们提议伊丽莎白女王与沙泰勒罗公爵詹姆斯·汉密尔顿[④]的长子阿伦伯爵詹姆斯·汉密尔

---

① 詹姆斯·斯图亚特（James Stewart，约 1531—1570），斯图亚特王室成员，苏格兰国王詹姆斯五世的私生子，玛丽·斯图亚特同父异母的哥哥。詹姆斯六世（1566—1625）继位后，他以苏格兰摄政的名义辅佐幼主（1567—1570）。1570年被暗杀。

② 亚历山大·坎宁安（Alexander Cunningham，？—1574），苏格兰贵族，新教改革者，苏格兰宗教改革杰出领袖。

③ 格兰奇的威廉·柯卡尔迪（William Kirkcaldy of Grange，约1520—1573），苏格兰政治家、军人，曾是苏格兰宗教改革运动的忠实捍卫者，但后来倒戈支持苏格兰女王玛丽·斯图亚特，并以玛丽·斯图亚特的名义占据爱丁堡城堡。被长时间围困后，爱丁堡城堡终于被攻破。1573年8月3日，威廉·柯卡尔迪爵士被处以绞刑。

④ 沙泰勒罗公爵詹姆斯·汉密尔顿（James Hamilton，约1516—1575），苏格兰女王玛丽·斯图亚特时期的摄政（1543—1554）。

沙泰勒罗公爵詹姆斯·汉密尔顿　　　　　　　　　　　　　　　威廉·柯卡尔迪

顿[①] 联姻，让他们共同主政大不列颠。如果玛丽·斯图亚特死后无嗣，阿伦伯爵
詹姆斯·汉密尔顿将是苏格兰王位的假定继承人。然而，伊丽莎白女王却不愿插
手苏格兰事务。如果她这么做了，就意味着与法兰西公开摊牌。插手苏格兰事务
总会招致灾难。干预或许会使英格兰国内的天主教徒陷入绝望，因为此举会使
他们希望苏格兰女王玛丽·斯图亚特继承英格兰王位的愿望化为泡影。如果伊
丽莎白女王答应与信奉新教的阿伦伯爵詹姆斯·汉密尔顿联姻，大发雷霆的腓
力二世有可能兴师动众以防法军进攻英格兰。几乎所有的枢密大臣，尤其是尼
古拉·培根都强烈建议伊丽莎白女王不要插手苏格兰事务，应与查理大公奥地
利的弗朗西斯[②]联姻，以此与西班牙结成同盟，确保英格兰的安全。

---

① 阿伦伯爵詹姆斯·汉密尔顿（James Hamilton，约1532—1609），苏格兰贵族，军人。苏格兰宗
　教改革期间，他反对法兰西人摄政苏格兰。因他与王室的血缘关系，他是苏格兰王位的合法
　继承人，位列第三或第四。因此，他也是许多王室的联姻对象。1548年，他随苏格兰女王玛
　丽·斯图亚特前往法兰西，负责统领陪同女王的苏格兰王室卫队。回到苏格兰后，他领导新教
　派反对玛丽·斯图亚特和她的法兰西支持者。1562年，他精神失常，之后在隐居中度过余生。
② 奥地利的弗朗西斯（Francis of Austria，1540—1590），哈布斯堡王室成员，奥地利大公，内奥
　地利（施蒂里亚、科尔尼奥拉及卡林西亚）统治者（1564—1590）。

以上可能的结果都是经过深思熟虑的；对于环环相扣的各种结果有可能产生的影响，伊丽莎白女王本能地比她的任何一位谋臣都敏感。她会刻意避免去做任何一件有可能损及君主利益的事情。直觉告诉她：以天主教势力为依托的统治基础要比以新教势力为依托的统治基础牢固、可靠。但伊丽莎白女王既不偏向天主教势力，也不让这种倾向在她的臣民当中滋生。约翰·诺克斯[①]的小册子《反对可怕的女人当政的第一声号角》是剑指玛丽一世的。尽管他的第二声号角没再吹响，但他毕竟吹响了第一声。这位妄自尊大的布道者在写给伊丽莎白女王的信中直言不讳地重申了《反对可怕的女人当政的第一声号角》中的主要观点，并说她能君临英格兰是上帝"特别"赐予的恩惠，上帝容许她"眷顾苏格兰教会"；还恳求她忘掉自己的出身和一切头衔，否则"她将很快走向沉沦与毁灭"。

约翰·诺克斯

---

① 约翰·诺克斯（John Knox，约1513—1572），苏格兰牧师、神学家、作家、宗教改革领袖、苏格兰长老会领袖。

然而，伊丽莎白女王却迈出了更大胆的一步。她向苏格兰的新教贵族保证自己不会坐视法军消灭他们。一笔数额不大的援助金被秘密送到他们手中。至于她与阿伦伯爵詹姆斯·汉密尔顿的婚事，她并没有给出明确答复，但要求他前来英格兰，以便看看他长什么样。当阿伦伯爵詹姆斯·汉密尔顿来到英格兰后，人们发现他的长相还不如他父亲好看。更重要的是，他的脑子有时不太好使。汉密尔顿家族不乏勇敢、能干的人才，继承苏格兰王位指日可待，但他们却不得不面对如此平庸无能的首领——阿伦伯爵父子。对伊丽莎白女王来说，这无疑是一种解脱。她绝不会选阿伦伯爵詹姆斯·汉密尔顿做她的丈夫。

这时，两千法兰西援军已经抵达苏格兰，"公理会"教派贵族请求伊丽莎白女王火速救援。伊丽莎白女王明确告诉他们，她不会派军队去苏格兰，他们得独自面对法苏联军的镇压。不过，她愿意提供必要的金钱援助。她这么做是有道理的。苏格兰兵源充足，为什么要让英格兰人去为他们卖命呢？即便替他们卖了命，他们也不会投桃报李，相反还要遭受他们的白眼。如果法兰西派来大量援兵，伊丽莎白女王可以动用海军，在法军登陆苏格兰之前进行阻击。万一阻击失败，法军成功登陆苏格兰，她就会派一支陆军。不过，如果"公理会"教派贵族连区区几支驻守利斯的法军也对付不了的话，那么不是他们的实力不堪一击，就是他们各怀鬼胎。无论是哪种情形，伊丽莎白女王都可能放弃此前优先考虑的政策，让苏格兰叛军独自面对法军，自己则转投腓力二世。

为了使自己的后路不被斩断，也为了不让苏格兰亲英派看破她的伎俩，她重启了与奥地利王室的联姻谈判。她随即邀请查理大公奥地利的弗朗西斯来英格兰与她见面。

伊丽莎白女王虽然讨厌提到婚姻，但深知这是政治所需。即便这样，她也绝不会和一位不中意的男人结婚。在没有见到他本人之前，她是不会认可画像中的那个查理大公的。她听人说查理大公聪名但不做作，他的脑袋大得出奇，"比贝德福德伯爵弗朗西斯·拉塞尔[①]的脑袋还要大"。

---

① 弗朗西斯·拉塞尔（Francis Russell，约1527—1585），英格兰贵族、政治家，德文郡治安长官（1584—1585）。

奥地利的弗朗西斯

自从"公理会"教派意识到伊丽莎白女王一定要让他们为她的援助提供某种硬性补偿后，他们的底气就变得更足了。他们罢免了摄政玛丽·德·吉斯，把她赶出了爱丁堡，最后将她和法兰西援军围困在利斯。但这好景并没有持续多久。相比发起新的围攻，苏格兰的新教徒更倾向于摧毁圣像，凌辱教士，最终没能攻下利斯。在短短几周时间内，"公理会"教派领导的叛军人数就已经减去了大半，而军纪严明的那一小支法军却重新夺回了爱丁堡。

情况紧急，伊丽莎白女王面临着严峻的挑战。利斯正日夜盼望着一万五千名法军士兵的到来。一旦这支法军顺利抵达苏格兰，"公理会"教派就会万劫不复，而汉密尔顿家族也会见风使舵，与法兰西和解。不久，裹挟着大量苏格兰饥民的法苏大军将在德尔伯夫的指挥下兵陈英格兰北部边境，并在天主教区拥立玛丽·斯图亚特为英格兰王位的合法继承人——这直接导致了十年后英格兰北方的贵族起兵推翻苏格兰女王玛丽·斯图亚特。

在这危急关头,伊丽莎白女王紧急派遣使节前往尼德兰,与那里的西班牙大臣商议对策。如果伊丽莎白女王把利斯的法军赶出苏格兰,从而引发英格兰与法兰西之间的战争,那她还能指望得到腓力二世的支持吗?然而,她得到的答复却是带有威胁性质的。为了西班牙的利益,腓力二世断然不会允许法兰西王后、苏格兰女王玛丽·斯图亚特冠以英格兰女王的头衔。不过,腓力二世会用自己的方式去阻止这种情况发生。如果法军从苏格兰挥师南下进攻英格兰,那么腓力二世将派大军从英格兰南部登陆。伊丽莎白女王又将目光转向她的枢密大臣们,寻求他们的支持,但没能成功。枢密大臣们一致建议伊丽莎白女王应采纳腓力二世的意见,甚至建议她在宗教改革上做出必要的让步,以此向腓力二世表达她的诚意。伊丽莎白女王以个人名义请求第四代诺福克公爵托马斯·霍华德[1]指挥英格兰边境军队,但他婉言谢绝女王,说他不愿意违背良心充当女王政策的牺牲品。

伊丽莎白女王会不会暂时退缩呢?绝对不会!大臣是左右不了她的想法的。当然,大部分大臣都对她忠心耿耿,并且他们的建议都是经过深思熟虑的。伊丽莎白女王本人也善于玩弄权术,行事极其谨慎。她做事不拘一格,但懂得知难而退。这是她的天性。在她统治的四十多年中,她与众大臣意见不合的情况时有发生,但凭着决心和对法关系大方向的熟练掌握——她坚信自己一定能把法兰西势力赶出苏格兰,总能打破常规,不顾大臣的强烈反对,大胆地向前迈步,尽管她从未以绝对充足的理由告诉大臣们这么做的原因。

英格兰并不像西班牙想象的那般无计可施、一无是处。经过十二个月的精心治理与苦心经营,英格兰国内已经呈现出一片欣欣向荣的新气象。先前流散的财富已经被集中起来。尽管伊丽莎白女王依然得面对因前三届政府挥霍无度

---

① 托马斯·霍华德(Thomas Howard, 1536—1572),英格兰贵族,政治家,1554年受封为公爵。尽管他的家人具有强烈的天主教倾向,但他却是在新教的熏陶下长大的。他是伊丽莎白女王的表弟(他的祖父第三代诺福克公爵托马斯·霍华德与伊丽莎白女王的外祖母伊丽莎白·霍华德是兄妹关系)。伊丽莎白女王在位期间,他担任很多要职。

安特卫普

而留下的巨额外债，但英格兰在安特卫普^①的信用危机已被解除，放贷者愿意借给她大额现金。舰队已经装备完毕，人员已经配备到位。装载着武器弹药的船不停地在英格兰海岸靠岸，边防实力也悄然得到了提升。只要一声令下，英军很快就会完成集结，并开赴苏格兰。

如果英军不及时救援，人心涣散的"公理会"教派领导的叛军可能早就被打垮了。伊丽莎白女王对"公理会"教派的不作为很是生气。苏格兰新教徒们只盘算着如何分享胜利的果实，而想把最艰巨的任务留给伊丽莎白女王。在"公理会"教派中，只有第二代阿伦伯爵詹姆斯·汉密尔顿和其他几位管事者迫切希望伊丽莎白女王能助其一臂之力，剩余的都是利欲熏心的骑墙派。社会底层的广大百姓对加尔文教仍然持观望态度。在可预见的时间内，为了信仰自由，他们不太可能联合起来反抗贵族与乡绅联盟。万一苏格兰亲英派贵族不能如伊丽莎白女王所愿独当一面，那无论如何女王都得依靠自己的力量向他们伸出援助之手，从而帮助他们化解危机。经过一段时间的酝酿后，她决定推进自己已经着手实施的计划。

---

① 安特卫普位于比利时西北部。安特卫普大洗劫（1576年）前，安特卫普一直是尼德兰的经济、文化中心。

第四代诺福克公爵托马斯·霍华德

　　面对胸有成竹的伊丽莎白女王，之前以英格兰国家安全为由拒绝支持她在苏格兰冒险事业的大臣们现在却出奇地团结一致，个个都积极地贡献一份自己的力量。第四代诺福克公爵托马斯·霍华德同意前往边境指挥驻守那里的边防军，并在整个事件中一直忠于职守，竭尽全力协助作战。第四代诺福克公爵托马斯·霍华德并没有什么特别出众的才能，却是一位意志坚定且经验丰富的指挥官。伊丽莎白女王特意安排保守派贵族担任英军指挥官，其实就是给国内外的反对派看的。他们到处散布谣言，蓄意抹黑伊丽莎白女王，并伺机颠覆她的政权。

1560年2月27日，伊丽莎白女王与苏格兰"公理会"教派签署了协议，协议明确规定坚决不让十二年前平基谷战役①的惨案再次在苏格兰上演。英军进入苏格兰的目标只有一个：协助王位假定继承人沙泰勒罗公爵詹姆斯·汉密尔顿及其他贵族把外国入侵者赶出苏格兰，除此之外再无其他。同时英军不得在苏格兰境内修建任何要塞。不过，协议中并没有提到有损苏格兰女王玛丽·斯图亚特合法权利的条款。好像威廉·塞西尔想在"正宗的基督教"后面补充点什么，但伊丽莎白女王却把它删除了。向外国新教徒提供保护或许是形势所迫，但伊丽莎白女王却从未想过充当保护人的角色。

1560年3月28日，威廉·格雷②挥师北上，直捣利斯。利斯围攻战陷入僵局。"公理会"教派所能提供的帮助几乎不值得一提。更糟糕的是，英苏联军在一次围攻中遭受重创后，爱丁堡当地居民竟然拒绝为伤员提供庇护。最后，利斯城内食物供给告急。法兰西随即派使节前往苏格兰，全权代表苏格兰女王玛丽·斯图亚特商议和谈事宜。摄政玛丽·德·吉斯在利斯被围期间薨逝。经过一番激烈的讨价还价之后，英法苏三国代表最终于1560年7月16日签订了一份条约。条约主要内容如下：法兰西应在规定时间内撤走在苏格兰的全部驻军；苏格兰事务应由苏格兰人全权处理；在玛丽·斯图亚特未到苏格兰之前，苏格兰国事暂由十二位贵族组成的政务委员会处理，十二位贵族中七人由玛丽·斯图亚特提名，其余五人由议会选举产生；伊丽莎白女王为英格兰和爱尔兰王位的合法继承人。

这就是《爱丁堡条约》，有时也称《利斯条约》。它是伊丽莎白女王在位期间取得的重大成就之一。《爱丁堡条约》的成功签订是伊丽莎白女王和她的政府紧密合作的结果——女王不怕困难的决心和大臣们睿智的建议。《爱丁堡条约》尽管并没有完全按照规定执行，但它所产生的影响却是实实在在的，也是

---

① 平基谷战役（Battle of Pinkie Cleugh），亦称平基战役。1547年9月7日，战役在苏格兰马瑟尔堡东六英里（1英里≈1.61千米）的平基谷爆发。这场战役是苏格兰和英格兰两个王国之间的最后一次激战。萨默塞特公爵爱德华·西摩指挥的英军完胜苏军，苏军死伤惨重。战役发生的这一天是个星期六。因此，人们称这天为"黑色星期六"。

② 威廉·格雷（William Grey，约1508—1562），英格兰男爵、将领。16世纪40、50年代任英格兰远征军统帅。16世纪40年代英苏战争期间任英军统帅。

玛丽·斯图亚特返回苏格兰继承王位

值得称赞的。《爱丁堡条约》因苏格兰女王玛丽·斯图亚特拒绝签字而未能最终生效。然而，苏格兰女王玛丽·斯图亚特的拒绝除了给自己带来不断的麻烦之外，还给伊丽莎白女王日后名正言顺地讨伐她留下口实。英格兰一劳永逸地解除了驻守苏格兰王国的法军的威胁。虽然《爱丁堡条约》没有提及宗教问题的具体解决办法，但这恰好等同于默认已经发生的激烈改革，无形中保证了英格兰的安全。

《爱丁堡条约》在人们精神层面产生的影响远大于它的实际意义。在《爱丁堡条约》签订之前，国外舆论普遍认为伊丽莎白女王的王位朝夕不保，国内叛乱一触即发。绝大多数英格兰人想把伊丽莎白女王拉下王位，还说尽管她不愿服输，在做垂死挣扎，但充其量也就是腓力二世的傀儡而已；她别无选择，只能听任腓力二世的摆布，乖乖地跟着他的步子走。如此种种的荒唐谬论都是拜腓力二世的驻英大使阿尔瓦罗·德·拉夸德拉所赐。阿尔瓦罗·德·拉夸德拉善于以鸡毛蒜皮之事度明主之鸿鹄大志，殊不知英格兰的政治力量已今非昔比。

所有这些臆想在现在看来都是滑稽可笑的。伊丽莎白女王通过自己的实际行动向世人证明她不需要任何人来做她的保护人，她自己就能做到，而且是靠自己的力量、自己的方式。她故意把腓力二世的建议，更确切地讲，他的训谕晾在一边，但又不失礼貌。她向法兰西发起挑战，但法兰西没敢继续纠缠下去。她知人善任。人人都觉得她不该重用第四代诺福克公爵托马斯·霍华德，但她却委以重任，让他担任英军统帅。第四代诺福克公爵托马斯·霍华德不仅唯命是从，而且出色地完成了使命。英格兰再次以一个独立国家的身份屹立于欧洲，不仅能够照顾自己、帮助朋友，还能让敌人苦不堪言。

受个人因素的影响，伊丽莎白女王在对苏格兰的政策上一直犹犹豫豫、摇摆不定。读者们如果能通过其他途径详细了解伊丽莎白女王对苏格兰的政策，就会发现伊丽莎白女王的这种态度何其明显。优柔寡断、摇摆不定的做事风格一直贯穿于伊丽莎白女王统治的始末。当然，当我们试图从宏观的角度去评价一位伟人的丰功伟绩时，这个根本就不值得一提，也不应该被提及。

在对欧洲政治形势的准确判断和对国家利益的深刻思考方面，或许没有哪个谋臣能够比得上伊丽莎白女王，任何人的政治洞察力都没有她敏锐。但想归想，实践归实践，两者往往不能完美地结合起来。这就导致两个方面出现了问题：理论与实践的相互对立及顾此失彼产生的不一致性。性别上的劣势使伊丽莎白女王不得不把大多数事务的执行权交到别人手中。因此，随着年龄的增长，她变得越来越犹豫不决。对那些每时每刻都想着有所作为的男人来说，一旦下定决心成就一番事业时，他们就会毫不犹豫地去实现它，即便他们或许根本就不值得为此一搏。这是一种难能可贵的品质，是不断取得成功的必要条件。唯有此，人们才可能最大限度地弥补理念、设计上的某些不足。伊丽莎白女王这种优柔寡断、摇摆不定的做事风格是由她的特殊处境决定的——一位女性若要相对独立地履行政府首脑的权力，除了本身的非凡能力和远见卓识外，还需要这种拖拖拉拉的做事风格。她越有信心、决心去做某件事，越应该在具体实施过程中表现得犹豫不决、优柔寡断。假如这位女性是某位国王的妻子，她可能会在无计可施的时候转而依靠他——这或许是她的智慧和学识不及他的缘故吧。国王一旦下定决心帮助她，就会不遗余力地把整个事件引到正常轨道上来。此时，她倒成了国王的得力助手，不用再背负打破常规的非难，因为已经有人替她掌握火候、拿捏分寸。事实上，威廉·塞西尔和其他股肱大臣们不仅要小心翼翼地按照伊丽莎白女王的意愿行事——他们深知圣命难违，但有时却不得不硬着头皮唯她马首是瞻，而且时不时地面临尴尬的处境。一方面，他们必须忠心不二地遵从女王的意愿；另一方面，由于女性特有的敏感与善变的性格，他们又不得不力谏女王，让她沿着既定的路线走下去。

法兰西与西班牙两国之间的敌对，到目前为止一直是英格兰的一道安全屏障。除宗教原因外，再没有任何一件事能使这对宿敌停止政治上的对抗。然而，弗朗索瓦二世驾崩后，法西两国之间的政治天平暂时倾向了西班牙，新的危险似乎正在酝酿之中。法兰西国内的天主教派与胡格诺派互不相让，双方贵族各执一词，都想以国家利益和各自的至上信仰为由企图使对方屈服。除南部和东南部少数地区外，法兰西国内的绝大多数民众都是狂热的天主教信徒。主要由贵族阶层和上层资产阶级组成的胡格诺派教徒和遍布各地的加尔文派教徒一样无所畏惧、狭隘刻薄。凯瑟琳·德·美第奇①刚一答应给予他们某种支持，他们就开始到处传经布道，数落弥撒仪式的不是，鼓动胡格诺派教徒掠夺天主教会财产，迫害传教士，捣毁圣像，并强烈要求驱逐吉斯家族。胡格诺派在哪里得势，哪里就是一片狼藉。面对胡格诺派的大肆迫害，吉斯家族顾不得维护曾经以胜利者自居的尊严了，转身就去寻求腓力二世的庇护，呼吁由他牵头团结一股力量来消除各国异教徒的威胁。腓力二世通过官方途径表示愿意协助吉斯家族镇

---

① 凯瑟琳·德·美第奇（Catherine de Medici, 1519—1589），意大利贵妇，法王亨利二世的妻子，法兰西王后（1547—1559）。她是法王弗朗索瓦二世、查理九世及亨利三世的母亲，也是法王查理四世和亨利三世统治时期的摄政（1560—1563）。因此，她对法兰西政局有着巨大的影响。

瓦西大屠杀

压法兰西境内的异教徒。1562年3月1日发生在瓦西的一场意外冲突——冲突中许多胡格诺派教徒被屠杀①，拉开了持续三十年的毁灭性的第一次法兰西宗教战争的序幕。最终，互不妥协的双方将法兰西置于外国军队的铁骑之下。吉斯家族引来了西班牙和教皇的势力，而孔代亲王路易则把目光转向伊丽莎白女王和德意志境内信奉新教的各位亲王们。

支援胡格诺派已刻不容缓，不能眼看着他们被消灭。此举看似带有侵略性质，但从自我保护的角度来看，是无可厚非的。然而，不幸的是，伊丽莎白女王和她的枢密大臣们一直惦记着加来。他们逼迫孔代亲王路易让出勒阿弗尔②，以此作为将来收复加来的抵押物。正如前文所述，苏格兰事件已使伊丽莎白女王和她的枢密大臣们逐渐意识到在另外一个国家的领土上强行占据几处军事要塞是多么不明智的政治行为，它只能带来难以消除的伤痛。占领加来对抗衡法

---

① 1562年3月1日，吉斯公爵弗朗西斯率领一支全副武装的军队突袭了正在教堂做礼拜的胡格诺派教徒。大量胡格诺派教徒被血腥屠杀，史称"瓦西大屠杀"。
② 勒阿弗尔是法国地名，英国历史上称"纽黑文"。

孔代亲王路易

兰西没有多大军事价值。然而，英格兰却可以借助加来威胁西班牙与尼德兰海上往来的安全。这样一来，腓力二世就不得不对英格兰做出重大让步了。然而，对于大多数普通英格兰人来说，他们当时只想一心收复加来，让法兰西军人再次在他们面前尝到屈辱的滋味。

1562年10月4日，英军占领勒阿弗尔。但占领勒阿弗尔对于消除胡格诺派面临的危机非但没起到任何作用，反倒把法兰西人对英格兰人的仇恨推向了高潮。1563年3月，天主教派与胡格诺派暂时握手言和，他们要求伊丽莎白女王立即撤走进入法兰西的英军。伊丽莎白女王拒不执行，强烈谴责胡格诺派过河拆桥的恶劣行径。伊丽莎白女王"不费一兵一卒、光明正大地得到了勒阿弗尔，当然舍不得放弃它"。在此之前，英法两国还能相互克制，勉强维持和平，但现在已经升级为公开对抗了。伊丽莎白女王唯一的优势就是所有枢密大臣和全国百姓对这件事情的反应比她更激烈。驻守勒阿弗尔的英军在指挥官沃里克伯爵安布罗斯·达德利①的鼓动下，个个摩拳擦掌，随时准备发起进攻。他们要"让法兰西厨师叫苦不迭"，"在流尽最后一滴血之前绝不让法军踏进勒阿弗尔半步"。城中的居民悉数被赶了出去，法兰西王太后凯瑟琳·德·美第奇率领的讨伐大军

安布罗斯·达德利

① 安布罗斯·达德利（Ambrose Dudley，约1530—1590），英格兰贵族、将军，伊丽莎白女王的宠臣莱斯特伯爵罗伯特·达德利的哥哥，第一代诺森伯兰公爵约翰·达德利之子。

已经兵临城下, 孔代亲王路易及天主教派也在其中。战斗拉开序幕。屋漏偏逢连夜雨, 一场斑疹伤寒夺去了无数英军的性命。经过一番殊死抵抗后, 剩余的英军于1563年7月28日乘船逃离法兰西。1564年4月, 英格兰主动与法兰西妥协。伊丽莎白女王没有重蹈历史的覆辙。从那以后直到她的统治结束, 我们将发现伊丽莎白女王都在谨慎地维持着她与法兰西每位统治者的友好关系。

第 **4** 章

伊丽莎白女王与苏格兰女王
玛丽·斯图亚特

1559—1568

人们理所当然地认为伊丽莎白女王继位后的头等大事就是尽快解决她的婚姻问题。大家这么想无外乎两个原因：第一，万一她死后无嗣，那么英格兰的王位该由谁来继承呢？是苏格兰女王玛丽·斯图亚特，还是凯瑟琳·格雷①？英格兰可能因此陷入王位继承战争。第二，女王的婚姻关系到国家的安全。让一位单身女子来做一国之君，除非她能在最短时间内敲定终身大事，否则就是天方夜谭。按照惯例，女继承人的丈夫有权过继妻子的财产与职位。此时，丈夫就可以以妻子财产所有者的身份协助履行她无法尽到的职责。伊丽莎白女王的姐姐玛丽没有继承王位前从未考虑过自己的婚姻问题。但随着王位继承人身份的确定，她不可抗拒地选择了结婚。当初英格兰的贵族要是料到伊丽莎白女王将来可能逃避婚姻、选择单身的话，极有可能是不会拥戴她继位的。人们视她的婚姻为国家头等大事，婚姻与加冕同等重要。

于是，下议院在伊丽莎白女王继位一个月后召开会议，极力主张女王尽早完婚。伊丽莎白女王却说她不想结婚。只有懵懂少女在谈及终身大事时才会羞羞

---

① 凯瑟琳·格雷（Catherine Grey, 1540—1568），出生时被封为郡主。她是"九日女王"简·格雷的妹妹，伊丽莎白女王的表侄女（她的外祖母玛丽·都铎是亨利八世的妹妹）。伊丽莎白女王在位期间，她与第一代赫特福德子爵爱德华·西摩秘密结婚，此举触怒了伊丽莎白女王。随后，她与丈夫被关进伦敦塔。

斐迪南一世

答答地做出这样的答复！神圣罗马帝国皇帝斐迪南一世①的儿子、西班牙国王腓力二世的堂弟查理大公奥地利的弗朗西斯是一位政治条件非常优越的求婚者，不仅受到所有天主教徒的欢迎，连新教政治人物如威廉·塞西尔也没有公开表示反对。热心的新教徒则极力推荐阿伦伯爵詹姆斯·汉密尔顿。威廉·塞西尔一

① 斐迪南一世（Ferdinand I，1503—1564），神圣罗马帝国皇帝（1558—1564），波西米亚、匈牙利国王（1526—1564），克罗地亚国王（1527—1564）。继位前，他以兄长神圣罗马帝国皇帝查理五世的名义统治哈布斯堡王室的奥地利大公国。另外，他经常代表兄长查理五世全权处理神圣罗马帝国事务，建立与各国的友好关系。

开始也很看好阿伦伯爵詹姆斯·汉密尔顿。为此，他不惜牺牲女王的切身利益，竭力支持一向颠三倒四、最后精神错乱的阿伦伯爵詹姆斯·汉密尔顿做伊丽莎白女王的丈夫。但在伊丽莎白女王的一再坚持下，威廉·塞西尔的企图未能得逞。

伊丽莎白女王继位后没过几个月，人们就开始猜疑女王对所有求婚者的冷漠态度与莱斯特伯爵罗伯特·达德利[1]有关。臣民们无不对此深感担忧。莱斯特伯爵罗伯特·达德利可是一位有妇之夫！他们的担忧也不是没有道理：一位缺乏

罗伯特·达德利

---

[1] 罗伯特·达德利（Robert Dudley，1532—1588），英格兰贵族，伊丽莎白女王的宠臣。从伊丽莎白女王继位第一年起他就受到女王的宠幸，直到他去世。多年来，他一直尝试着向女王求婚，希望成为她的丈夫。

罗伯特·达德利与妻子艾米·罗布萨特

家属监督、指点的年轻女子极可能会深陷绯闻的泥潭，可能因此而断送王位。就目前情况而言，伊丽莎白女王与莱斯特伯爵罗伯特·达德利的结合没有一点儿可能。但在伊丽莎白女王继位后的头四个月内，西班牙大使阿尔瓦罗·德·拉夸德拉就传言莱斯特伯爵罗伯特·达德利的妻子患上了不治之症；只要她一死，伊丽莎白女王就和伯爵结婚。

　　深得伊丽莎白女王宠幸的莱斯特伯爵罗伯特·达德利自然引起了人们的忌妒。那些不怀好意的人动辄拿他的卑微身世说事，费尽心思挖苦、讥讽他。事实上，莱斯特伯爵罗伯特·达德利和他那个时代的大多数贵族一样出身名门望族，但他们中鲜有是父系世袭贵族。伊丽莎白女王继位时，第四代诺福克公爵托马斯·霍华德是英格兰王国唯一的公爵，而且是世袭贵族。因此，他是英格兰贵族的首领。即便这样，霍华德家族拥有贵族头衔的历史也不过区区七十五年。实际上，霍华德家族的贵族头衔也是有幸与莫布雷家族的女继承人玛格丽特·莫布雷①结婚而过继来的。亨利七世②时期的财政大臣、第一代诺森伯兰公爵约翰·达德利的父亲埃德蒙·达德利③是第一代达德利男爵约翰·萨顿④的孙子。约翰·达德利受封伯爵、公爵前的爵位是男爵，称"德利斯尔男爵"，这个爵位是从他母亲的家族继承来的。论目前的财富和势力，莱斯特伯爵罗伯特·达德利算得

亨利七世

---

① 玛格丽特·莫布雷（Margaret Mowbray）的丈夫是罗伯特·霍华德爵士（Sir Robert Howard，1385—1436）。他们的儿子约翰·霍华德于1483年受封为公爵，称"霍华德家族的第一代诺福克公爵"。伊丽莎白继位时（1588年11月17日），霍华德家族受封为公爵正好七十五年。
② 亨利七世（Henry VII，1457—1509），英格兰国王、爱尔兰总督（1485—1509），都铎王朝的缔造者。
③ 埃德蒙·达德利（Edmund Dudley，约1462—1510）亨利七世时期的财政大臣。曾担任下议院议长等职。亨利八世继位后，他因叛国罪被囚禁于伦敦塔，后被执行死刑。囚禁期间，他写下了《共同体之树》（*The Tree of Commonwealth*）一书。埃德蒙·达德利是伊丽莎白女王的宠臣莱斯特伯爵罗伯特·达德利的祖父。
④ 第一代达德利男爵约翰·萨顿（John Sutton，1400—1487），英格兰贵族，外交家，亨利六世的枢密大臣，爱尔兰王国总督（1428—1430），曾参加过"百年战争""玫瑰战争"。

约翰·达德利

上是新贵。他是第一代诺森伯兰公爵约翰·达德利的第五子。因父亲政治上的污点，他既没有封地，也没有任何财富。目前他所拥有的一切，包括封地和财富要么是妻子的，要么是女王恩赐的。难怪那些既看重出身、爵位，又看重世袭封地的贵族经常挖苦、讥讽他。再者，他的祖父埃德蒙·达德利尽管血统高贵，但原本只是一名乡绅，后来因帮助亨利七世镇压旧贵族而步步高升。埃德蒙·达德利垮台后，他的儿子约翰·达德利受到亨利八世的重用，官运亨通，一路高升。亨利八世驾崩后，他又成了爱德华六世时期的权臣之一。莱斯特伯爵罗伯特·达德利踏着先辈们的足迹，一步步往上攀爬。

　　对于莱斯特伯爵罗伯特·达德利的才华和人品，没人乐意恭维。他身材苗条，面孔英俊，心情愉悦时风度翩翩，八面玲珑。正是他身上的这些"闪光点"，捕获了素来对男性的长相极度挑剔的伊丽莎白女王的芳心。女王的宠幸加上身上流淌的从父亲和祖父身上继承下来的无所畏惧的血液，空前膨胀了他的野心。他明知自己心中并没有伊丽莎白女王，却不惜向她表露倾慕之情。然而，伊丽莎白女王并非平庸之辈。她从未真正爱过罗伯特·达德利或其他任何男人，哪怕是嘴上说说而已。她既非貌若天仙，也非柔情似水，但却懂得如何展示自我，有时难免刻意做作；她越是不把感情当回事，就越觉得自己能够玩弄感情于股掌之间。因此，她毫不介意莱斯特伯爵罗伯特·达德利的表白，一面乐滋滋地享受着被他追捧的快感，一面不把他的求婚当回事。她就喜欢这种被人追捧的感觉。为了捕获她的芳心，同时有几位英俊潇洒、风度翩翩的男子为她鞍前马后，争风吃醋。用她的话说，"就像狗一样，她走到哪儿，他们就跟到哪儿"，好不热闹。鉴于此，她可以充分利用莱斯特伯爵罗伯特·达德利对她"有所求"的心理让他为自己效犬马之劳。

罗伯特·达德利与伊丽莎白女王

尽管伊丽莎白女王并不知情，但我们可以以知情人的身份在此罗列一些关于莱斯特伯爵罗伯特·达德利的事实：1561年，莱斯特伯爵罗伯特·达德利通过西班牙大使阿尔瓦罗·德·拉夸德拉向腓力二世表露了乐意向他效忠的意愿，前提是腓力二世必须帮助他实现与女王结婚的夙愿。他向法兰西的胡格诺派也传达了同样的意愿。他不仅干过打着清教徒保护人的旗号收买、笼络他们的行径，而且也做过与被囚的苏格兰女王玛丽·斯图亚特合谋推翻伊丽莎白女王的龌龊事。后来，他又极力要求处死苏格兰女王玛丽·斯图亚特。然而，反观16世纪的政治人物，不管是英格兰国内的，还是其他国家的，几乎没有人是没有政治污点的。就拿伊丽莎白女王和威廉·塞西尔两人来说，为了制造有利的舆情，也为了维护政府的利益，他们不惜编织政治谎言、玩弄双重标准。论正直，奥兰治亲王威廉一世①也许是唯一一位没有任何政治污点的政治家。当我们把奥兰治亲王威廉一世树立为政治操守的标准典范时，那些不合格的政客、爱国主义者的操守底线又会是什么样子呢？莱斯特伯爵罗伯特·达德利干过几件既不道德又令人嗤之以鼻的蠢事。像他这种身份的人，我们更应该以苛刻的标准去评判他的所作所为：他不但触碰了普通百姓应该坚守的道德底线，而且犯了职业大忌。前文我已提过，莱斯特伯爵罗伯特·达德利虽然没有出众的才华，但绝不是那种某些作家笔下刻画的傻里傻气、毫无心机的肤浅之人——与他同时代的人可不是这么评价他的。伊丽莎白女王一开始宠幸莱斯特伯爵罗伯特·达德利的原因除了喜欢他之外，更重要的是政治上的考虑——女王需要一位既臭名远扬又无实际军事指挥能力的人来指挥部署在尼德兰及后来参与摧毁西班牙无敌舰队的军队。这也是后人们较一致认可的假设之一。对威廉·塞西尔来说，只要不谈及女王与莱斯特伯爵罗伯特·达德利的婚事——他坚决反对莱斯特伯爵罗伯特·达德利成为王夫，就坚持认为莱斯特伯爵罗伯特·达德利将是女王手中的

---

① 奥兰治亲王威廉一世（William I, Prince of Orange, 1533—1584），人们习惯称他为"沉默的威廉"或"奥兰治的威廉"。他是荷兰反抗西班牙哈布斯堡王朝殖民统治战争的主要组织者和领导者。在他的领导下，荷兰最终于1581年获得独立，史称"联省共和国（也叫荷兰共和国）"。他出生于拿骚的迪伦堡，为拿骚-迪伦堡伯爵。1544年受封为奥兰治亲王。他是奥兰治-拿骚王朝分支的缔造者，荷兰奥兰治王朝的开国君主。为此，荷兰人亲切地称他为"国父"。

奥兰治亲王威廉一世

一枚非常有用的棋子。对手中的这枚棋子有多少分量、该如何摆布，伊丽莎白女王掂量得很清楚。不过，她高估了莱斯特伯爵罗伯特·达德利对她的感情与忠诚。一般情况下，掌权者包括君主喜欢在自己身边安插一位近亲，并赐予其重要职位。这个人有可能不是最有能力的，但却是死心塌地效忠的。伊丽莎白女王没有近亲。我们不妨假设——事实上，我们只能假设——如果女王认为莱斯特伯爵罗伯特·达德利是真心爱她的话，那么接连委他以重任就不难理解了。女性统治者总会犯这样的错误。只有一种情况可以使她们避免犯同样的错误，那就是她们的大臣、军事指挥官都是清一色的女性。

1560年9月3日，即《爱丁堡条约》缔结近两个月后，伊丽莎白女王对阿尔瓦罗·德·拉夸德拉说她决定嫁给查理大公奥地利的弗朗西斯。1560年9月8日，罗

罗伯特·达德利夫人意外身亡

伯特·达德利夫人在卡姆诺尔庄园意外身亡。1560年9月11日,伊丽莎白女王对阿尔瓦罗·德·拉夸德拉说她改变了主意。莱斯特伯爵罗伯特·达德利对妻子不闻不问,从未带她来过宫廷。由此我们可以断定,为了实现自己的政治野心,莱斯特伯爵罗伯特·达德利会不择手段。罗伯特·达德利夫人的死因疑点重重。因此，人们怀疑她的死与莱斯特伯爵罗伯特·达德利有关也就不足为奇了。然而，调查结果却与人们的怀疑大相径庭：没有任何证据证明莱斯特伯爵罗伯特·达德利谋杀了妻子；那位遭人遗弃的可怜女人极有可能是自寻短见。为了进一步查明罗伯特·达德利夫人的死因，伊丽莎白女王责令大陪审团前往事发地点再次详细调查。此次调查似乎是针对卡姆诺尔庄园主福斯特的，但陪审团的最终裁决是意外身亡。

不管怎样，莱斯特伯爵罗伯特·达德利现在无所顾忌了。苏格兰议会竭力支持阿伦伯爵詹姆斯·汉密尔顿向伊丽莎白女王求婚，英格兰新教徒也积极响应。这实属罕见。尽管苏格兰议会对罢黜玛丽·斯图亚特一事只字未提，但事实再明白不过了：如果阿伦伯爵詹姆斯·汉密尔顿与伊丽莎白女王顺利完婚，苏格兰女王玛丽·斯图亚特将无缘英格兰王位。

英苏双方的步步紧逼让伊丽莎白女王非常烦恼。从一个方面来讲，作为女王，阿伦伯爵詹姆斯·汉密尔顿确实是一位非常理想的联姻对象。但从另一方面来讲，作为女性，阿伦伯爵詹姆斯·汉密尔顿根本就不是她心中的理想夫君，她甚至讨厌他。几经权衡之后，她宣布不再考虑阿伦伯爵詹姆斯·汉密尔顿，转而把目光投向查理大公奥地利的弗朗西斯，从而为自己赢得喘息的机会。至少维也纳比爱丁堡离英格兰远。至于谈判过程中可能面临的困难，伊丽莎白女王已经做好准备了。就在这个节骨眼上，妻子的意外身亡使莱斯特伯爵罗伯特·达德利一下子也成了一位可以考虑的结婚对象。然而，权且不论女王本人是否愿意结婚，莱斯特伯爵罗伯特·达德利其实是最没有希望成为女王丈夫人选的。既然成婚在所难免，加之她有可能被逼婚——与她结婚的人要么是她未曾谋过面的，要么是她极力反对的，那么她为何不变被动为主动，至少选一位能让她倾心、喜欢，同时爱她、甘愿为她效犬马之劳的"哈巴狗"来做自己的夫君呢？当一个国家的命运掌握在女性，尤其是可婚女性统治者手中时，原本只有且只能在私下才能表现出来的情感、想法就会被不自觉地转移到政治生活中来。假如臣民非要女王按照他们的意愿选择一位丈夫，那么他们早该制定《萨利克法典》①

---

① 言外之意是当初不应支持伊丽莎白继承王位。

了。任何一位女性,君主也好,平民也罢,都不想心甘情愿地沦为婚姻的受害者,因为这关乎她本人的幸福。

早在1560年秋——当时伊丽莎白女王继位不满两年,伊丽莎白女王就考虑过下嫁莱斯特伯爵罗伯特·达德利的事情。至于伊丽莎白女王是一时兴起,还是确实想嫁给莱斯特伯爵罗伯特·达德利,这个很难说得清楚。但有一点是肯定的,女王之所以能游刃有余地让包括莱斯特伯爵罗伯特·达德利在内的所有追求者围着她团团转,是因为她压根儿就没想结婚。我们不妨预测一下:伊丽莎白女王只要想挑查理大公奥地利的弗朗西斯的刺儿,就肯定做好了拿莱斯特伯爵罗伯特·达德利做替补的准备。这种情况一直持续到1568年春。人们一直在猜测——其实这是在所难免的——威廉·塞西尔在女王下定决心不嫁给莱斯特伯爵罗伯特·达德利一事上起到了至关重要的作用。我对这种说法是持保留意见的。如果女性结婚、生子,那么她的许多难题就会迎刃而解,她性格中的弱点也不再暴露于众。然而,一切不利因素终因女王选择单身而暴露无遗。此时,我不由自主地想起了莱斯特伯爵罗伯特·达德利的另一位政敌——第三代苏塞克斯伯爵托马斯·拉德克利夫于1560年10月写的一封信。这封信充分展示了第三代苏塞克斯伯爵托马斯·拉德克利夫对伊丽莎白女王终身大事的独到见解与莫大的关心。他在信中写道:

> 我衷心希望陛下尽早下定决心成全自己的终身大事。择您所爱是您的自由。在未来王夫的鼎力相助下,您的一切难题将会迎刃而解。在这里,我殷切期盼慈悲的上帝能助您选择一位令您倾心的白马王子,给您带来幸福,同时赎救您卑微、无能的臣子的莫大罪过。陛下,您是英格兰的主心骨,英格兰一日不可没有您的英明领导。纵使英格兰国力强盛,百姓生活殷实富庶,域外邦国俯首称臣,但在我看来这一切都不及您的个人幸福更重要。让您的高贵血统在英格兰大地上再续辉煌吧!不管您心仪的人是谁,我都会支持您的选择,我也甘愿像对您那样为他效犬马之劳。

恕我冒昧，如果我能有幸为伊丽莎白女王推荐几位理想的结婚人选的话，那我首先会考虑莫里伯爵詹姆斯·斯图亚特。莫里伯爵詹姆斯·斯图亚特精明能干，品行正直，处事果断且雷厉风行。如果他能成为伊丽莎白女王的丈夫，他的优点恰好可以弥补女王性格中的不足。莫里伯爵詹姆斯·斯图亚特虽然未能登上苏格兰的王位，却是苏格兰摄政。主政苏格兰时期，如果他能与伊丽莎白女

詹姆斯·斯图亚特

玛丽·斯图亚特与亨利·斯图亚特

王实现政治上的联姻，那么他们的下一代在血统上毫无疑问要比苏格兰女王玛丽·斯图亚特与达恩利勋爵亨利·斯图亚特①的后代高贵得多。

　　1561年8月，当丧夫（法王弗朗索瓦二世）孀居的玛丽·斯图亚特再度回到自己的祖国苏格兰时，发现苏格兰贵族们个个愁眉苦脸，义愤填膺。究其原因是伊丽莎白女王拒绝了阿伦伯爵詹姆斯·汉密尔顿的求婚。一心想着通过政治联姻或其他手段把英格兰纳入自己势力范围的苏格兰贵族们——新教徒也好，天主教徒也罢——现在转而支持玛丽·斯图亚特的诉求，即她是伊丽莎白女王的法定继承人。伊丽莎白女王当然不会同意玛丽·斯图亚特的诉求了。她有两个方面的考虑：第一，英苏两国的天主教徒会团结一致、兴风作浪，危害她的统治根

---

① 亨利·斯图亚特（Henry Stuart, 1545—1567），苏格兰女王玛丽·斯图亚特的丈夫（1565—1567）。1565 年起称"达恩利勋爵"，1567 年在一座叫田园教堂的修道院里被人暗杀。当代讲述亨利·斯图亚特生活及死亡的许多作品中都习惯称他为"达恩利勋爵"。他是伦诺克斯伯爵爵位的法定继承人，因此，他也被称为"伦诺克斯伯爵"。

基；第二，丧心病狂的天主教徒甚至会谋害她的性命。要打消玛丽·斯图亚特的疯狂念头，伊丽莎白女王只有结婚生子。伊丽莎白女王曾说道："玛丽·斯图亚特精明着呢！她既不会坐以待毙，也不会作茧自缚。"不过，伊丽莎白女王承诺决不允许英格兰国会做出任何有损玛丽·斯图亚特的事情发生。正是因为当初的这个承诺，所以伊丽莎白女王一再迁就苏格兰女王玛丽·斯图亚特的冒犯，对她迟迟不肯下手。

苏格兰女王玛丽·斯图亚特虽然明面上不停地拿王位继承权问题说事，但事实上她对此并不抱太大的希望，因为前景既渺茫又充满变数。然而，她并没有因此而放弃斗争，而是时刻都在盘算着怎样才能颠覆伊丽莎白女王的统治，把她从王位上赶下来。这也成了苏格兰女王玛丽·斯图亚特唯一的精神寄托，直到走上断头台的那一刻。苏格兰女王玛丽·斯图亚特目标明确、行事果断，这些恰好是伊丽莎白女王所不能及的。论能力、学识，两人不分伯仲；论机敏、活力，苏格兰女王玛丽·斯图亚特比伊丽莎白女王更胜一筹。乍一看，在与伊丽莎白女王的殊死搏斗中，玛丽·斯图亚特身上散发着的这些男性气质似乎使她占据了上风。又一看，她的情感驾驭能力在一切尽在掌握之中的伊丽莎白女王面前却如同儿戏一般。她爱憎分明，但伊丽莎白女王只言喜欢与否。当苏格兰女王玛丽·斯图亚特情到深处时——她一生只真正爱过一回，甘愿为情付出一切，包括身体、灵魂、王位、生命、利益，甚至个人的名誉；当心生恨意时，她会恨得咬牙切齿，毫无理智可言。她总是这样。因此，当苏格兰女王玛丽·斯图亚特棋逢对手、在决定自己生死成败的关键时刻，怒火攻心的恨意加之不计后果的爱情最终将她重重地摔在对手伊丽莎白女王的面前。从此，她日薄西山，一蹶不振。这一切都是女人感情用事惹的祸。她因为感情用事，输掉了自己的人生；也因为感情用事，即使命归黄泉，她也于心不甘。尽管伊丽莎白女王毫无"女性"可言，冷酷无情且善变，但对一向视政治为身家性命的"那位坐在西方宝座上的美丽童贞女" ①来说，她对一贯处处咄咄逼人、事事争强好胜的苏格兰女王玛丽·斯图亚特已经爱护有加了。我相信伊丽莎白女王将来还会这么做。

---

① 原文fair vestal throned by the west，出自莎士比亚创作的经典喜剧《仲夏夜之梦》。

1564年，丈夫弗朗索瓦二世驾崩后一直孀居的苏格兰女王玛丽·斯图亚特开始着手解决自己的婚姻问题。此举是为了实现她的政治抱负。在择偶标准上，苏格兰女王玛丽·斯图亚特并不像伊丽莎白女王那般挑剔。她不会刻意拿某位潜在对象性格上的缺点说事。只要觉得可以，她就可以考虑。起初，汉密尔顿家族的阿伦伯爵詹姆斯·汉密尔顿成为推荐给她的首选。但阿伦伯爵詹姆斯·汉密尔顿信奉的是新教，况且他只是苏格兰王位的假定继承人。汉密尔顿家族尽管是苏格兰首屈一指的大家族，但在苏格兰以外的地方却毫无政治影响力。自从吉斯家族沦为腓力二世的保护对象之后，腓力二世对玛丽·斯图亚特的政治野心也逐渐放松了警惕。如今，他倒希望玛丽·斯图亚特能与堂弟查理大公奥地利的弗朗西斯喜结连理。但这位被伊丽莎白女王冠以"散发着浓厚天主教气息"的大公却在苏格兰女王玛丽·斯图亚特及她的更加虔诚的同派教徒眼中，俨然是一个路德派新教徒。苏格兰女王玛丽·斯图亚特甚至怀疑腓力二世想挑起英苏两国之间的战争，因为一旦与查理大公奥地利的弗朗西斯成婚，她十有八九就无缘英格兰王位了。鉴于此，她更青睐腓力二世的疯癫儿子阿斯图里亚斯亲王卡洛斯①殿下。对于苏格兰女王玛丽·斯图亚特的提议，腓力二世疑心重重，因为连他自己也信不过他这个将会由他亲手结果了的儿子。尽管法兰西王太后凯瑟琳·德·美第奇对曾经的儿媳玛丽·斯图亚特并没有什么感情可言，就像她很少喜欢吉斯家族的其他成员一样，但一听到玛丽·斯图亚特有可能投到西班牙人的怀抱中时，她内心就充满焦虑。为此，她不惜厚着脸皮提议让玛丽·斯图亚特再次做她的儿媳，嫁给她时年未满十三周岁的查理九世②，如果玛丽·斯图亚特本人愿意等两年的话。

然而，伊丽莎白女王再三提醒苏格兰女王玛丽·斯图亚特须谨慎择偶。如果她与任何一位非新教派男性结婚，那么英格兰国会将毫不犹豫地剥夺她对

---

① 阿斯图里亚斯亲王卡洛斯（Don Carlos, Prince of Asturias, 1545—1568），西班牙国王腓力二世长子，西班牙王位的法定继承人。因精神问题被父亲于1568年初监禁，半年后在孤独中死去。他的死为西班牙"黑色传奇"增添了一份创作素材，由此面世的作品有弗雷德里克·席勒的诗剧《卡洛斯殿下》及朱塞佩·威尔第的歌剧《卡洛斯殿下》。

② 查理九世（Charles IX, 1550—1574），法兰西瓦卢瓦王朝君主（1560—1574）。1560年，王兄弗朗索瓦二世意外身亡后继承王位。1574年，他死于肺结核。

阿斯图里亚斯亲王卡洛斯

英格兰王位的继承权，她的婚姻也会被视为无效。深受新教思想影响的英格兰下议院议员更倾向于说服伊丽莎白女王承认凯瑟琳·格雷的王位继承权。英格兰上下对整个苏格兰没有一点儿好感，其中就有宗教方面的原因。长期派驻苏格兰的拉尔夫·萨德勒爵士①狠狠地指责苏格兰人"天生毫无信义，既卑鄙无耻，又假心假意，就连英格兰满大街的石头也会群起攻击他们"。1562年10月，因担心重病缠身的伊丽莎白女王可能会晏驾，枢密院紧急召开会议，讨论英格兰的王位继承问题。有些枢密大臣表示应尊重亨利八世的遗嘱，赞

① 拉尔夫·萨德勒爵士（Sir Ralph Sadler, 1507—1587），英格兰政治家，亨利八世的枢密大臣，首相，驻苏格兰大使。亨利八世驾崩后，他继续在爱德华六世政府中任职。1553年因签订密约支持简·格雷继承王位而被玛丽一世辞退，后一直赋闲在家。伊丽莎白女王继位后，他被再度重用，继续担任枢密大臣，并参与英苏外交事务。

亨利·黑斯廷斯　　　　　　　　　　　　　　　　　　　　　　　托马斯·珀西

同凯瑟琳·格雷继承王位；有些则提议应该由克拉伦斯公爵乔治·金雀花①的后裔亨廷顿伯爵亨利·黑斯廷斯②来继承，因为他们厌倦了女性统治者。值得注意的是，枢密大臣中没有一个人支持苏格兰女王玛丽·斯图亚特或达恩利勋爵亨利·斯图亚特。苏格兰女王玛丽·斯图亚特在英格兰的主要朋友如爱德华·蒙塔古③爵士、第七代诺森伯兰伯爵兼第一代珀西男爵托马斯·珀西④、第

---

① 乔治·金雀花（George Plantagenet, 1449—1478），嘉德勋章获得者。他是第三代约克公爵理查·金雀花和塞西莉·内维尔的第三个已成年的儿子，爱德华四世和理查三世的兄弟。他是金雀花王室两大分支家族（兰开斯特家族和约克家族）王位争夺战——"玫瑰战争"中的重要人物。

② 亨利·黑斯廷斯（Henry Hastings, 约1535—1595），嘉德勋章、巴斯勋章获得者，英格兰清教派贵族。幼年时与未来国王爱德华六世一起接受过教育，玛丽一世在位期间曾一度被关入监狱。后来，有人提议伊丽莎白女王晏驾后应由他来继承英格兰王位。他坚决反对第四代诺福克公爵托马斯·霍华德意图娶苏格兰女王玛丽·斯图亚特为妻的阴谋。1569年北方伯爵叛乱爆发时，伊丽莎白女王委托他暗中监视玛丽·斯图亚特的一举一动。1572年至1595年任英格兰北方议会主席一职。

③ 爱德华·蒙塔古（Edward Montagu, 约1530—1602），英格兰政治家，1559年当选下议院议员。

④ 托马斯·珀西（Thomas Percy, 1528—1572），英格兰北方伯爵叛乱的领导者。叛乱失败后以叛国罪被处决。他死后，罗马教廷为他举行"宣福礼"，称他为"真福托马斯·珀西"。

六代威斯特摩兰伯爵查尔斯·内维尔[①]及第四代德比伯爵亨利·斯坦利[②]当时都不在枢密大臣之列。

　　既然国会与枢密院都不支持苏格兰女王玛丽·斯图亚特继承英格兰王位，那她就没有资本与伊丽莎白女王一较高低了。伊丽莎白女王再次警告苏格兰女王玛丽·斯图亚特：她与西班牙、奥地利或法兰西的任何一位王室成员联姻都

亨利·斯坦利

---

① 查尔斯·内维尔（Charles Neville, 1542—1601），英格兰贵族，1569 年英格兰北方伯爵叛乱的领导者之一。
② 亨利·斯坦利（Henry Stanley, 1531—1593），英格兰贵族，著名外交家、政治家、大使、枢密大臣，曾参与审判苏格兰女王玛丽·斯图亚特、第一代阿伦德尔伯爵圣菲利普·霍华德。

查理九世

将被视为对英格兰主权的挑战。远水解不了近渴。一旦情况紧急，靠这几个国家一时半会儿解不了燃眉之急，更何况来自这几个国家的援助还要仰仗上天的仁慈，狂风骇浪时有发生。而苏格兰与英格兰一衣带水，英格兰北部堡垒森严，守军随时待命。另外，苏格兰女王玛丽·斯图亚特无论看中谁——法王查理九世还是查理大公奥地利的弗朗西斯，都会将其中一位推向伊丽莎白女王的怀抱。

其实，苏格兰女王玛丽·斯图亚特心中另有人选。这个人虽然不是什么王公贵戚，却是某女性王室成员[1]的后裔。再者，他也是英格兰王位的假定继承人之一。这个人就是第四代伦诺克斯伯爵马修·斯图亚特[2]的儿子达恩利勋爵亨利·斯图亚特。从父亲的血统来看，达恩利勋爵亨利·斯图亚特是苏格兰王室成员；从母亲的血统来看，他也是王室成员，因为他的母亲是亨利八世的姐姐玛

亨利·斯图亚特

---

①　达恩利勋爵亨利·斯图亚特的外祖母是亨利八世的姐姐玛格丽特·都铎，他的母亲是苏格兰国王詹姆斯五世的妹妹。

②　马修·斯图亚特（Mathew Stuart, 1516—1571），苏格兰罗马天主教派贵族。他是第三代伦诺克斯伯爵约翰·斯图亚特与伊丽莎白·斯图亚特之子。伊丽莎白·斯图亚特是第一代阿索尔伯爵之女。他的孙子就是后来的苏格兰国王詹姆斯六世（英格兰国王詹姆斯一世）。

玛格丽特·都铎　　　　　　　　　　　　　　　　　　　　　　　　　　　　阿奇博尔德·道格拉斯

格丽特·都铎与她的第二任丈夫安格斯伯爵阿奇博尔德·道格拉斯①之女。因父亲长期流亡英格兰的缘故,达恩利勋爵亨利·斯图亚特是在英格兰出生并接受教育的。因此,他算是个英格兰人,这正好为他日后觊觎英格兰王位提供了法律依据。达恩利勋爵亨利·斯图亚特信奉天主教。如果此时伊丽莎白女王不幸晏驾,英格兰国内的天主教徒有可能抛弃玛丽·斯图亚特,转而拥戴达恩利勋爵亨利·斯图亚特继承王位。伊丽莎白女王曾经承诺,只要苏格兰女王玛丽·斯图亚特有意与英格兰的某位贵族结婚,就会竭尽所能迫使英格兰国会承认她的王位继承权。苏格兰女王玛丽·斯图亚特倒也乐意让伊丽莎白女王帮她这个忙。她恳请伊丽莎白女王向自己推荐一位英格兰贵族。她想:"要是能把达恩利勋爵亨利·斯图亚特推荐给自己就再好不过了!"②然而,令苏格兰女王玛丽·斯图亚特

---

① 阿奇博尔德·道格拉斯(Archibald Douglas,约1489—1557),詹姆斯五世、玛丽·斯图亚特统治时期在政坛上非常活跃的苏格兰贵族。1514年8月6日,他与孀居的王后、摄政玛格丽特·都铎结为夫妻。伦诺克斯伯爵夫人玛格丽特·道格拉斯,即达恩利勋爵亨利·斯图亚特的母亲,是他的女儿。

② 这是玛丽·斯图亚特1564年3月时的想法。

羞愧难当的是伊丽莎白女王竟高调宣布罗伯特·达德利就是她推荐的那位英格兰贵族！

伊丽莎白女王信口把罗伯特·达德利许配给苏格兰女王玛丽·斯图亚特一事，一直以来被看成一出闹剧，因为她从未真正想，也决不允许罗伯特·达德利与苏格兰女王玛丽·斯图亚特结为夫妻。但有一点是可以确定的，伊丽莎白女王放出此话后，当时她的内心是极其烦躁不安的。与此同时，她随意把罗伯特·达德利许配给苏格兰女王玛丽·斯图亚特一事充分佐证了她的爱情观：她可以对一个人好，包括罗伯特·达德利，但那种感情绝不是爱情。威廉·塞西尔和其他所有顾问大臣都认为伊丽莎白女王是认真的，也是诚心的。为了使罗伯特·达德利配得上苏格兰女王玛丽·斯图亚特，伊丽莎白女王首先加封罗伯特·达德利为莱斯特伯爵。如果苏格兰女王玛丽·斯图亚特肯接受罗伯特·达德利，伊丽莎白女王还不惜加封他为公爵。伊丽莎白女王亲口告诉苏格兰女王玛丽·斯图亚特的特使詹姆斯·梅尔维尔爵士①：她一直视莱斯特伯爵罗伯特·达德利为兄长、挚友；让莱斯特伯爵罗伯特·达德利做玛丽·斯图亚特的丈夫，在有生之年她就不用担心被赶下王位的事情发生了，因为莱斯特伯爵罗伯特·达德利如此忠诚、值得信任，所以他绝对不会允许这样的不幸发生在她头上。"然而，"伊丽莎白女王话锋一转，扬起手指向正在一旁的达恩利勋爵亨利·斯图亚特，说道，"你肯定更喜欢那边的那个高个子。"女王猜得一点儿都没错。詹姆斯·梅尔维尔爵士这次来英格兰的任务就是想办法让伊丽莎白女王准许达恩利勋爵亨利·斯图亚特前往苏格兰。然而，面对伊丽莎白女王的调侃，他却机警地回答道："没有哪个女人会喜欢一位娘兮兮的男人吧。"

最后，通过什么方式才能说服伊丽莎白女王允许达恩利勋爵亨利·斯图亚特离开英格兰呢？要打消伊丽莎白女王的疑虑，只有一种办法行得通。1565年1月，苏格兰女王玛丽·斯图亚特公开向伊丽莎白女王承诺准备嫁给莱斯特伯爵罗伯特·达德利，达恩利勋爵亨利·斯图亚特借机谎称他急需回苏格兰处理他

---

① 詹姆斯·梅尔维尔爵士（Sir James Melville, 1535—1617），苏格兰外交家，回忆录作家，女诗人伊丽莎白·梅尔维尔之父。

在伦诺克斯被没收的庄园。伊丽莎白女王恩准了他的请求，答应给他三个月的时间料理家事。苏格兰人不会傻到全然不知达恩利勋爵亨利·斯图亚特此行的真正目的是什么。他的到来引起了苏格兰新教徒的极大愤慨。整个苏格兰低地仅有的弥撒场地——玛丽·斯图亚特的私人教堂——被围得水泄不通，苏格兰女王玛丽·斯图亚特的神父受到集体攻击、虐待，就连不久前因全心全意辅佐同父异母妹妹而被约翰·诺克斯骂得狗血喷头的莫里伯爵詹姆斯·斯图亚特也开始蠢蠢欲动，准备联合其他新教徒阻止他们的结合。伊丽莎白女王以及威廉·塞西尔都被他们二人的伎俩蒙蔽了。世间之难事莫过于针尖对麦芒。伊丽莎白女王一向谨言慎行，但当恰逢无所顾虑、莽莽撞撞的对手时，她的谨慎倒显得碍手碍脚了。作为英格兰国家利益的坚决捍卫者，伊丽莎白女王只在乎国泰民安，别无他求。要不是迫不得已，她绝不想与苏格兰之间再有任何瓜葛。从不把臣民利益放在眼里的苏格兰女王玛丽·斯图亚特现在正身陷内战一触即发的泥潭，但却摆出一副满不在乎的样子。不仅如此，为了得到念念不忘的英格兰王位，她怕是已经做好丢掉苏格兰王位的准备。

1565年7月29日，苏格兰女王玛丽·斯图亚特不顾伊丽莎白女王再三恫吓，毅然与达恩利勋爵亨利·斯图亚特结为夫妻。得到英格兰的保证后，莫里伯爵詹姆斯·斯图亚特与阿盖尔伯爵阿奇博尔德·坎贝尔[1]带头起兵，反抗女王玛丽·斯图亚特。但不幸的是，圣公会中的大部分新教贵族比五年前更不堪一击，更鱼目混杂、目无纪律。莫顿伯爵詹姆斯·道格拉斯[2]、鲁思文勋爵帕特里克·鲁思文[3]及林塞勋爵帕特里克·林塞是达恩利勋爵亨利·斯图亚特的亲戚，而且是虔诚的新教贵族。因此，他们对达恩利勋爵亨利·斯图亚特成为女王丈

---

① 阿奇博尔德·坎贝尔（Archibald Campbell，约1532—1573），苏格兰贵族，政治家。他是玛丽·斯图亚特时期、詹姆斯六世统治早期主要政治人物之一。

② 詹姆斯·道格拉斯（James Douglas，约1516—1581），苏格兰历史上辅佐幼主詹姆斯六世的四位摄政中的末位，也是最成功的一位摄政。辅佐幼主期间，他成功地平息了苏格兰内乱，铲除了支持流放中的玛丽·斯图亚特重归王位的天主教徒。然而，他却未得善终，据说不幸死在由他发明的第一台苏格兰式断头机上。

③ 帕特里克·鲁思文（Patrick Ruthven，约1520—1566），16 世纪苏格兰阴谋家。1552年12月继承爵位。鲁思文家族是珀斯地区的实际统治者，珀斯地区的司法、宗教事务皆在该家族的掌控之中。另外，鲁思文家族还掌管着斯特拉森地区的司法事务。

詹姆斯·道格拉斯

夫一事感到异常兴奋。莫里伯爵詹姆斯·斯图亚特的如意算盘落空了。一向以折磨神父为乐的爱丁堡人这次却表现得异常理智，一反常态地站到了他们的女王一边。而女王玛丽·斯图亚特更是信心满满，亲自披挂上阵，不仅把自己的御马从头到脚裹得严严实实，而且在马鞍两边各配备了一把装了子弹的火枪，最后打得失道寡助的莫里伯爵詹姆斯·斯图亚特等一干贵族四处溃逃。莫里伯爵詹姆斯·斯图亚特本人也不得不逃往英格兰避难。坐镇贝里克的贝德福德伯爵弗朗西斯·拉塞尔率领边防军用不着几步就可以跨过英苏边界，不费吹灰之力就能把苏格兰女王临时召集起来的混乱大军横扫一空。因此，他主动向伊丽莎白女王请缨，请求伊丽莎白女王同意他的计划。为使伊丽莎白女王不受牵连，他还请求伊丽莎白女王准许他以个人的名义展开军事行动。伊丽莎白女王否定了他的想法。然而，当最终识破伊丽莎白女王一直以来自吹自擂的把戏时，他不禁恼羞成怒。按照伊丽莎白女王最初的愿望，她本以为时不时地恫吓一下苏格兰女王玛丽·斯图亚特就可以起到敲山震虎的作用，使苏格兰女王玛丽·斯图亚特知难而退，终止她与达恩利勋爵亨利·斯图亚特的婚姻谈判。但现在木已成舟，伊丽莎白女王却打起了退堂鼓。

这样的局面都是拜成事不足、败事有余的莫里伯爵詹姆斯·斯图亚特和他那帮意气用事的朋友所赐。这样的局面也是伊丽莎白女王的某些枢密大臣所不能容忍的。他们认为英格兰不应忍气吞声，因为这不仅令英格兰颜面无存，还会引起国内动荡。但从事件发展的一般规律来看，伊丽莎白女王的做法又不失为上策。英格兰国内的天主教徒，尤其是一些狂热分子，现在比以往任何时候都更躁动不安，随时准备发动叛乱。英格兰北方的伯爵们也早已摩拳擦掌，蠢蠢欲动。苏格兰女王玛丽·斯图亚特胸有成竹地说，只要她挥一挥手，全英格兰的天主教追随者就会义无反顾地为她效劳，她的讨伐大军可以直捣伦敦。当然，这只不过是苏格兰女王玛丽·斯图亚特放的嘴炮而已。英格兰并不想以暴制暴，也不想肆意践踏一个主权国家的宪法。但这并不代表英格兰惧怕苏格兰。论发展水平，就连英格兰亨伯河以北的地方都比苏格兰至少先进两个世纪。如果自不量力、愚昧无知的苏格兰高地人和无法无天的边境刁民贸然进入英格兰，那么"全英格兰大街小巷的石头也会群起而攻击他们"。伊丽莎白女王一贯的策略——也不失为一种上策——就是：对于战争，能避则避。在这种思想的指导下，伊丽莎白女王不到万不得已绝对不会率先挑起战端，哪怕是舆情高涨，计划搁浅，甚至名誉受损。不管是英格兰，还是其他国家，染指苏格兰的教训仍历历在目。与其让英格兰自讨苦吃，还不如逆来顺受。入侵苏格兰还有一大隐患：北方的伯爵们届时会临阵倒戈，转身投靠苏格兰女王玛丽·斯图亚特。如果不惊动他们，这些伯爵是绝对不会铤而走险的。面对当下形势，有些英格兰人如坐针毡，因为他们担心局势会变得更加复杂，会对英格兰更加不利。但伊丽莎白女王却气定神闲，似乎一切尽在掌控之中。只要不到万不得已，一切她都能应付自如。至于人们所担心的那些逃亡英格兰的苏格兰贵族有可能叛变的事情，伊丽莎白女王更是没放在心上。较之英格兰的国家利益，他们根本不值得一提。向来善解人意、能设身处地为他人着想的莫里伯爵詹姆斯·斯图亚特也逐渐揣摩到了伊丽莎白女王的良苦用心，不禁暗自叫好。在莫里伯爵詹姆斯·斯图亚特看来，伊丽莎白女王的做法虽然算不上仗义相助，却不失明智。他虽不忘在口头上发发牢骚，但并未真正向伊丽莎白女王提出严正交涉。他相信只要时机成熟，伊丽莎白女王定会助他一臂之力。他目前要做的就是耐心等待。其实，苏格兰女王玛丽·斯图亚特也在静观其变，尽管她正在兴头上，也想进一步扩大战果。腓力二世来信告诉苏格兰女王玛丽·斯图亚特：如果伊丽莎白女王率先开战，他会向她提供金钱援助，而如果她再生事端，他只能表示遗憾。腓力二世同时警告苏格兰女王玛丽·斯图亚特万万不可草率剑指英格兰王冠。伊丽莎白女王貌似温文尔雅的外表下正酝酿着一个惊天计划。

早在锁定达恩利勋爵亨利·斯图亚特之前，苏格兰女王玛丽·斯图亚特就看好了他的政治前景。因此，她不顾一切地要纳达恩利勋爵亨利·斯图亚特为自己的夫君。我们有足够的理由相信苏格兰女王玛丽·斯图亚特从未真正喜欢过达恩利勋爵亨利·斯图亚特。就像历史学家詹姆斯·安东尼·弗鲁德[1]认为的那样，为了实现其政治野心，苏格兰女王玛丽·斯图亚特上演了一出连她自己都觉得恶心的滑稽剧。对于一位刚满二十二岁就已孀居独处、老成持重、能力非凡、长于权术且喜欢被捧在手掌心的少妇来说，她是断然不会爱上一个笨手笨脚、目中无人、毫无生机、阴险毒辣、女人气过重的不到十九岁的毛头小子的。如果说苏格兰女王玛丽·斯图亚特不顾一切地爱过谁，那人非博思韦尔伯爵詹姆斯·赫伯

---

[1] 詹姆斯·安东尼·弗鲁德（James Anthony Froude, 1818—1894），爱丁堡皇家协会会员，英国著名的历史学家、传记作家、小说家，《费雷泽杂志》主编。

詹姆斯·赫伯恩

恩①莫属。博思韦尔伯爵詹姆斯·赫伯恩男子气概十足，不仅争强好斗，还擅长铤而走险。正因为如此，博思韦尔伯爵詹姆斯·赫伯恩逐渐赢得了苏格兰女王玛丽·斯图亚特的芳心。只要苏格兰女王玛丽·斯图亚特一个眼神，博思韦尔伯爵詹姆斯·赫伯恩就甘愿为她赴汤蹈火。苏格兰女王玛丽·斯图亚特看重一个男人的恰好是博思韦尔伯爵詹姆斯·赫伯恩身上散发着诱惑力的这些优点：坚定不移的决心和强健的体魄。她本人也喜欢偶尔在艰苦卓绝的环境中彰显自己的意

---

① 詹姆斯·赫伯恩（James Hepburn，约1534—1578），苏格兰贵族。他因与苏格兰女王玛丽·斯图亚特的关系而闻名于世。他是玛丽·斯图亚特的第三任也是末任丈夫。他也因谋杀玛丽·斯图亚特的第二任丈夫达恩利勋爵亨利·斯图亚特而遭到起诉，但最终无罪释放。他与玛丽·斯图亚特的婚姻导致了苏格兰内战的爆发。因无法面对国内异常激烈的矛盾，他仓皇逃到斯堪的纳维亚，结果被挪威海军抓捕，最后在丹麦的监狱中度过余生。

志力。托马斯·伦道夫①因此大吃一惊。他写道："我做梦也没想到她（玛丽·斯图亚特）对男人的世界竟会如此好奇。当巡逻了一整夜的爵爷们和随从第二天早上向她汇报情况时，她没有用一个女人所特有的那种温柔对他们嘘寒问暖，相反一开口就问整夜露宿户外是不是很刺激，身着铠甲、一手拿着小型圆盾、一手握着双刃阔刀在堤道上来回巡逻时是不是很拉风。"弗朗西斯·诺里斯爵士②补充道："她渴望的远不止这些。她对众口交赞的苏格兰勇士们的英雄事迹情有独

弗朗西斯·诺里斯

---

① 托马斯·伦道夫（Thomas Randolph, 1523—1590），伊丽莎白女王时期英格兰驻苏格兰大使。他职业生涯中的大部分时间是在苏格兰女王玛丽·斯图亚特和詹姆斯六世的宫廷中度过的，他也因此不可避免地卷入苏格兰的多次婚姻谈判及动乱中。他还担任伊丽莎白女王的特使出使俄国（1568—1569），拜会"恐怖大帝"伊万四世。除此之外，托马斯·伦道夫还是一名国会议员。

② 弗朗西斯·诺里斯爵士（Sir Francis Knollys, 约1511—1596），亨利八世、爱德华六世、伊丽莎白女王时期大臣，多个选区的国会议员。

大卫·里奇奥

钟。每当别人讲到精彩时，她都不忘连口称好，尽管这些勇士是她的敌人。即使在朋友面前，她也从来不会露出懦弱的一面。"对于一位集男性优秀品质于一身的女性来说，苏格兰女王玛丽·斯图亚特在决策上并不是非得依赖博思韦尔伯爵詹姆斯·赫伯恩。遇到自己拿捏不定的大事时，苏格兰女王更偏向倾听意大利人大卫·里奇奥①的建议。苏格兰女王玛丽·斯图亚特之所以钟爱一个外国人，是

---

① 大卫·里奇奥（David Rizzio, 约1533—1566），意大利廷臣，出生于都灵附近。因得到苏格兰女王玛丽·斯图亚特的宠幸而在仕途上步步高升。据说，玛丽·斯图亚特的丈夫达恩利勋爵亨利·斯图亚特听到妻子与大卫·里奇奥发生不正当关系、妻子腹中的孩子并非他的骨肉的谣言后醋意大发，就与新教派贵族密谋除之而后快。鲁思文勋爵帕特里克·鲁思文是这起谋杀案的总负责人。这起谋杀案加速了达恩利勋爵亨利·斯图亚特的倒台，也给玛丽·斯图亚特的事业埋下了隐患。谋杀的大致经过是这样的：正当玛丽·斯图亚特在几位侍女的侍奉下与大卫·里奇奥用晚膳时，达恩利勋爵亨利·斯图亚特领着一帮人怒气冲冲地闯了进来。他不问青红皂白就开口指责玛丽·斯图亚特明目张胆偷情，然后命手下当场教训躲在她身后的大卫·里奇奥。玛丽·斯图亚特被达恩利勋爵亨利·斯图亚特拿枪死死顶在餐桌上，丝毫动弹不得。而大卫·里奇奥则被乱剑刺死，他身上的伤口有五十六处之多。

因为她觉得大卫·里奇奥来苏格兰只有一个目的：配合罗马教廷绞杀苏格兰境内的新教徒。除此之外，他并没有图谋苏格兰的任何政治利益。博思韦尔伯爵詹姆斯·赫伯恩当时是三十岁，而大卫·里奇奥——按约翰·莱斯利[1]的说法——当时五十岁[2]。

  尽管有不少作家喜欢用淫词艳句拿玛丽·斯图亚特一生的故事开涮，把她刻意描述成一个荒淫无度的荡妇，但事实并非如此。她在法兰西的生活毫无瑕疵。苏格兰女王玛丽·斯图亚特在"沙特拉尔事件"[3]中的所作所为无可指责。至于与大卫·里奇奥的奸情，历史学家詹姆斯·安东尼·弗鲁德通过查证历史文献后谨慎得出定论：此事子虚乌有。作为一个女人，她不顾一切委身博思韦尔伯爵詹姆斯·赫伯恩也在情理之中。我们不能因为一个女人爱上一个男人而把她称为"荡妇"，对吧？此外，她在英格兰长达十九年的牢狱生涯可以充分说明她并不是一个骄奢淫逸之徒。要知道她被软禁在英格兰时年仅二十五岁！她被软禁在英格兰期间社交频繁，身边不乏美男子。她如果真像人们所说的那般轻佻，完全可以放纵自己，随心所欲地干些见不得人的勾当；她如果真是一个人见人恨的荡妇，完全可以不顾宗教、道德的束缚。即便如此，荡妇之名还是始终伴随着她。

  苏格兰女王玛丽·斯图亚特尽管已经授予达恩利勋爵亨利·斯图亚特国王的头衔，但当他最终意识到妻子并不想与他分享王权后，他变得动辄大发雷霆。

---

① 约翰·莱斯利（John Lesley, 1527—1596），苏格兰罗马天主教主教，历史学家。
② 还有一种说法，大卫·里奇奥当时的实际年龄为三十三岁左右。
③ 沙特拉尔事件（Affair of Chastelard）是指法兰西诗人皮埃尔·德·博科塞尔·沙特拉尔因爱恋玛丽·斯图亚特而两次私闯内室而最终被砍头的事。沙特拉尔原本是蒙莫朗西公爵的家臣，后来被安排到当维尔元帅家当差。1561年，他随同当维尔元帅护送玛丽·斯图亚特返回苏格兰，任务完成后回到巴黎。但不久他又奉命重返苏格兰，代前主人蒙莫朗西公爵向玛丽·斯图亚特面呈推荐信，并代表皮埃尔·隆萨（玛丽·斯图亚特的音乐导师）向她递呈致歉信。然而，一来二往，沙特拉尔竟情不自禁地爱上了玛丽·斯图亚特。据说，玛丽·斯图亚特也没有明确拒绝沙特拉尔的疯狂追求。被炙热的爱情冲昏了头脑的沙特拉尔为了给玛丽·斯图亚特一个意外的惊喜，他悄悄溜进她的内室，藏在床下，结果被玛丽·斯图亚特的侍女发现了。玛丽·斯图亚特虽没有追究他的责任，但责令他限期出境。意犹未尽的沙特拉尔不但没有理会玛丽·斯图亚特的诏令，反而变得越发大胆。他第二次闯入玛丽·斯图亚特的内室时，她正准备脱衣就寝。玛丽·斯图亚特被这突如其来的一幕吓得大惊失色，闻讯赶来的莫里伯爵詹姆斯·斯图亚特随即制服了沙特拉尔。沙特拉尔最后以叛国罪被砍头。莱辛顿的威廉·梅特兰指出：沙特拉尔爱玛丽·斯图亚特是假的，实际上是替法兰西的胡格诺派败坏她的名声。

大卫·里奇奥与玛丽·斯图亚特

他的亲戚莫顿伯爵詹姆斯·道格拉斯、鲁思文勋爵帕特里克·鲁思文及林塞勋爵帕特里克·林塞的气愤程度绝不亚于达恩利勋爵亨利·斯图亚特。达恩利勋爵亨利·斯图亚特荣升为国王后，他们想都没想就脱离了圣公会，心里盘算着这下可算是有靠山了，不禁做起了黄粱美梦。然而，令他们万万没有想到的是，他们竟被晾到了一边，政府根本就没有重用他们的意思。与此同时，玛丽·斯图亚特在天主教徒心中的威信重新被树立了起来。一向以新教徒自居的博思韦尔伯爵詹姆斯·赫伯恩也倒向了玛丽·斯图亚特。圣公会的新教贵族们各持己见，最终分成了两派。他们把仇恨的目光不约而同地投向大卫·里奇奥，认为是他阻挡了他们的飞黄腾达。博思韦尔伯爵詹姆斯·赫伯恩充其量是个有头无脑、莽莽撞撞的武夫。大卫·里奇奥腹背受敌，不仅因为他与玛丽·斯图亚特走得太近，而且因为他是一个身份卑微的外国人。正因为如此，圣公会的两派新教徒们决定用苏格兰古老的处决方式除掉大卫·里奇奥这个眼中钉、肉中刺。谋害大卫·里奇奥的日期定好后，一份通知被秘密送到了流亡英格兰的贵族手中。该通知要求流亡的贵族在事成之后立即返回爱丁堡。英格兰驻苏格兰大使托马斯·伦道夫，边防军指挥官贝德福德伯爵弗朗西斯·拉塞尔也被卷入这起密谋事件中。他们随即把该消息告知了威廉·塞西尔和莱斯特伯爵罗伯特·达德利。

在此赘述大卫·里奇奥被谋杀的故事倒显得没什么必要。谋杀大卫·里奇奥只是召回流亡在外的新教贵族进而弥合已经分崩离析的新教贵族党派、加强苏格兰新教势力的宏伟计划的序曲。起初，一切进展得相当顺利。贝德福德伯爵弗朗西斯·拉塞尔写信告诉威廉·塞西尔："一切正如我们所料。"然而，苏格兰女王玛丽·斯图亚特通过假装关心丈夫成功瓦解了贵族联盟，使胆小怕事、意志薄弱的达恩利勋爵亨利·斯图亚特重新回到了她身边。在达恩利勋爵亨利·斯图亚特的协助下，玛丽·斯图亚特逃出了贵族联盟的手掌心，由博思韦尔伯爵詹姆斯·赫伯恩和她的天主教朋友们为她保驾护航。没过几日，玛丽·斯图亚特重新

弗朗西斯·拉塞尔

大卫·里奇奥被杀

杀回爱丁堡,并大获全胜。原先谋害大卫·里奇奥的贵族们落荒而逃,纷纷逃到英格兰寻求庇护。

如果苏格兰的新教贵族从一开始就没有任何成功的胜算,玛丽·斯图亚特可能不会如此匆忙地高调着手实施她一直以来蹑手蹑脚意欲图谋联合英苏两国天主教徒的计划了。一时之间,玛丽·斯图亚特意气风发,志在必得,大地也在她脚下颤动。正当她如痴如醉地伸手摸向她朝思暮想的英格兰王冠时,美梦突然被打断,臣民们蜂拥而至,团团把她围住。她失去了自由,失落而无助。这是一次血的教训。如果她早点儿意识到会有这么一天,或许不会输得如此之惨。然而,此时的玛丽·斯图亚特正身怀六甲,纵有千仇万恨,臣民们还是动了恻隐之心,不禁同情起她来。玛丽·斯图亚特凭借非凡的勇气和智慧使自己成功地摆脱了困局。失去大卫·里奇奥这位贴心顾问对她的打击着实不小,她不得不推迟甚至放弃在苏格兰重建天主教势力的宏伟蓝图,也不得不终止对抗伊丽莎白女王的计划。

1566年6月19日,玛丽·斯图亚特生了一个男婴。孩子的出身使她在英格兰国内的影响力进一步得到了提升。古老的王室再添新人，而且是一位男婴，他理应是合法的王位继承人。反观伊丽莎白女王，她依旧以各种托词逃避婚姻。那些原本摇摆不定的新教徒开始另做打算。他们觉得长嗣继承制要比亨利八世的遗嘱更靠谱、可取，尽管亨利八世的遗嘱是经《国会法案》授权的。毫无疑问，让古老王室的男性长嗣继承英格兰王位正中伊丽莎白女王的下怀，尽管她在长达四十年的统治时间里反对提及王位继承问题，更别谈着手解决它了。然而，

玛丽·斯图亚特的儿子詹姆斯·查尔斯·斯图亚特

赫特福德伯爵爱德华·西摩

她在对付与玛丽·斯图亚特成激烈竞争态势的另一位王位觊觎者凯瑟琳·格雷时却显得格外果断、残忍。凯瑟琳·格雷自作主张，秘密与摄政萨摩塞特公爵爱德华·西摩的儿子赫特福德伯爵爱德华·西摩①结为夫妻。凯瑟琳·格雷怀孕后，必须公开承认她与赫特福德伯爵爱德华·西摩之间的婚姻。然而，当初为他们秘密主持婚礼的神父借故推辞，不肯做证，唯一见证他们婚礼的简·西摩②也已经去

① 赫特福德伯爵爱德华·西摩（Edward Seymour, 1st Earl of Hertford, 1539—1621），嘉德勋章获得者。他因多次秘密结婚而触犯伊丽莎白女王的天威，他也因此"名垂青史"。

② 简·西摩（Jane Seymour, 约1541—1561），与两位姐姐玛格丽特·西摩、沃里克伯爵安妮·西摩合称16世纪英格兰"三朵金花"。她是亨利八世的第三任妻子简·西摩王后的侄女。1560年，作为唯一见证人，她见证了兄长第一代赫特福德伯爵爱德华·西摩与凯瑟琳·格雷的婚礼。一年后去世，据说死于肺结核，年仅二十岁。

世。伊丽莎白女王拒不承认他们婚姻的合法性，尽管她自己也说不清楚她的母亲安妮·博林与父王亨利八世是何时、何地、在何人的见证下结婚的。她怒不可遏，火冒三丈，但当把那对不幸的夫妇关进伦敦塔后，并没有下令立即处决他们，只是吩咐她的鹰犬坎特伯雷大主教马修·帕克公开宣布两人的婚姻无效，子嗣不合法。不管是有意还是无意，伊丽莎白女王成功地将姐姐玛丽一世对付她的那一套用到了凯瑟琳·格雷的身上。1563年组建的下议院仍未解散。该届下议院议会坚决支持新教立场，强烈要求恢复凯瑟琳·格雷的王位继承权，尽管此时她已经被关进伦敦塔。1566年秋季召开的第二届下议院议会上，议员们寸步不让，联手迫使伊丽莎白女王正式做出结婚的承诺，并强迫她承认凯瑟琳·格雷假定王位继承人的权利。不依不饶的新教派议员们深知如果不在本届议会上解决上述问题，待下届议会召开时，新组建的下议院极有可能会与站在斯图亚

凯瑟琳·格雷与长子赫特福德伯爵爱德华·西摩

16 世纪 60 年代的伊丽莎白女王

特王室立场上的贵族们达成妥协。为了摆脱没完没了的下议院议员们,伊丽莎白女王龙颜大怒,并于1567年1月2日宣布休会。因赞同斯图亚特王室子嗣继承英格兰王位,威廉·塞西尔本人也受到苏格兰女王玛丽·斯图亚特的极大赞赏。其实,威廉·塞西尔内心惧怕苏格兰女王玛丽·斯图亚特继承英格兰王位。他之所以反将一军,就是想远远地静观舆情风向标的变化,一旦情势明了,他就会择机靠向有利的一边。

而对苏格兰女王玛丽·斯图亚特来说，此时舆情一片大好，她本应顺势迎难而上，进一步巩固自己继承英格兰王位的权利，但却被无关紧要的杂事闹得心神不宁，根本无暇顾及自己的伟大事业，开始一步步陷入日后毁灭自己的厄运泥潭中。她满脑子想的都是如何把达恩利勋爵亨利·斯图亚特扣在自己头上的屎盆子反手扣在他头上。达恩利勋爵亨利·斯图亚特实在欺人太甚，她越想越来气，哪还有什么心思去考虑自己的政治前途呢？她想到过离婚，这样就可以眼不见心不烦了，但天主教会严格规定：如果婚后夫妇任何一方有不轨行为，教会则不准许他们离婚。换作普通人，他们可以堂而皇之地宣称他们的婚姻从一开始就是不合法的，但这招不适合苏格兰女王玛丽·斯图亚特。如果非要这么做，那她的儿子将被永远打上私生子的烙印，而她也不得不重蹈凯瑟琳·格雷的覆辙。同时，分居也不会好到哪里去，因为它终究是下一段感情的羁绊。

随着苏格兰女王玛丽·斯图亚特对博思韦尔伯爵詹姆斯·赫伯恩的依赖日渐增强，不知不觉坠入了爱河，即使她矢口否认，也不过是欲盖弥彰。苏格兰女王玛丽·斯图亚特的痴情无形中助长了博思韦尔伯爵詹姆斯·赫伯恩的野心。从此，他得寸进尺，一发不可收拾。博思韦尔伯爵詹姆斯·赫伯恩开口闭口说他深爱着——如果"爱"这个字可以随意糟践的话——苏格兰女王玛丽·斯图亚特，但这种鬼话又有谁会相信呢？博思韦尔伯爵詹姆斯·赫伯恩生性放荡不羁，喜欢拈花惹草，深受其害的女人恐怕不下二十人。然而，他对苏格兰女王玛丽·斯图亚特的"爱"却不同于其他女人：他要和她结婚。稍微有点儿头脑的男人都会望而却步，因为这好比自投罗网，不但毁了自己，而且连累苏格兰女王玛丽·斯图亚特。然而，一贯无所畏惧、胆大包天的博思韦尔伯爵詹姆斯·赫伯恩依然我行我素，大有一副不撞南墙不回头的架势，殊不知危险正在不远的前方朝他招手呢。既然能做女王的丈夫，那为何就不能控制整个王国呢？为什么不能做国王呢？当博思韦尔伯爵詹姆斯·赫伯恩突然想到这些时，达恩利勋爵亨利·斯图亚特的生命也就快到尽头了。此时，亨利·斯图亚特就像一只待宰的羔羊，屠夫霍霍的磨刀声已经在他的耳边响起了。

可怜的受害者早已把他的贵族朋友都得罪了个遍。有些因他背信弃义而心

威廉·梅特兰

生怨愤，而另外一些又因他的傲慢无礼而怒气冲冲。所有人欲把他除之而后快，因为他除了给人带来无尽的麻烦之外别无他用。鉴于此，几位掌权贵族也开始图谋除掉他。莫里伯爵詹姆斯·斯图亚特、阿盖尔伯爵阿奇博尔德·坎贝尔和莱辛顿的威廉·梅特兰①答应苏格兰女王玛丽·斯图亚特愿意动用新教教规取消她与达恩利勋爵亨利·斯图亚特之间的婚姻，但前提是同意赦免莫顿伯爵詹姆斯·道格拉斯和他的朋友，并准许他们返回苏格兰。双方经过商议后，苏格兰女

---

① 莱辛顿的威廉·梅特兰（William Maitland of Lethington, 1525—1573），苏格兰政治家、改革家，诗人理查德·梅特兰之长子。

王玛丽·斯图亚特欣然接受了该提议。双方在谈判过程中根本就没提到谋杀达恩利勋爵亨利·斯图亚特的事。实际上，只有苏格兰女王玛丽·斯图亚特和博思韦尔伯爵詹姆斯·赫伯恩对谋杀达恩利勋爵亨利·斯图亚特感兴趣，因为他们的关系已经发展到非结婚不可的地步。此外，谋杀达恩利勋爵亨利·斯图亚特是所有贵族心照不宣的事，如果博思韦尔伯爵詹姆斯·赫伯恩甘愿出这个头，以个人名义除掉他，这有什么不好呢？届时，他们不仅可以装傻卖乖，而且消了心头之恨。对苏格兰人来说，谋杀不是什么见不得人的大事，而是苏格兰人解决一个仇人最直接、最彻底、最常用的手段之一，只会产生一种不利影响——没完没了的报复、仇杀。在所有人拍手称快之际，只有一人会以泪洗面、痛心疾首。这个人就是达恩利勋爵亨利·斯图亚特的父亲伦诺克斯伯爵马修·斯图亚特。他绝对不会善罢甘休的。话又说回来，冤有头，债有主，最后如何收场，那该是博思韦尔伯爵詹姆斯·赫伯恩考虑的事情了。

不久，人们都感觉到苏格兰国内正酝酿着一场预谋，而且这场预谋指向达恩利勋爵亨利·斯图亚特。人们只是并不知道何时动手、以何种方式结束他，但没有人愿意站出来阻止。如果我们不介意以莫里伯爵詹姆斯·斯图亚特当时所处环境下的道德标准来衡量他的话——这是衡量一个人品德唯一客观、公允的标准，那么他不失为一位品质高尚、值得尊敬的人。于心不忍的莫里伯爵詹姆斯·斯图亚特于事发当日上午离开了爱丁堡，想着"要是有谁栽赃陷害他，他可以以当时不在场为由推脱责任"，从而逃脱干系。谋杀案的核心成员分别是博思韦尔伯爵詹姆斯·赫伯恩、阿盖尔伯爵阿奇博尔德·坎贝尔、第五代亨特利伯爵乔治·戈登[1]、莱辛顿的威廉·梅特兰和皮腾德里克勋爵詹姆斯·贝尔福[2]。

舆论一致认为达恩利勋爵亨利·斯图亚特谋杀案就是博思韦尔伯爵詹姆斯·赫伯恩一手策划、实施的，至于苏格兰女王玛丽·斯图亚特是否参与其中，这一直以来充满争议，因为当时负责调查真相的几位工作人员义正词严地声明苏格兰女王玛丽·斯图亚特并不知情。苏格兰女王玛丽·斯图亚特是否扮演了

---

① 乔治·戈登（George Gordon，？—1576），苏格兰御前大臣、阴谋家。
② 詹姆斯·贝尔福（James Belfour，约1525—1583），苏格兰法律作家、法官。

詹姆斯·赫伯恩的妻子珍妮·戈登

帮凶的角色呢? 恐怕只有她心里最清楚了。凭着苏格兰女王玛丽·斯图亚特对他的依恋、痴情, 博思韦尔伯爵詹姆斯·赫伯恩原形毕露、变本加厉, 丝毫没有把那个不幸的女人为他付出的一切放在心上。事实上, 博思韦尔伯爵詹姆斯·赫伯恩放在心头的是如何尽快与新婚才六个月的结发妻子离婚的事。苏格兰女王玛丽·斯图亚特的精神饱受摧残。她既妒忌离婚前的博思韦尔伯爵詹姆斯·赫伯恩夫人, 又羡慕如今孑身一人的伊丽莎白女王。

　　1567年2月10日, 达恩利勋爵亨利·斯图亚特被谋杀。一石激起千层浪, 国内外天主教势力联合新教势力齐刷刷地把矛头指向苏格兰女王玛丽·斯图亚特, 谴责声、讨伐声铺天盖地而来。在英格兰及欧洲其他各国, 她的声誉瞬间扫地, 其伟大事业一夜之间跌入了低谷。当时, 她如果假装无辜, 严令政府相关人员彻查此事, 或许还可以蒙蔽愚昧无知、粗暴无礼的苏格兰人的双眼, 使自己的王位不受威胁。再者, 她如果当时头脑不发热, 置博思韦尔伯爵詹姆斯·赫伯恩于朝臣之上, 依然可以在私下维持两人之间的暧昧关系。苏格兰上下除莫里伯爵詹姆斯·斯图亚特外恐怕再没有第二个贵族会心甘情愿地做她的臣子了。信奉新教的苏格兰普通百姓如果对"十诫"第六条之不可杀人还能勉强接受的话, 就断然不会接受"十诫"第七条之不可奸淫，肯定会闹出些动静来。他们的叫嚷到目前为止还不足以撼动苏格兰女王玛丽·斯图亚特的统治根基，但他们肯定不会善罢甘休。

真正让苏格兰女王玛丽·斯图亚特一夜之间沦为众矢之的并不是骇人听闻的达恩利勋爵亨利·斯图亚特被谋杀案，而是她对博思韦尔伯爵詹姆斯·赫伯恩毫无节制的放纵。天主教、新教两派贵族原本打算不再追究博思韦尔伯爵詹姆斯·赫伯恩的责任，但令他们气愤的是，这个身份卑贱、负债累累，外表人模人样，实则傲慢无礼、凶残霸道、人见人恨的混蛋竟然想做他们的国王！1567年4月19日，即达恩利勋爵亨利·斯图亚特遇害后的第十一周，他与玛丽·斯图亚特的结婚计划才被正式公开。1567年4月24日，因担心国人聚众抗议、英格兰横加干涉的博思韦尔伯爵詹姆斯·赫伯恩冒天下之大不韪，竟在光天化日之下成功劫持了苏格兰女王玛丽·斯图亚特，让人们不得不怀疑这是两人合演的一出双簧戏。博思韦尔伯爵詹姆斯·赫伯恩祭出这种损招的目的就是刻意败坏苏格兰女王玛丽·斯图亚特的名声，最后逼苏格兰女王玛丽·斯图亚特嫁给他。通过以下三滥的手段逼迫苏格兰女王玛丽·斯图亚特与他成婚，残忍地谋害达恩利勋爵亨利·斯图亚特这两件事，我们不难看出博思韦尔伯爵詹姆斯·赫伯恩就是这样一个头脑简单、有勇无谋的莽夫。博思韦尔伯爵詹姆斯·赫伯恩前脚刚与妻子一刀两断（1567年5月7日），后脚就与苏格兰女王玛丽·斯图亚特步入了婚姻的殿堂（1567年5月15日）。仅在一个月后，起义的贵族在卡伯里山①迫使玛丽·斯图亚特投降，原先野心勃勃的博思韦尔伯爵如丧家之犬一样溜走了，从此消失在历史的尘埃中。

---

① 卡伯里山是卡伯里山战役（**Battle of Carberry Hill**）战场所在地。1567年6月15日，战斗在苏格兰爱丁堡东几英里外的东洛锡安马瑟尔堡附近的卡伯里山拉开序幕。战役因部分贵族不满女王婚后的统治而起。1567年2月10日，玛丽·斯图亚特的第二任丈夫达恩利勋爵亨利·斯图亚特被谋杀，1567年5月15日，玛丽·斯图亚特与博思韦尔伯爵詹姆斯·赫伯恩仓促结婚。人们普遍认为博思韦尔伯爵詹姆斯·赫伯恩就是谋杀达恩利勋爵亨利·斯图亚特的真正元凶。为了给死去的达恩利勋爵亨利·斯图亚特讨回公道，双方爆发冲突。然而，战役以博思韦尔伯爵詹姆斯·赫伯恩的仓皇出逃与玛丽·斯图亚特的投降收场。被废黜后的玛丽·斯图亚特设法逃出监狱，但在朗德赛战役中再次败北。玛丽·斯图亚特逃往英格兰寻求庇护，她的支持者继续与起兵反抗的贵族作战，史称"苏格兰内战"。

囚禁玛丽·斯图亚特的利文湖城堡

　　过去六个月中，伊丽莎白女王一直密切关注着苏格兰国内形势的进展，她的情绪可谓是跌宕起伏。随着1567年的到来，她与苏格兰女王玛丽·斯图亚特之间持续七年的明争暗斗似乎要以她的失败而被迫收场了。釜底抽薪的大卫·里奇奥谋杀案——当然伊丽莎白女王没有直接参与其中——并没能给她带来预期的效果。王位继承问题大有一锤定音之势，接下来伊丽莎白女王不得不在两个一样令她头疼的选项中做出选择：要么承认苏格兰女王玛丽·斯图亚特对英格兰王位的继承权，要么择夫成婚。正当伊丽莎白女王火烧眉毛、一筹莫展之际，苏格兰国内局势骤变，才过了六个月时间，对手玛丽·斯图亚特终因自己的鲁莽行为从高高在上的女王沦为阶下囚。这样的结局或许值得伊丽莎白女王暗自庆幸，但她很快就变得警觉起来，怒火中烧——苏格兰国内爆发了大规模反抗苏格兰女王玛丽·斯图亚特统治的动乱，噩耗接二连三地传来：苏格兰女王玛丽·斯图亚特在卡伯里山负辱投降；被押回爱丁堡的途中，她受尽加尔文派暴民的谩骂与恐吓；她被囚禁在利文湖附近，甚至有人建议审判、处决她等。伊丽莎白女王越听越怒不可遏，措辞极其严厉地转告苏格兰贵族：现在不允许，将来也不允许他们以下犯上，以暴力手段羞辱他们的君主！如果他们胆敢罢黜或以任何方式冒犯他们的君主，她绝对不会袖手旁观！如果他们玩忽职守，不以臣子应尽之责竭力辅佐君主，他们就得"问问正义的、仁慈的、万能的上帝乐不乐意赦免其罪过"。

伊丽莎白女王针锋相对的这一席话严重伤害了亲英派苏格兰贵族的感情。在对待表外甥女苏格兰女王玛丽·斯图亚特的态度上，洞悉所处时代动辄天翻地覆的造反风暴方面，纵横捭阖、运筹帷幄的伊丽莎白女王是普通人所不能企及的。她敢于出奇制胜，以非常规的手段巧妙维系英苏两国之间的关系，以此保证英格兰的长治久安、英格兰王位的顺利交接、自己身家性命的绝对安全，并摆脱令她心神不宁的婚姻问题的束缚。她比谁都清楚如何更好地利用时局。尼古拉·思罗克莫顿①爵士被委以重任，前往苏格兰商议领养尚在襁褓中的小王子詹姆斯·查尔斯·斯图亚特②之事宜。如果尼古拉·思罗克莫顿爵士不虚此行，伊丽莎白女王就可以名正言顺地收小王子詹姆斯·查尔斯·斯图亚特为继孙。这样一来，她不但有了孙子，而且可以理直气壮地宣布他为英格兰王位的合法继承人，省去了结婚生子的一大堆麻烦。但她不会让国会插手此事。如果国会插手了，小王子詹姆斯·查尔斯·斯图亚特可能会不受她的控制，会给她带来威胁。如果小王子詹姆斯·查尔斯·斯图亚特愿意听她的话，他理所当然就是英格兰王位的合法继承人，届时《国会法案》也奈何不了她；即使苏格兰女王玛丽·斯图亚特重新掌权，也不足为惧；要是苏格兰女王玛丽·斯图亚特被罢黜或处死，等时机成熟——小王子詹姆斯·查尔斯·斯图亚特可以独理朝政之时，英苏两国的王位自然就是小王子的了。

然而，一切看似天衣无缝、水到渠成的大好前景却因伊丽莎白女王盛气凌人、专横跋扈的言辞瞬间化为乌有。素来自尊心很强的苏格兰人彻底被激怒了，

---

① 尼古拉·思罗克莫顿（Nicholas Throckmorton, 约1516—1571），英格兰外交家、政治家，曾担任英格兰驻苏格兰大使。他在英苏两位女王伊丽莎白和玛丽·斯图亚特的关系中扮演过极其重要的角色。

② 詹姆斯·查尔斯·斯图亚特（James Charles Stuart, 1566—1625），即后来的苏格兰国王詹姆斯六世（1567—1625），英格兰及爱尔兰国王詹姆斯一世（1603—1625）。

尼古拉·思罗克莫顿

原本巴不得将小王子詹姆斯·查尔斯·斯图亚特送往英格兰的亲英派贵族如今与亲法派贵族一样义愤填膺。尼古拉·思罗克莫顿爵士遭遇了和二十年前的摄政萨默塞特公爵爱德华·西摩一样失败的外交尝试[1]，只不过他这次是为了小王子詹姆斯·查尔斯·斯图亚特，而摄政萨摩塞特公爵爱德华·西摩则是为了小王子的母亲苏格兰女王玛丽·斯图亚特。亲英派贵族要求，在保证小王子詹姆

---

[1]　在亨利八世的安排下，英苏两国于1543 年签订《格林尼治条约》，规定玛丽·斯图亚特将来嫁给英格兰王储，即后来的爱德华六世，两国将组成联盟。如果两人无嗣，则该联盟自然解体。但苏格兰教会拒绝批准这个条约，于是亨利八世对苏格兰开战，拉开了英苏"拉夫战争"（1543—1550）的序幕。1547年，摄政萨默塞特公爵爱德华·西摩率军攻打爱丁堡，试图抓到玛丽·斯图亚特。五岁的玛丽·斯图亚特先被藏到斯特灵城堡的密室中，然后被匆匆带到法国，在那里与三岁的法国王太子弗朗索瓦二世订了婚。

斯·查尔斯·斯图亚特的英格兰王位继承权后尼古拉·思罗克莫顿爵士方可接走他,但伊丽莎白女王是断然不会接受这样的条件的,就像她要求无条件恢复苏格兰女王玛丽·斯图亚特王位的提议不被亲英派贵族接受一样。如果苏格兰女王玛丽·斯图亚特能审时度势,及时与博思韦尔伯爵詹姆斯·赫伯恩一刀两断,或者亲英派贵族逮住了博思韦尔伯爵詹姆斯·赫伯恩,并将他绳之以法,他们或许还可以考虑释放他们的女王。然而,鬼迷心窍的苏格兰女王玛丽·斯图亚特如同着了魔一般,睁着眼睛只顾往火坑里跳,哪里还管得着恐吓、保证之类的东西。无奈之下,苏格兰亲英派贵族才使出如此损招,将博思韦尔伯爵詹姆斯·赫伯恩写给前妻的私人信件透露给玛丽·斯图亚特。博思韦尔伯爵詹姆斯·赫伯恩在信中深情款款地说她(博思韦尔伯爵夫人)依然是他唯一合法的妻子,苏格兰女王玛丽·斯图亚特只是他实现政治图谋的一枚棋子,永远也替代不了她在他心中的位置。对于这一点,不幸的苏格兰女王玛丽·斯图亚特在与博思韦尔伯爵詹姆斯·赫伯恩结婚之前其实早就意识到了。在一封写给博思韦尔伯爵詹姆斯·赫伯恩的信中,苏格兰女王玛丽·斯图亚特声泪俱下地抱怨她的一片深情没能得到应有的回报。在婚后第二天,她就哭诉着说她受不了丈夫的粗鲁、无礼,很想拔刀自刎,一了百了。但她就是听不进亲英派贵族发自肺腑的谏言。"纵使我们磨破嘴皮,她也不愿放弃博思韦尔伯爵詹姆斯·赫伯恩,发誓与他同生共死。如果非要让她在王位与博思韦尔伯爵詹姆斯·赫伯恩之间做出选择,她宁可舍弃一切,王位也好,尊严也罢,就像一位懵懂少女一样,随他浪迹天涯。她宁愿自己受尽各种委屈也不会让心上人有半点儿不悦。既然这样,还不如把他们赶上船,让波涛汹涌的大海决定他们的命运吧。"苏格兰女王玛丽·斯图亚特就是这样固执,新教派贵族对此束手无策。与此同时,伊丽莎白女王也不让他们省心,不但不给他们提供金钱援助、支持他们的事业,而且竟然把他们当叛贼对待,甚至背着他们鼓动汉密尔顿家族武力营救苏格兰女王玛丽·斯图亚特,这令他们既失望又生气。汉密尔顿家族的人马在丹巴顿①严阵以待,他们要求伊丽莎白女王做出以下任一保证:一、同意小王子詹姆斯·查尔斯·斯图亚特继承苏格

---

① 丹巴顿是苏格兰西丹巴顿郡的一座城镇,位于克莱德河与利文河交汇处以北。

兰王位，由沙泰勒罗公爵詹姆斯·汉密尔顿摄政；二、宣布苏格兰女王玛丽·斯图亚特与博思韦尔伯爵詹姆斯·赫伯恩的婚姻无效，同意苏格兰女王玛丽·斯图亚特嫁给沙泰勒罗公爵詹姆斯·汉密尔顿的次子约翰·汉密尔顿①勋爵，并借此机会废黜疯子阿伦伯爵詹姆斯·汉密尔顿的法定继承权。就连因玛丽·斯图亚特的累累罪行而不愿用正眼瞅她一下的阿盖尔伯爵阿奇博尔德·坎贝尔也打起了她的主意，想把她嫁给自己的胞弟柯林·坎贝尔②。沃尔特·斯科特③爵士旁征博引，充分证明了利文湖的道格拉斯夫人④当时也有让苏格兰女王玛丽·斯图亚特做自己的儿媳妇的想法。

面对混乱不堪的各种阴谋，贵族联盟果断出手，及时粉碎了它们。但苏格兰的动荡局势仍未好转，臣民的叫嚣声一浪高过一浪，扬言要严惩杀害达恩利勋爵亨利·斯图亚特的同谋。这可吓坏了苏格兰女王玛丽·斯图亚特，她担心这帮乱臣贼子随时想要自己的性命。1567年9月29日，苏格兰女王玛丽·斯图亚特仓促宣布退位，同意小王子詹姆斯·查尔斯·斯图亚特继位，莫里伯爵詹姆斯·斯图亚特摄政。然而，伊丽莎白女王并不认可摄政莫里伯爵詹姆斯·斯图亚特，一方面因为她与莫里伯爵詹姆斯·斯图亚特过去一直摩擦不断，所以担心遭到报复；另一方面害怕这种安排会给将来埋下隐患，而她讨厌战乱。这时，见风使舵的法兰西政府一转身就与莫里伯爵詹姆斯·斯图亚特"好"上了。莫里伯爵詹姆斯·斯图亚特该如何处置这个同父异母的妹妹呢？监禁？处死？抑或送往法兰西的某个修道院——这正合法兰西人的心意吗？为了回报他，法兰西将会派

---

① 即第一代汉密尔顿侯爵约翰·汉密尔顿（John Hamilton, 1st Marquess of Hamilton，约1535—1604），苏格兰贵族。他是沙泰勒罗公爵、第二代阿伦伯爵詹姆斯·汉密尔顿的次子，第三代阿伦伯爵詹姆斯·汉密尔顿的弟弟。

② 即第六代阿盖尔伯爵柯林·坎贝尔（Colin Campbell, 6th Earl of Argyll，约1541—1584），苏格兰贵族、政治家、御前大臣。

③ 沃尔特·斯科特（Walter Scott, 1771—1832），爱丁堡皇家协会会员，苏格兰小说家、剧作家、诗人、历史学家。

④ 即玛格丽特·厄斯金夫人（Lady Margaret Erskine, ？—1572），苏格兰国王詹姆斯五世的情妇，第一代莫里伯爵詹姆斯·斯图亚特的母亲。她的丈夫是利文湖的罗伯特·道格拉斯爵士（1547年9月10日在平基奥战死）。1567年6月，苏格兰女王玛丽·斯图亚特被囚利文湖城堡时，她与大儿子第六代莫顿伯爵威廉·道格拉斯掌管着这座城堡。贪慕权力的玛格丽特·厄斯金夫人想让她的儿子乔治·道格拉斯迎娶玛丽·斯图亚特。

玛丽·斯图亚特出逃利文湖

军队——如果他不喜欢天主教派军队,大可以要求法兰西派一支胡格诺派军队——支持他的事业。他本可以选择任意一种方法解决这个棘手的问题,但却迟迟没有行动,耐心地等待伊丽莎白女王耍完小性子,重拾一位政治人物所拥有的理智那一刻的到来。

1568年5月2日,玛丽·斯图亚特出逃利文湖及支持玛丽·斯图亚特的汉密尔顿家族叛乱事件,在很大程度上是伊丽莎白女王敌视莫里伯爵詹姆斯·斯图亚特的结果。1568年5月13日,朗赛德战役[①]失利后,落荒而逃的玛丽·斯图亚特几

---

① 朗赛德战役(Battle of Langside)是1568年5月13日发生在今苏格兰格拉斯哥市朗赛德区的一场战役。它是苏格兰历史上最离谱的一场战役。从表象上看,它似乎是一场家庭内讧,妹妹苏格兰女王玛丽·斯图亚特与保护她幼子权力的哥哥莫里伯爵詹姆斯·斯图亚特大打出手,轰动朝野。卡伯里山战役后,苏格兰女王玛丽·斯图亚特被俘,莫里伯爵詹姆斯·斯图亚特等贵族强迫玛丽·斯图亚特退位,改由小王子詹姆斯·查尔斯·斯图亚特继承王位。玛丽·斯图亚特被关押在利文湖城堡期间,信奉天主教的莫里伯爵詹姆斯·斯图亚特被任命为摄政,辅佐幼主。1568年5月2日,玛丽·斯图亚特设法逃出利文湖城堡,一路向西投奔拥戴她的汉密尔顿家族。在丹巴顿城堡站稳脚跟后,玛丽·斯图亚特扬言誓死夺回王位。她再次败北,然后继续逃亡,最后被软禁在英格兰。

凯瑟琳·德·美第奇

乎已经没有可能逃到法兰西或西班牙以寻求庇护了。不过，她仍然在垂死挣扎。不管是出于真心还是他意，法兰西王太后凯瑟琳·德·美第奇和西班牙国王腓力二世都向玛丽·斯图亚特示好，表示愿意为她提供庇护。然而，当她离开苏格兰后，他们却都没有了下文。她不得不独自面对一切艰难困苦。伊丽莎白女王是唯一一位曾试着帮助玛丽·斯图亚特的君主。玛丽·斯图亚特爱幻想，一直错误地以为她是大多数英格兰人心中不二的王位继承者。信奉天主教的英格兰人要比信奉新教的多得多。鉴于此，玛丽·斯图亚特天真地认为自己在英格兰国内的影响力虽然不比伊丽莎白女王强，但至少能和她比肩。在事业有声有色之时，玛丽·斯图亚特曾不止一次向伊丽莎白女王表达过访问英格兰的意愿，但均石沉大海。这更加助长了她的自信心：只要她一踏上英格兰的土地，伊丽莎白女王的王国顷刻间就会土崩瓦解。现在她不也没有得到伊丽莎白女王的许可吗？没有人非逼她这么做，但她还是不假思索地穿过索尔韦海湾①，踏上了英格兰的土地！在朗赛德战役结束后，紧追她不放的摄政莫里伯爵詹姆斯·斯图亚特就返回爱丁堡了。兵败朗赛德后，苏格兰女王玛丽·斯图亚特仓皇逃到邓德伦南②，在那里过了四十天，期间由信奉天主教的麦克斯维尔家族的赫里斯勋爵保驾护航。赫里斯勋爵已经暗中安排好船，一旦"叛军"追来，就可以不慌不忙地把苏格兰女王玛丽·斯图亚特送上船。然而，未等"叛军"赶来，苏格兰女王玛丽·斯图亚特就仓促做出南下英格兰寻求庇护的决定，这着实让伊丽莎白女王一时乱了阵脚。这次，她连拒绝的机会都没给伊丽莎白女王。

其实，伊丽莎白女王一直不欢迎苏格兰女王玛丽·斯图亚特来访英格兰，更何况是以这种方式。十年来，她把英格兰治理得井然有序，凭借非凡的毅力和勇气逐一化解了各种危机，不声不响地消除了各党派之间的利益纠葛；她审时度势，巧妙迂回，成功避开了各种棘手的问题。从某种程度上来讲，她性格中与生俱来的那种犹犹豫豫、迟疑不决的弱点成就了目前的大好形势，尽管大臣们经常对她的做法不以为然，尤其是威廉·塞西尔。一旦女王有偏离"正常"轨道的迹象，威廉·塞西尔就暴跳如雷，怒不可遏。但后来人们不停地质疑：如果当时一切随威廉·塞西尔所想朝前发展，那时的英格兰还会是我们熟知的那个英格兰吗？或许是吧。不作为并不是政治世界里亘古不变的黄金法则。不过，就当时英格兰与法兰西和西班牙两个欧洲强国、加尔文教和天主教两大宗教派系之间的特殊关系来看，伊丽莎白女王的这种拖延战术不失为上上之策。特殊的环境

① 索尔韦海湾（Solway Firth）是连接英格兰与苏格兰的海湾，位于英格兰坎布里亚郡与苏格兰的邓弗里斯、盖勒韦市区之间。

② 邓德伦南（Dundrennan）是苏格兰邓弗里斯和盖勒韦区的一座村庄，位于柯尔库布里市东约五英里处。

来到英格兰的玛丽·斯图亚特

只允许伊丽莎白女王左右逢源，谋求本国利益的最大化。与大臣们相比，伊丽莎白女王具有更敏锐的洞察力。因此，每当大臣们急不可待地催促她冒进时，她总是摆出一副前怕狼后怕虎、蹑手蹑脚的样子。这是一种万全之策，它不需要付出高昂的代价，但需要足够的胆识和冷静，而这两点恰好是伊丽莎白女王最值得欣慰的——上天无私地赋予了她这些优点。因此，无须伊丽莎白女王刻意为之，也无须别人点拨，她自己就能信手拈来。然而，历史学家们却发出了不同的声音，认为伊丽莎白女王的处事方式原本会给英格兰带来灾难。历史有时会跟人开天大的玩笑。英格兰非但没有像历史学家们推演的那般陷入灾难的泥潭，反倒逆流而上，取得了令人瞩目的成就！当然，我的评判只限于到目前为止伊丽莎白女王所取得的成就，至于后期治理成效如何，请继续往下看。

伊丽莎白女王之所以不欢迎玛丽·斯图亚特"造访"英格兰,是因为她觉得这等于逼她出手。现在再不作为看来行不通了。英格兰北部的天主教派贵族和乡绅纷纷前往卡莱尔①向玛丽·斯图亚特宣誓效忠,拥护她继承英格兰王位。他们天真地认为玛丽·斯图亚特并没有参与"达恩利勋爵亨利·斯图亚特谋杀案",那只是不怀好意的人们给她胡乱罗织的罪名,猜疑终究是猜疑,是不会被坐实的。因此,他们万万没料到伊丽莎白女王会公审玛丽·斯图亚特;更令他们措手不及的是,铺天盖地的证据会一齐指向玛丽·斯图亚特。后来,当凿凿证据齐刷刷地摆在玛丽·斯图亚特面前时,他们已经向她宣誓效忠。如今,他们和玛丽·斯图亚特是一条绳上的蚂蚱,当然要想方设法为他们的主子开脱罪名。

如果说这些天主教追随者不愿相信玛丽·斯图亚特有罪是他们肆意践踏道德底线的话,那么伊丽莎白女王不顾他人反对极力袒护玛丽·斯图亚特却是出于对君权神授的敬畏。她无论如何也不会允许臣子去猜疑他们的君主,更不会允许他们去审判玛丽·斯图亚特。为了有条不紊地推进宏伟蓝图,伊丽莎白女王尽管又犯了"老毛病"——优柔寡断、迟疑不决,有时也搞不清新近发生的

卡莱尔

---

① 卡莱尔(Carlisle)位于伊登河、卡尔迪尤河及佩特里尔河交汇处,距英苏边界十英里。

一切是真还是假,但依然坚称玛丽·斯图亚特才是她的法定继承者。就像那个时代所有伟大政治家一样,伊丽莎白女王也是个务实派,虚无缥缈的宗教思想是束缚不了她的。无数的经验教训告诉她君主的权力不容侵犯,因为君主的地位是至高无上的;只有君主的最高权威得到了保障,整个社会才会团结一致,宗教斗争才会停止。王位交替应严格按照长嗣继承法执行,因为这是既定的继承法则,不允许置之不理,不得擅自改动。如果为了眼前利益、为了政治力量的快速联合而违反长嗣继承法,那将是罪不可恕的。如果伊丽莎白女王执意让玛丽·斯图亚特做自己的接班人,那将是对长嗣继承法的亵渎,她本人的王位就会摇摇欲坠。在法兰西,耶稣会教士正大张旗鼓地教导人们只有正统的天主教和臣民的意愿才是一个国家唯一的立国之本,英格兰的天主教徒目前还没几个知悉此事,但一旦玛丽·斯图亚特被排除在英格兰王位继承人之外,他们很快就会拿此说事。

玛丽·斯图亚特如果当时安分守命,同意接受长嗣继承法,那么与伊丽莎白女王就不存在什么争执了。但江山易改本性难移,她注定不是逆来顺受、含垢忍辱的主,并从未放弃推翻伊丽莎白女王、觊觎英格兰王位的阴谋。她总是信心满满,志在必得,更何况现在还有卡莱尔的两股势力——珀西家族和内维尔家族的鼎力支持。于是,她不禁做起了黄粱美梦,仿佛看见自己头顶王冠,身着袍服,在众多新近才归附的英格兰臣民的拥簇中雄赳赳、气昂昂地踏上苏格兰的复仇之路。现在,她虽然寄人篱下,但对英格兰的潜在威胁一点儿也不比她自己做苏格兰女王时的小。

这时,伊丽莎白女王有点儿后悔了,当初真不该那么掏心掏肺地袒护玛丽·斯图亚特。要说伊丽莎白女王心慈手软、大爱无疆、善待死敌,在我看来,是荒唐可笑的。伊丽莎白女王是一个斤斤计较的女人,尤其是对女人,更何况是要置她于死地的苏格兰前女王玛丽·斯图亚特。现在,她如果不精打细算,那么不是糊涂不堪,就是昏庸无能。伊丽莎白女王并不恨玛丽·斯图亚特。在她的世界里没有爱与恨,不管是对敌人还是其他人,但她打心底不喜欢玛丽·斯图亚特。说起玛丽·斯图亚特的美貌与魅力,伊丽莎白女王还是有点儿忌妒的,当然这是女人的本性使然。伊丽莎白女王尽管已经意识到不必对每个人都心慈手软，但不能自打嘴巴，违背初衷。因此，在没有下定决心处置玛丽·斯图亚特之前，她频繁地给玛丽·斯图亚特写信，言辞间流露着连她自己都觉得脸红的怜悯、同情与关爱。但虚情假意迟早会被揭穿。伊丽莎白女王换了一种口吻，不再嘘寒问暖，不再对玛丽·斯图亚特的生活点滴关怀，反倒跟她一板一眼地谈起正事来，说要以叛国罪公开审判她。伊丽莎白女王态度的突然转变着实让人困窘不堪，前一秒她还痛哭着同情玛丽·斯图亚特的悲惨处境，下一秒就把她紧紧抓在自己的手掌心。伊丽莎白女王别无选择。历史上还没有哪位君主会宽容到准许一位伺机篡夺自己王位的觊觎者在他的王国里自由活动，与他的臣民结党营私。

然而，抛出指责玛丽·斯图亚特背叛行为的激烈言辞后，伊丽莎白女王有点儿后怕了，担心困兽犹斗的玛丽·斯图亚特会闹出些动静来。只有一种方案能稳住玛丽·斯图亚特的心，从而使自己峰回路转：尽一切可能帮助玛丽·斯图亚特恢复女王的尊号，但不能让她掌权，仍由莫里伯爵詹姆斯·斯图亚特主政。这样一来，苏格兰王位的合法性得到了保证，玛丽·斯图亚特的颜面挽回了，英格兰的天主教徒们也有了盼头。

威廉·塞西尔也急切盼望玛丽·斯图亚特早点儿回去；但不希望她以女王的身份回去。在天主教徒眼中，威廉·塞西尔是一个彻头彻尾的叛徒，但他同时是一个识时务的政客，一个审时度势、懂得随机应变的"凡夫俗子"——该词非但毫无贬损之意，反倒是对他的一种赞美。或许他早已从伊丽莎白女王云雾缭绕、目不暇接的执政智慧中悟出了真谛：相比宗教上的患得患失，英格兰更需要一位合法的君主。但他是个聪明人，并不想一语道破天机。目前他最关心的是自己的仕途。与其这样，不如让伊丽莎白女王继续做他的挡箭牌。而他则继续装糊涂，静观其变。伊丽莎白女王比他小十三岁，但她有可能早逝；如果玛丽·斯图亚特顺利接替英格兰王位，那么他的权势将不复存在，更可怕的是他的身家性命也将朝夕不保。因此，威廉·塞西尔绝不可能像他的主子伊丽莎白女王那般青睐长嗣继承制：只要不触碰伊丽莎白女王的底线，他总是搬出各种理由设法阻挠恢复玛丽·斯图亚特女王的尊号。正当他一筹莫展之际，玛丽·斯图亚特作茧自缚，自跳火坑。这下可乐坏了他。要不是前面还有伊丽莎白女王这一道迈不过去的坎儿，他巴不得立即把玛丽·斯图亚特交到苏格兰摄政莫里伯爵詹姆斯·斯图亚特的手里，只要莫里伯爵詹姆斯·斯图亚特答应他给玛丽·斯图亚特终身自由，或者将她绳之以法——这当然最好不过了。

为了有条不紊地推进自己的计划，伊丽莎白女王临时成立了一个由第四代诺福克公爵托马斯·霍华德、第三代苏萨克斯伯爵托马斯·拉德克利夫和拉尔夫·萨德勒爵士三人组成的特别会员会，并号召玛丽·斯图亚特和摄政莫里伯爵詹姆斯·斯图亚特分别向该委员会递呈供词。一开始，正如人们所猜测的那样，玛丽·斯图亚特非常抵触，拒绝接受任何形式的调查。伊丽莎白女王告诉玛丽·斯图亚特调查听证并不是什么审判，如果她的指控不被清除，就拒绝接见她。伊丽莎白女王又在私底下向玛丽·斯图亚特保证：无论调查听证的结果如何，都会确保她的尊严不受到半点亵渎，并设法让她重新登上苏格兰王位。莫里伯爵詹姆斯·斯图亚特也收到了伊丽莎白女王铿锵有力的保证：如果最终证明他的妹妹有罪，决不允许她复辟。两份保证看似相互对立，但并非绝对互不相容，因为伊丽莎白女王根本没打算要公开审判玛丽·斯图亚特，即使她有罪。伊丽莎白女王这么做的唯一考量——她这样做无可厚非，我们不能因此而责备她——就是她自身的安全和英格兰的团结、稳定。虽然她不想在大庭广众之下证明玛丽·斯图亚特是一个双手沾满丈夫达恩利勋爵亨利·斯图亚特鲜血的凶手，但审讯工作还是要进行的。珠宝匣密信①还是要让特派员们过过目的。伊丽莎白女王命令特派员要对密信的内容严格保密。经过充分取证之后，特派员们

---

① 珠宝匣密信（casket letters）是指八封信和几首十四行诗，据说是玛丽·斯图亚特于1567年1月至4月写给博思韦尔伯爵詹姆斯·赫伯恩的。起兵反抗的苏格兰新教派贵族以密信内容为证据，坐实了他们对玛丽·斯图亚特参与谋杀达恩利勋爵亨利·斯图亚特的猜疑，坚决反对她复辟。然而，玛丽·斯图亚特当时的支持者，如亚当·布莱克伍德等人，则认为密信是她的侍从女官玛丽·比顿伪造的。至于密信的真伪，不管是原始信件，还是副本，都有待考证。有历史学家认为这是一场蓄意推翻玛丽·斯图亚特、谋求伊丽莎白女王支持幼主詹姆斯六世为君主的政治阴谋。1901年，历史学家亨格福德·波伦通过比对玛丽·斯图亚特的两份亲笔信后认为现存的各种密信副本和译本都不是玛丽·斯图亚特的笔迹。

最终做出了一个连自己都难以信服的裁定：玛丽·斯图亚特无罪。特别委员会赋予玛丽·斯图亚特自我辩解的特权，因此，她有权否认谋杀指控——这也是她配合调查听证工作的唯一举措。世间没有不透风的墙。事实上，在英格兰高层，特派员们所掌握的证据无人不知无人不晓，即便是玛丽·斯图亚特最热心的支持者们在看到铁证如山的证据后也不愿再与她为伍。如今，一把锋利无比的达摩克利斯之剑正在玛丽·斯图亚特的头顶晃来晃去。伊丽莎白女王希望玛丽·斯图亚特能见好就收，乖乖地听从自己摆布，从此做一个活死人。

1568年10月，审讯工作在约克郡进行。但没过多久，伊丽莎白女王就发现第四代诺福克公爵托马斯·霍华德居心叵测，两面三刀，意欲娶玛丽·斯图亚特为妻，更可恨的是英格兰很多贵族都暗中支持他。贵族们这么做也算不上背叛。他们认为：玛丽·斯图亚特一旦和英格兰的贵族首领第四代诺福克公爵托马斯·霍华德结为连理，扎根英格兰后，就会放弃勾结法兰西的妄想；她在英格兰还可以起到凝聚保守力量的作用，从而消除保守派寻求与传统盟友西班牙结盟的打算，进而避免天主教势力重回英格兰统治地位的可能。这样的阴谋虽然算不上叛国行为，却引起了伊丽莎白女王的高度警觉。尽管第四代诺福克公爵托马斯·霍华德并非真心支持新教，但伊丽莎白女王还是坚持让他与其他特派员们一道负责玛丽·斯图亚特的调查听证与审讯工作。伊丽莎白女王这么做有两个目的：第一，让保守派也参与听证、审讯工作；第二，让第四代诺福克公爵托马斯·霍华德进一步认识玛丽·斯图亚特的真面目。然而，令伊丽莎白女王大失所望的是，第四代诺福克公爵托马斯·霍华德与汉密尔顿家族、坎贝尔家族和道格拉斯家族没有什么两样，只关心头上的"乌纱帽"，所以不惜与臭名远扬的玛丽·斯图亚特结婚。显然，第四代诺福克公爵托马斯·霍华德图谋与玛丽·斯图亚特结为夫妻并不是爱情使然，因为他们从未谋面。在见到密信的一瞬间，他或许会彻底崩溃，开始质问自己是否值得冒着名誉被毁甚至项上人头不保的风险和这样的一个女人结婚。但最终结局如何呢？我们将会看到他的质疑最后活生生地变成了现实。

发现第四代诺福克公爵托马斯·霍华德的阴谋后，伊丽莎白女王就立即解散了特别委员会，并中断了在约克郡的审讯，将审讯转移到他处，在审判席上安插了几个位高权重的大贵族和枢密大臣。然后，她将珠宝匣密信和处置权一并交到他们的手上。面对气势汹汹的审判，玛丽·斯图亚特的一位心腹大臣，也是她的热心支持者罗斯主教约翰·莱斯利①根本没有辩解的余地，只对审讯员说他的主子要状告莫里伯爵詹姆斯·斯图亚特，"请允许她（玛丽·斯图亚特）独自面见女王，她有万千理由认为莫里伯爵为何无权指控她"。要回应玛丽·斯图亚特的请求，最好的答复就是针对她的所有指控都是无可争辩的。

经过一系列激烈谈判之后，莫里伯爵詹姆斯·斯图亚特与伊丽莎白女王于1568年12月私下达成了以下协议：禁止玛丽·斯图亚特回苏格兰，否则他就公开审判她的谋杀案，并公布她那些见不得人的密信；为防止利文湖城堡逃跑事件后的暴乱再度发生，应迫使玛丽·斯图亚特同意授予小王子詹姆斯·查尔斯·斯图亚特"苏格兰国王"的称号，由他摄政；准许小王子詹姆斯·查尔斯·斯图亚特在英格兰接受教育；只要伊丽莎白女王觉得可行，玛丽·斯图亚特可以永远留在英格兰。协议中并没有提出是否允许玛丽·斯图亚特嫁给一位政治影响力无足轻重的英格兰人，好让他们生一大堆孩子以防小王子詹姆斯·查尔斯·斯图亚特还未成年就离世的悲剧发生，但似乎有明确的暗示。如果苏格兰女王玛丽·斯图亚特同意接受以上条件，那么对她的所有指控将"永远被尘封"；否则，审讯将继续进行，最终的结果是毫无悬念的。

对一位不会像玛丽·斯图亚特那般不依不饶、心机重重的普通女性来说，看到以上列出的条件已经高兴得合不拢嘴，早就放弃继续纠缠了。再说协议中并没有提及剥夺她英格兰王位的继承权，只要她活得比伊丽莎白女王久。但正是因为这一点才使一向说干就干的她变得暴跳如雷、悲愤难掩。玛丽·斯图亚特是一位永不服输、决不言败、不甘偏居一隅、不愿默默无闻的女性，让她突然放弃日思夜想的宏伟计划，永远蜷缩在见不着人影的囚牢里，无异于给她判了死刑，这样苟延残喘地活着还有什么盼头呢？但她很快就以常人难以望其项背的智慧悟

---

① 约翰·莱斯利（John Lesley, 1527—1596），苏格兰罗马天主教主教、历史学家，巴德诺赫区金尤西教区神父加文·莱斯利之子。

出了伊丽莎白女王的"真正意图"：只是吓唬吓唬她，并不想把她逼上绝路；也不会对她的指控做出最终裁决，更不要说公开什么证据了。因此，玛丽·斯图亚特尽管自认有罪，也意识到对自己的指控迟早会被坐实，但当她冷若冰霜地听完伊丽莎白女王欲言又止、"几近苛刻"的暗示后，就毅然决然地拒绝了所有的条件。

要不是玛丽·斯图亚特猛地想起拿腓力二世来威胁伊丽莎白女王的话，或许她的白日梦早就已经醒了。为了维护个人信誉，腓力二世迄今仍然拒绝站在玛丽·斯图亚特这边。对他以及其他所有人来说，天主教徒也好，新教徒也罢，玛丽·斯图亚特有罪似乎不可否认；她只会给天主教抹黑，令天主教的事业蒙羞。但只要有人想对英格兰动武，任何一个与伊丽莎白女王有过节的人都可以利用玛丽·斯图亚特。鉴于此，腓力二世不禁心头一动，为何就不能拉玛丽·斯图亚特一把呢？把她嫁给同父异母的弟弟奥地利的约翰[①]不是很好嘛！试想身后有像

奥地利的约翰

---

① 　奥地利的约翰（John of Austria, 1547—1578），神圣罗马帝国皇帝查理五世的私生子，西班牙国王腓力二世的同父异母弟弟。他是腓力二世的得力军事将领之一，1571年率领联合舰队在勒班陀海角大败奥斯曼帝国舰队，立下赫赫战功。

腓力二世这样的重量级人物撑腰，难怪玛丽·斯图亚特有恃无恐，拒绝向伊丽莎白女王认输呢。

伊丽莎白女王的如意算盘尽管打得有理有据，但还是落空了。1569年1月，伊丽莎白女王紧急叫停了对玛丽·斯图亚特的审讯，没有留下任何有实际意义的结论。莫里伯爵詹姆斯·斯图亚特拿着一小笔钱回了苏格兰，而玛丽·斯图亚特仍然被软禁在英格兰。

第 **5** 章

北方伯爵叛乱与
"利尔多菲阴谋"

1568—1572

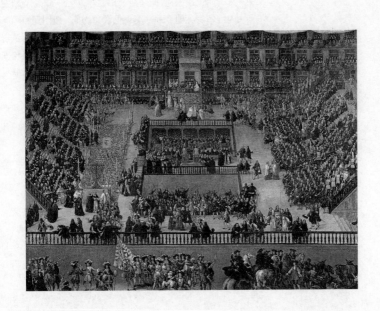

自伊丽莎白女王继位的第一天起，威廉·塞西尔就一直提醒主子：法兰西或西班牙随时会打着教皇的旗号攻打英格兰。为使英格兰摆脱被动挨打的不利局面，他劝伊丽莎白女王先发制人，与国外两大新教派系——加尔文派和路德派——火速结盟，积极鼓动它们在欧洲大陆挑起宗教战争。在威廉·塞西尔看来，法西两国就是一丘之貉，为了宣扬所谓的正统教义，不惜握手言和，共同欺压英格兰。威廉·塞西尔同时断定处于劣势的路德派新教徒与加尔文派新教徒届时会同病相怜，一起抵御天主教势力的迫害。然而，真正令威廉·塞西尔夜不能寐的却是国内的天主教徒：如果伊丽莎白女王哪天不幸晏驾，他会接过"替天行道"的大任，纵使抛头颅、洒热血，也要誓死同英格兰国内的天主教势力斗争到底。因此，伊丽莎白女王在位期间，威廉·塞西尔始终没有放弃过劝女王打压国内天主教势力的念头，尤其是每当时局不稳、天主教徒兴风作浪之际，他更不惜动用王家特权一举歼灭所有的叛乱者。

　　但一贯奉行以退为进、以守为攻外交政策的伊丽莎白女王因为不想惹火上身，置英格兰于欧洲强国的铁蹄之下，所以坚决不赞同威廉·塞西尔的提议。伊丽莎白女王和威廉·塞西尔心里都清楚：一旦插手欧洲大陆宗教事务，就意味着要全面依仗她的新教支持者，从而把英格兰国内的天主教势力彻底推到了自己的对立面，她就成了名副其实的一派之首领了，就像她的两位前任君主爱德华六世和玛丽一世一样。然而，伊丽莎白女王一直秉承的统治理念却是：她是英格兰

伊丽莎白女王与威廉·塞西尔（左）、威廉·沃尔辛厄姆（右）

所有臣民的女王，而不是某一党派或某一宗教派系的首领；她只能竭力安抚两大宗教派系——天主教和新教，尽量使它们和睦相处，以求英格兰的团结、稳定。再说，一旦让新教徒占据绝对优势，他们势必强制推行英格兰国教会礼拜仪式，结果会使刚刚接受新礼拜仪式的无数军官、士兵，贵族、乡绅及依附于他们的佃农——他们已经能容忍英格兰国教会的主持主教、半天主教式的祈祷仪式以及其与普世天主教会之间同宗不同派的隶属关系，因为觉得国教会并未从根本上否认正统天主教的教义，些许改变无关紧要，而且国教会迟早还会被天主教会吞噬的——被迫终止在各教区教堂的礼拜活动，从而走上反路。一旦国内有任何风吹草动，虎视眈眈的国外敌对势力极有可能乘乱而入。冷静分析欧洲的国际局势后，伊丽莎白女王认定，在可预见的时间内腓力二世是不会直接剑指路德派新教徒或英格兰国教会教徒的，因为深受日内瓦平等主义思想影响的革新派人士对他统治上的威胁远比这些新教徒们严重。因此，对伊丽莎白女王来说，赢得时间意味着一切。本着夹缝中求生存的治国理念，她已经为英格兰成功地赢得了十年宝贵时间。在行动迟缓的西班牙人完成无敌舰队的组建工作以前，她还需要赢得二十年的发展时间。

伊丽莎白女王尽管坚持奉行不与西班牙正面冲突的外交政策，但对腓力二世的骚扰从未间断。只要不使两国正式开战，只要能扰乱腓力二世的发展计划、削弱他的影响力，伊丽莎白女王就会无所不用其极。英吉利海峡劫船事件频繁发生，它们都是英格兰与胡格诺派海盗所为。被劫船只皆为西班牙籍。被俘的船员们要么被活活绞死，要么被强迫做苦役、充当摇桨手。缴获的战利品被源源不断地送往英格兰各港口，一被运上岸就被海盗们作为正当商品卖给他人，没有伪装，也无人追查其来源。难咽恶气的西班牙人只要逮着英格兰籍船员就

无敌舰队

异端宗教裁判所

把他们扔进异端宗教裁判所，然后对他们施以极刑，以此来发泄心中的不满。对海盗来说，只要目标船只有利可图，他们就会设法截获，从不关心它是哪个国家的。对其他国家来说，这种情况或许只涉及个人利益的损失，但对西班牙来说却非同小可，直接关系到连接尼德兰领地——当时正处于革命爆发之际——海上通道的安全。

英格兰的世袭贵族对政府纵容臣民肆意劫掠来往船只的行为极其不满，即使威廉·塞西尔本人也毫不掩饰地说这种不法行为只会助长英格兰人的嚣张气焰，使他们变得更桀骜不驯、目无章法，堂堂正正的英格兰皇家海军竟打着海盗的幌子干出如此卑劣之勾当！伊丽莎白女王则不以为然。海盗之行为正满足她之所需：既可以使腓力二世疲于应对，又可以省去两国因正面冲突而带来的各种弊端，百利而无一害，她不仅可以不花一分一厘支付海军的庞大开支，还可以从约翰·霍金斯爵士^①和弗朗西斯·德莱克爵士^②的战利品中分得一杯美羹，何乐而不为呢？频繁的海上活动既可以锤炼英格兰海军的实战能力，还可以帮助改进战舰的作战性能、提高水手的实战技能。等国家需要他们时，他们就是英格兰海军的中坚力量，随时可以投入战斗。我们暂且不谈伊丽莎白女王这样做是否正大光彩，但她的冒险计划毫无疑问是最行之有效、最经济的。

尝到甜头的伊丽莎白女王变得更肆无忌惮了。既然"隔靴搔痒式"的袭扰动摇不了腓力二世向英格兰开战的决心，那就来一次更具挑衅意味的劫掠。恰好有几条从热那亚满载金钱——这笔钱是腓力二世借来准备支付阿尔瓦公爵费尔南多·阿尔瓦雷斯·德·托莱多-皮门特尔^③的军队开支的——的船因担心海盗

---

① 约翰·霍金斯爵士（Sir John Hawkins, 1532—1595），英格兰海军上将、奴隶贩子、商人、航海家、造船商、私掠船船长。他是英国历史上第一位从事三角贸易并从中获得丰厚利润的贸易商。他一面向欧洲各国极尽压榨的各殖民地出售日常用品，一面把非洲黑奴贩卖到16世纪后期西属殖民地圣多明哥、委内瑞拉等地。他自诩为"海军总司令"，以区别于那些只被政府任命却无实际指挥权的海军将领。他有自己的小型舰队，还是英格兰皇家海军的统帅。他和表亲、徒弟弗朗西斯·德莱克爵士的死沉重打击了英格兰皇家海军。在他死后的几十年中，英格兰皇家海军一直处于一蹶不振的状态。担任海军财务主管（1577—1595）和皇家海军审计官（1589）期间，约翰·霍金斯爵士不仅把英格兰所有的旧战舰都翻新了，还出谋划策，参与设计了性能更优良、能抵挡西班牙无敌舰队（1588）攻击的新型战舰的建造工作。作为16世纪英格兰最出色的海员之一，约翰·霍金斯爵士是伊丽莎白女王时代海军发展史上的领跑者、奠基人。在1588年的英格兰海军与西班牙无敌舰队大海战中，他担任海军中将。因作战勇敢，他被授予爵士爵位。后来，他又调集海军，封锁商船必经之道，大肆掠夺从墨西哥和南美洲前往西班牙的运宝船。

② 弗朗西斯·德莱克爵士（Sir Francis Drake, 约1540—1596），伊丽莎白女王时期的私掠船船长、奴隶贩子、海军军官、探险家。1577年到1580年，他率领船队独自完成人类历史上第二次环球航行。其间，他成功入侵现在的加利福尼亚州，开启了英格兰与海上帝国西班牙争夺美洲西海岸殖民地的新时代。他是第一位把大批商船带到美洲西海岸的西方人。1581年，伊丽莎白女王在德特福德的"金鹿号"战舰上授予他爵士爵位。1588年，在英西大海战中，他担任英格兰海军副总指挥一职。1596年1月，波多黎各圣胡安攻坚失利后他死于痢疾。因为他的丰功伟绩，他被英格兰人视为大英雄，但西班牙人却给他打上了海盗的烙印，称他为"强盗德莱克"。为此，腓力二世不惜下血本拿出两万达克特（相当于现在的两百万英镑）悬赏他（活要见人，死要见尸）。

③ 费尔南多·阿尔瓦雷斯·德·托莱多-皮门特尔（Fernando Álvarez de Teledo Pimentel, 1507—1582），即西班牙的阿尔瓦大公、尼德兰的铁血公爵，西班牙贵族、将军、外交家。他一生受封诸多头衔，分别为第三代阿尔瓦德托尔梅斯公爵、第四代科里亚侯爵、第二代波德拉伊塔伯爵、第八代巴尔德科内哈领主、西班牙大公等。"为慈父般的上帝奉献终身"是他的人生格言。

约翰·霍金斯　　　　　　　　　　　　　　　　　　　　　　弗朗西斯·德莱克

抢劫而在英格兰的几个港口修整。见钱眼开的伊丽莎白女王在威廉·塞西尔的鼎力支持下截获了这笔钱。事后，伊丽莎白女王竟冠冕堂皇地说就权当是她从热那亚人手里借来的。这是1568年12月的事。早在采取行动之前，威廉·塞西尔就担心此举肯定会迫使腓力二世对英格兰宣战，但胆识过人的伊丽莎白女王再次断定腓力二世的忍耐力还没有达到极限。谴责声、威胁声纷至沓来。腓力二世使出同样的手段来发泄愤怒：途径西班牙港口的英格兰船被强行扣押，海员被暴力逮捕。不依不饶的伊丽莎白女王下令"横扫"伦敦大街小巷，无论是西班牙人，还是佛兰德斯①人，见一个抓一个，并无条件没收他们的所有财产。最后算下

---

① 佛兰德斯是中世纪欧洲的一个公国，领地包括今比利时的东佛兰德斯省和西佛兰德斯省、法国的加来海峡省和北方省、荷兰的泽兰省。12世纪，佛兰德斯遭法兰西入侵。14世纪，在英格兰的支持下，佛兰德斯多次与法作战。1477年，佛兰德斯归西班牙哈布斯堡王室统治。1556年，佛兰德斯归西属尼德兰管辖。18世纪末、19世纪初反法同盟战争后，佛兰德斯不再作为一个政治实体存在。

来伊丽莎白女王还赚了——她通过暴力手段没收的财产总额远多于腓力二世强行扣押的英格兰商队所值总额。

面对法兰西的战争威胁，伊丽莎白女王则采取了一套与对西班牙截然不同的外交策略。她喊话法兰西政府：如果不停止敌对行为，她就向胡格诺派开放英格兰港口，怂恿英格兰海军劫掠法兰西商船。此招果然奏效，而且立竿见影。法兰西及时打消了进攻英格兰的念头。1569年4月，英法两国解除敌对，握手言和，形势一片大好。然而，就当时法西两国对英格兰的威胁程度而言，法兰西远在西班牙之后。传统的反法情绪在英吉利海峡彼岸的英格兰人心中早已根深蒂固。只要法兰西那边一有风吹草动，全英格兰人无论党派、宗教信仰随时都可以团结在一起，筑成一道坚固的防线，共同抵御可恶的敌人。1569年4月，雅尔纳克战役[1]中胡格诺派的失利、惨败多少与伊丽莎白女王对法兰西政府的妥协有

雅尔纳克战役

---

[1] 雅尔纳克战役（Battle of Jarnac）是法兰西宗教战争（1562—1598）中的一场遭遇战。1569年4月13日，战役在法兰西南部西海岸附近的小镇雅尔纳克打响。波旁王室的孔代亲王路易一世率领的胡格诺派惨遭加斯帕尔·德·索尔克特·德·塔瓦纳指挥的天主教派的屠杀。寡不敌众的胡格诺派被迫投降。孔代亲王路易一世被杀，尸体被搭在驴背上游街示众。

约翰·皮姆　　　　　　　　　　　　　　　　　　　　　奥利弗·克伦威尔

关。但伊丽莎白女王这么做是有更深远的考虑的：万一真的跟法兰西打起来，那她只能寻求西班牙的保护，这样一来就不得不被腓力二世牵着鼻子走；而她真正的意图是让西班牙随时为她所用，并竭力讨好法兰西，这种做法与后来的约翰·皮姆①和奥利弗·克伦威尔②、乔治·奥古斯特斯·艾略特③等人如出一辙，他们都顶着国人的极大压力选择了亲法兰西疏西班牙的外交策略。据推测，伊丽莎白女王在这件事上并没有征求他人的意见。

　　伊丽莎白女王与腓力二世持续打口水战，一度闹得不可开交，结果使英格兰的国际形象大打折扣。伊丽莎白女王在国内的权威也受到很大程度的挑战。

---

① 约翰·皮姆（John Pym, 1584—1643），英格兰资深议员，长期议会议长，詹姆斯一世时期声名赫赫的评论家。
② 奥利弗·克伦威尔（Oliver Cromwell, 1599—1658），军事家、政治家。1653年至1658年任英吉利共和国护国公，是事实上的国家元首。
③ 乔治·奥古斯特斯·艾略特（George Augustus Eliot, 1717—1790），巴斯勋章获得者，英国陆军军官、枢密大臣。

乔治·奥古斯特斯·艾略特

这间接导致了伊丽莎白女王统治时期唯一一次贵族叛乱的爆发,给她日后的统治埋下了诸多隐患。

　　伊丽莎白女王疏远西班牙的政策在英格兰国内引起了震动。大多数贵族、士绅,即使他们已经皈依新教,仍无法理解英格兰故意疏远普世天主教会的行为。他们可是一支不容小觑的力量,因为他们本身就是一个准军事集团,掌握

亨利·费茨阿伦

着英格兰的政治话语权。如果他们想闹出些许动静来，那么谁也阻挡不了他们的步伐。但到目前为止，他们还只是停留在各自为营、各取所需的雏形阶段。他们中有如苏萨克斯伯爵托马斯·拉德克利夫那样的贵族，一面呕心沥血、鞠躬尽瘁，死心塌地地追随伊丽莎白女王，一面又不失时机地提醒女王应与腓力二世达成充分谅解、成全与查理大公奥地利的弗朗西斯的婚事、撇清与法兰西胡格诺派之间的关系、禁止英格兰海盗的非法掠夺行为、承认苏格兰女王玛丽·斯图亚特是她的接班人，并准许苏格兰女王玛丽·斯图亚特与第四代诺福克公爵托马斯·霍华德结为夫妻。也有像第四代诺福克公爵托马斯·霍华德、爱德华·蒙塔古爵士、阿伦德尔伯爵亨利·费茨阿伦①、南安普顿伯爵亨利·赖奥斯

---

① 亨利·费茨阿伦（Henry FitzAlan, 1512—1580），嘉德勋章获得者、贵族，都铎王朝时期唯一一位四朝重臣。

利①等人一样的贵族，私下与西班牙大使格拉·德埃斯佩斯·德尔瓦尔②频繁往来，图谋搞垮威廉·塞西尔，极力撮合苏格兰女王玛丽·斯图亚特与第四代诺福克公爵托马斯·霍华德的婚姻，逼迫伊丽莎白女王恢复天主教礼拜仪式——或者至少修改部分国教会礼拜仪式以方便苏格兰女王玛丽·斯图亚特成功继承英格兰王位后复辟罗马天主教。还有一部分贵族，他们偏居英格兰北方，世代信奉天主教，一心打算废黜伊丽莎白女王，坚决拥护苏格兰女王玛丽·斯图亚特继承英格兰王位，并想方设法促成苏格兰女王玛丽·斯图亚特与奥地利的约翰之间的婚事。在英格兰宗教改革前，如果出现这种一弱（中央政府）对三强（三股贵族势力）的局面，那么任何一位君主都没有足够的把握坐稳江山，说不定还会灰头土脸地被赶下王位。伊丽莎白女王在险境中是如何生存下来的呢? 尽管当时英格兰的城镇居民都信奉新教——实际上他们都是狂热的新教徒——伊丽莎白女王并不信任他们，但城镇人口总量太小。跟那些封建领主及世代佃农们比起来，他们既没有多少军事实力，又不怎么彪悍、好斗。死心塌地追随伊丽莎白女王的只不过是一些新贵家族，如塞西尔、培根、沃尔辛厄姆、亨斯顿、诺里斯、萨德勒、基利格鲁、德鲁里等家族。这些家族尽管能力非凡，且对主子忠心不二，但既没有丰厚的家产、广泛的影响力，又没有什么势力。除了替伊丽莎白女王行使权力外，他们别无所有。要论始终与她同心同德、无条件支持她的决策的贵族，其数量充其量不过半打。大多数贵族都冷眼旁观。只有当伊丽莎白女王占据绝对优势时，他们才肯露出笑脸。

1568年12月，正值苏格兰女王玛丽·斯图亚特拒绝接受伊丽莎白女王提出的一系列条件之际，伊丽莎白女王与腓力二世之间爆发了一场口水战。压抑已久的英格兰贵族觉得是时候出一口恶气了。他们决定敲打敲打伊丽莎白女王。随着中央政府权威的增强，自都铎王朝起，英格兰地方势力已经被大大削弱，士

---

① 亨利·赖奥斯利（Henry Wriotheley, 1545—1581），英格兰贵族，都铎王朝名臣。

② 格拉·德埃斯佩斯·德尔瓦尔（Guerau de Espés de Valle, 1524—1572），克拉特拉瓦骑士十字勋章获得者，西班牙贵族、外交官。他出任英格兰大使时（1568），英西两国关系正值交恶之际。因此，他在任期（1568—1571）内见证了两国历史上最紧张的外交摩擦，后因涉嫌参与"利多尔菲阴谋"而被英格兰政府驱逐出境。

费尔南多·阿尔瓦雷斯·德·托莱多－皮门特尔

绅、自耕农与封建领主之间的纽带关系已经不再那么紧密。因此，他们只得仰仗
腓力二世的帮助。只要腓力二世同意抽调驻守尼德兰的阿尔瓦公爵费尔南多·阿
尔瓦雷斯·德·托莱多－皮门特尔的部队来支援他们，他们就会揭竿而起。一向
谨小慎微、惧怕英法结盟的腓力二世婉拒了他们的请求，没有派一兵一卒，除非
"诺福克党"把威廉·塞西尔赶下台，或者北方的贵族成功救出苏格兰女王玛
丽·斯图亚特。但"诺福克党"内部并非固若金汤，北方贵族之间也相互猜疑。
看似团结一致，实则散沙一盘。在格拉·德埃斯佩斯·德尔瓦尔看来，"南方计
划"的可行性最高，成功的几率也最大。格拉·德埃斯佩斯·德尔瓦尔没费吹
灰之力就说服了北方贵族，要求他们先按兵不动，想法引诱伊丽莎白女王先动

手，或者逼她做出让步，同意第四代诺福克公爵托马斯·霍华德和苏格兰女王玛丽·斯图亚特的婚事。如果伊丽莎白女王不肯就范，再动武也不迟。届时，整装待发的"讨伐大军"就会神不知鬼不觉地突然出现在德比郡[①]的温菲尔德庄园，打在那里看守苏格兰女王玛丽·斯图亚特的施鲁斯伯利伯爵乔治·塔尔博特[②]一个措手不及。第四代诺福克公爵托马斯·霍华德同时在东部各郡吹响"起义"的号角。

乔治·塔尔博特

1569年夏天的炎炎烈日为贵族阴谋的酝酿、发酵提供了绝好的温床。第四代诺福克公爵托马斯·霍华德与岳父阿伦德尔伯爵亨利·费茨阿伦三度进入枢密院，意欲逮捕威廉·塞西尔，但均未得逞。为响应第四代诺福克公爵托马斯·霍华德的行动，大批北方贵族——当时他们中还无人位极枢密大臣之列——秘密潜入伦敦，准备殊死一搏，但最终都悻悻然无功而返，转而加大力度着手实施他们自己的"冒险计划"。其实，威廉·塞西尔早有防范。他私下对伊丽莎白女王说坚决反对第四代诺福克公爵托马斯·霍华德与苏格兰女王玛丽·斯图亚特结为夫妻，并指出：无论苏格兰女王玛丽·斯图亚特处境如何，信马由缰也好，被囚监牢也罢，无论她独守空房，还是与他人比翼双飞，无论她赖在英格兰不走，还是侥幸逃回苏格兰，只要她一日不死，英格兰就永无宁日。他大胆建议伊丽莎白女王——这是他第一次在伊丽莎白女王面前提出这样的建议——动用法律手段处死苏格兰女王玛丽·斯图亚特，以打击英格兰心存不良的贵族们的嚣张气焰。但在枢密大臣会议上，他却积极赞成苏格兰女王玛丽·斯图亚特与某一英格兰人——其实暗指第四代诺福克公爵托马斯·霍华德——的婚事。

伊丽莎白女王当时如果打个盹儿，犯了糊涂，说不定一时兴起就同意了他们的婚事了呢！但直觉告诉她事情并没有表面上那么简单，她本能地嗅到了浓浓的火药味。"如果她当时同意了这门亲事，那么在接下来的四个月中被囚伦敦塔的就不是第四代诺福克公爵托马斯·霍华德，而是她了。"经过一番深思熟虑，她责令第四代诺福克公爵托马斯·霍华德对她做出保证，同意放弃这桩婚姻。第四代诺福克公爵托马斯·霍华德如期做出郑重承诺，保证不再重提此事。狡猾的第四代诺福克公爵托马斯·霍华德前脚刚撂下承诺，后脚就一溜烟地借故缩回了自己的领地，并传话给北方的贵族：他的立场一如既往，"冒险事业"照常进行。正当第四代诺福克公爵托马斯·霍华德首鼠两端、迟疑不决之际，一向反复拖延、摇摆不定的伊丽莎白女王一反常态，果断出手，迅速做出回应：下令把苏格兰女王玛丽·斯图亚特连夜转往图特伯里城堡①；紧急宣召阿伦德尔伯爵

---

① 图特伯里城堡（Tutbury Castle）是英格兰斯塔福德郡图特伯里村的一座城堡。

温莎城堡

亨利·费茨阿伦和彭布罗克伯爵威廉·赫伯特[①]来温莎城堡[②]觐见。他们刚一到，就被控制了起来。第四代诺福克公爵托马斯·霍华德被巧妙地"请"回了伦敦，然后被妥善安置在伦敦塔。经过一个月（1569年9月至10月）的紧张行动，"南方计划"被彻底击碎了。

听到第四代诺福克公爵托马斯·霍华德束手就擒的消息后，一直在傻傻等待传递"起义"信号的北方天主教贵族无不大惊失色。驻守约克[③]的苏萨克斯伯爵托马斯·拉德克利夫不顾贵族手足情深、不惜根除古老的贵族世家势力——他本人也是世袭贵族，及时出面阻止了伊丽莎白女王的下一步动作——劝伊丽莎白女王不要打草惊蛇，因为北方叛乱已经如离弦之箭，如果此时贸然动手，只

① 威廉·赫伯特（William Herbert，约1503—1570），嘉德勋章获得者，都铎王朝时期的贵族、政治家。
② 温莎城堡位于伯克郡的温莎镇，伊丽莎白女王的常驻王宫之一。
③ 约克是英格兰北约克郡的一座历史古城，拥有坚固的护城墙。

威廉·赫伯特

会引发大规模冲突。好在伊丽莎白女王听取了他的意见，才没有立即引发战乱。她假装对南安普顿伯爵亨利·赖奥斯利和爱德华·蒙塔古爵士串通阿尔瓦公爵费尔南多·阿尔瓦雷斯·德·托莱多–皮门特尔、企图越境逃亡尼德兰的事毫不知情，甚至还委托爱德华·蒙塔古爵士统领调往苏萨克斯①的民兵组织。伊丽莎白女王根本就用不着担心南方的任何一个贵族：在苏萨克斯，无论是士绅，还是

① 苏萨克斯是英格兰东南部的一座古郡，辖区大致相当于古苏萨克斯王国管辖的领土。

自耕农，暂且不管宗教信仰如何，他们萌生反意、追随爱德华·蒙塔古爵士造反前都会三思而后行。然而，北方的情况却很不同。北方人大多信奉天主教，发达程度远不及南方。到目前为止，都铎王朝的君主们还没有亲临过北方，不知道北方到底是什么样子。北方的封建残余思想很浓厚，世袭封建割据势力很强大，世家大族仍享有很高的声望。伊丽莎白女王深知北方贵族始终是英格兰的一大隐患。叛乱虽然没有如期爆发，但是迟早的事。暴乱一旦发生，她的宏伟蓝图就会受到严重影响。因此，她下定决心要一劳永逸地拔掉这颗毒瘤。她下令宣诺森伯兰伯爵托马斯·珀西和威斯特摩兰伯爵查尔斯·内维尔前来伦敦觐见。

　　伊丽莎白女王的这一举措把两位原本犹豫不决的伯爵正式逼上了反路。1569年11月14日，叛军冲进达勒姆教堂，掀翻了国教会圣坛，竖起天主教会圣坛，开始大做弥撒。1569年11月15日，叛军一路向南，直奔图特伯里城堡，意欲抢先救走囚禁在那里的苏格兰女王玛丽·斯图亚特。就在叛军马不停蹄、以迅雷不及掩耳之势飞速接近城堡——这时，他们距离图特伯里城堡已经不足五十英

图特伯里城堡

爱德华·克林顿

里——的千钧一发之际，来自伦敦的命令骤然而至。在叛军到来前，惊魂未定的施鲁斯伯利伯爵乔治·塔尔博特和亨廷顿伯爵亨利·黑斯廷斯匆忙把苏格兰女王玛丽·斯图亚特转移到了考文垂①。来势汹汹的叛军扑了个空，一时之间不知何去何从，在图特伯里漫无目的地逗留了三天后，垂头丧气地掉头北上。泄了气的追随者们作鸟兽散。负责清剿叛军的爱德华·克林顿和沃里克伯爵安布罗斯·达德利带着从中部临时召集起来的平叛大军一路所向披靡，杀得叛军片甲

① 考文垂是英格兰西米德兰兹郡的自治市，位于伦敦西北九十三英里处。

不留。还没到1569年12月底，走投无路的叛军残余势力就被平叛大军赶出了英格兰，仓皇逃到苏格兰避难去了。第七代诺森伯兰伯爵兼第一代珀西男爵托马斯·珀西一到苏格兰就被莫里伯爵詹姆斯·斯图亚特的手下抓了起来。两年后，他被送给伊丽莎白女王，后以叛国罪处死。威斯特摩兰伯爵查尔斯·内维尔在托马斯·克尔爵士的芬尼赫斯特城堡①中躲藏了一阵子后，越境逃到尼德兰，最后死在了那里。从此，直到1642年内战再次爆发的几十年时间里，英格兰国内再无大规模战事。

伊丽莎白女王与生俱来的谨慎、反复拖延的性格特点——尽管她的幕僚们没少为此抱怨甚至难为她——再次创造了奇迹：看似不可避免的一场大规模内战被她娴熟地扼杀在摇篮之中。然而，英格兰国内形势仍然是极其复杂的。那些坚持看好英西结盟、反对宗教改革、支持玛丽·斯图亚特继承英格兰王位的掌权派依然十分活跃，不甘就此罢手。政府也没有公开宣称其政策导向违法，更不用说设法制裁了。掌权派中既有位高权重的枢密大臣——从某种程度上讲，他们本身就是政府的代表——又有伊丽莎白女王的宠臣。他们不急于充当生性叛逆、在政府中无一席之地的北方贵族的保护伞，置自己于汹涌澎湃的内战旋涡中而误了大好前程。因此，当风向对他们不利时，他们可以在第一时间内摇身一变，"出落"成一个"好人"，大有一副满脸无辜的样子，就像如今军队哗变期间来不及倒向叛军一方的某些军官们被政府问责时毫不犹豫地站到政府一边的情形一样。伊丽莎白女王如果公开宣布前苏格兰女王玛丽·斯图亚特就是杀害达恩利勋爵亨利·斯图亚特的帮凶，如果不假思索地指定亨廷顿伯爵亨利·黑斯廷斯或凯瑟琳·格雷的儿子为接班人，如果爽快地答应做新教联盟的领袖，那么即使英格兰爆发大规模内战，她也极有可能大获全胜。但发动一场内战并没有人们想象得那么简单。首先，在所有战争中，内战是最残酷的；其次，内战无疑会把英格兰分成水火不容的两派，一派倒向西班牙的怀抱，而另一派则极有可能谋求法兰西人的支持。

---

① 芬尼赫斯特城堡是耶德沃特河东岸的一座 "L" 型建筑，位于苏格兰边境地区耶德堡南约1.5英里处，属原罗克斯巴勒郡管辖。它本是苏格兰克尔家族的大本营，后被政府征用。从20世纪末开始，它成为克尔家族后裔的住宅区。

詹姆斯·斯图亚特被暗杀

　　1570年1月23日，莫里伯爵詹姆斯·斯图亚特遭人暗杀[①]。他的死犹如一声晴天霹雳，震撼了正值春风得意的伊丽莎白女王，也给她的王国带来了无法挽回的灾难。史学界一直试图把莫里伯爵詹姆斯·斯图亚特之死归咎于伊丽莎白女王，说她本应该派遣一支英军前往苏格兰响应他的行动。然而，事实上，莫里伯爵詹姆斯·斯图亚特既不想引英军入苏，伊丽莎白女王也不愿蹚这趟浑水。从这点来判断，他们都比当时乃至当代任何一位历史批评家考虑得更长远。不过，莫里伯爵詹姆斯·斯图亚特当时确实不但向伊丽莎白女王索要过钱，而且殷切地希望她认可小王子詹姆斯·查尔斯·斯图亚特的合法王位继承权。至于钱的问

---

① 　1568年5月13日，以莫里伯爵詹姆斯·斯图亚特为首的"圣公会"新教贵族联盟在朗德塞击败了玛丽·斯图亚特及其追随者。朗德塞战役结束后，"莫里伯爵詹姆斯·斯图亚特以特使的身份，与其他人员一道南下英格兰，去商议废黜玛丽·斯图亚特一事。当时，他日日如履薄冰，生怕再生事端。谈判结束后，他满怀信心又不失谨慎地返回苏格兰。他稳定了苏格兰政局，成功解决了教会争端。但1570年1月23日不幸的事发生了，一位号称誓死追随玛丽·斯图亚特，抑或是出于个人恩怨的贵族博思维拉夫的詹姆斯·汉密尔顿开枪杀了他"。——原注

题，伊丽莎白女王倒愿意考虑，尽管她从没爽快答应过，也从不会白白送人。但对小王子詹姆斯·查尔斯·斯图亚特的王位继承权问题，伊丽莎白女王则另有打算，就像现在的奥地利不肯承认保加利亚亲王斐迪南①的王位继承权一样。伊丽莎白女王并不欠莫里伯爵詹姆斯·斯图亚特什么，没有义务随时听候他的差遣。相反，莫里伯爵詹姆斯·斯图亚特个人的政治野心倒是逼着自己甘愿充当伊丽莎白女王的马前卒。但伊丽莎白女王能掂量清自己手中这张王牌的分量。因此，听到莫里伯爵詹姆斯·斯图亚特不幸遭人暗杀的噩耗后，她声泪俱下，把自己关在内室里不肯见人。从此，她的世界里少了一位知己、挚友。

莫里伯爵詹姆斯·斯图亚特是伊丽莎白女王实现对苏政策的不二人选。只要他在，玛丽派贵族就休想为所欲为。这也省去了她直接干涉苏格兰内政可能产生的各种麻烦。伊丽莎白女王精明着呢！可控范围之内的苏格兰乱局正是英格兰对苏政策所需。然而，一旦法军进入苏格兰，英格兰的国家安全就会受到致命的威胁。伊丽莎白女王因此做出判断：只要英格兰避免直接干预苏格兰内政，法兰西就不敢冒险派军入苏。伊丽莎白女王的判断是正确的、充满智慧的，但新教派枢密大臣不买她的账，纷纷抱怨她不作为，置苏格兰于水深火热之中。不管是出自个人利益得失的考量，还是党派斗争所需，这些枢密大臣当时反对他们的主子也是有理由的：英格兰应积极响应欧洲正如火如荼地进行的新教运动，联合一切新教势力向天主教旧势力开战。然而，这恰恰是明察秋毫、始终坚持国家利益至上原则的伊丽莎白女王所竭力避免的。

面对莫里伯爵詹姆斯·斯图亚特突然离世后力量日渐薄弱的"国王党"，伊丽莎白女王觉得是时候拉一把小王子詹姆斯·查尔斯·斯图亚特了。但她不想闹出太大动静，但又不能悄无声息，至少得撩动法兰西的神经，让其如坐针毡。伊丽莎白女王转告新任摄政第四代伦诺克斯伯爵马修·斯图亚特，她不日将兴师

---

① 即保加利亚的斐迪南一世（Ferdinand I of Bulgaria，1861—1948），保加利亚第三王国的第二代君主（1887—1918），保加利亚亲王（1887—1908）、保加利亚沙皇（1908—1918）。同时他是一名作家、植物学家、昆虫学家和集邮家。1886年，保加利亚发生政变，在位仅七年的保加利亚国王亚历山大一世被迫退位。1887年7月7日，在奥匈帝国担任军官的斐迪南被保加利亚大国民议会推选为保加利亚第二代国王，但此事受到了欧洲许多国家，包括奥地利的怀疑，并一度想阻止他统治保加利亚。

问罪汉密尔顿家族和英苏边境居民，因为他们不仅窝藏北方伯爵叛乱首领威斯特摩兰伯爵查尔斯·内维尔，还与他狼狈为奸，侵扰英格兰。这是一次既严厉又彻底的报复行动。1570年4月，英军越过边界进入苏格兰。在接下来的一个月时间内，英军所向披靡，接连攻陷许多据点，汉密尔顿家族的老巢也未能幸免。

伊丽莎白女王以这种方式帮助苏格兰"国王党"的目的是向外界传递一个信号——英格兰有意与法兰西维持苏格兰国内政局的稳定，但前提是两国都不能干涉苏格兰内政。威廉·塞西尔对此极其不满：玛丽·斯图亚特万一成功复辟，就有权继承英格兰王位；如果伊丽莎白女王不幸晏驾，玛丽·斯图亚特就会理所当然地登上英格兰的宝座。如果事态果真朝这个方向发展，那么他的仕途甚至性命就都走到了尽头。威廉·塞西尔一直视国内外天主教势力为头号劲敌。于是，他不惜鼓动伊丽莎白女王发动战争，狠狠打击国内外天主教势力。就在这段时间的某次枢密大臣会议上，威廉·塞西尔因此事与阿伦德尔伯爵亨利·费茨阿伦争得面红耳赤，不可开交。他气急败坏地说，除了新教徒外，女王陛下再无朋友；她如果执意扶植玛丽·斯图亚特重夺王位，就将失去唯一朋友的支持。他的话着实惹怒了伊丽莎白女王。伊丽莎白女王怎么会容忍股肱大臣当着表面信奉新教，实则同情、支持天主教的王公贵戚说出如此不负责任的话呢？她随即痛批了威廉·塞西尔一顿。"尊贵的秘书大人，谢谢您的提醒，朕差点儿忘了法王查理九世曾说过的话！朕才不稀罕您的那帮信奉新教的基督兄弟，你们爱怎么着就怎么着。"然后，伊丽莎白女王把他冷落在一边。

1570年8月8日，法兰西王室与胡格诺派签订《圣日耳曼和约》[①]，吉斯家族失宠。随后，英格兰、法兰西和苏格兰三国展开谈判，商议如何恢复玛丽·斯图亚特的王位。伊丽莎白女王借机抛出了自己酝酿许久的对苏政策：如果法兰西

---

① 《圣日耳曼和约》由法兰西王室与胡格诺派1570年8月8日在上阿尔卑斯省的莱埃签订，标志着法兰西第三次宗教战争（1568—1570）的结束。查理九世代表法兰西王室对胡格诺派领袖加斯帕尔·德·科利尼做出以下承诺：拉罗谢尔、科尼亚克、蒙托邦及拉沙里泰四个要塞由胡格诺派管理，期限为两年；胡格诺派有权在政府中担任公职；凯瑟琳·德·美第奇同意将公主玛格丽特·德·瓦卢瓦嫁给纳瓦拉的亨利（后来的亨利四世）。但《圣日耳曼和约》引起了顽固派天主教徒的强烈不满，双方一直剑拔弩张。1571年的鲁昂事件就是最好的写照：大约四十名新教徒因拒绝在圣餐仪式上下跪而惨遭毒手。

承诺不干涉苏格兰内政，那么英格兰也决不向苏格兰派一兵一卒。然而，法兰西觉得不能做出这个看似相互制衡，实则对英格兰有利的保证，因为英格兰在离爱丁堡不足六十英里的贝里克①常年驻有军队。一方面，凯瑟琳·德·美第奇与查理九世迫切地想拉拢伊丽莎白女王，从而结成英法联盟共同对抗腓力二世。另一方面，他们又不想放弃老同盟苏格兰，继续鼓励甚至暗中提供资金帮助"玛丽派贵族"。他们这么做就是为了给自己留条后路——万一英法结盟失败，法兰西可以转而全力支持玛丽·斯图亚特的事业，并以玛丽·斯图亚特与安茹公爵亨利——后来的亨利三世②——的婚姻为诱饵，彻底割裂她与吉斯家族的关系。

亨利三世

---

① 贝里克（Berwick）是英格兰最北端的一座城镇，位于诺森伯兰郡，距英苏边界2.5英里。特维德河在此注入北海。

② 亨利三世（Henry III，1551—1589），波兰-立陶宛联邦国王（1573—1575）、法兰西国王（1574—1589）。他分别是瓦卢瓦王朝第十三代、瓦卢瓦-奥尔良分支第六代、瓦卢瓦-奥尔良-昂古莱姆分支的第五代君主，也是瓦卢瓦王朝及其分支王室的末代君主。

16 世纪 70 年代的伊丽莎白女王

　　伊丽莎白女王虽然识破了法兰西王室的伎俩，但不想在这个节骨眼上跟法兰西较劲，进而失去缔结三国盟约的有利时机。特殊情况特殊对待，是时候亮一下手中的王牌了。这张王牌是伊丽莎白女王特有的杀手锏，它总能在关键时刻解她燃眉之急。伊丽莎白女王告知法兰西大使：她已经做好与安茹公爵亨利结婚的准备。毫无疑问，伊丽莎白女王绝不会真心下嫁安茹公爵亨利。她这么做只是权宜之计。一旦目的达到，届时她就会想法全身而退。这是伊丽莎白女王早就谋划好了的。

伊丽莎白女王的结婚提议还有一个目的——她想通过婚姻诱饵，淡化因支持玛丽·斯图亚特重夺王位而与新教派枢密大臣之间日益加深的矛盾。但结果不尽如人意。新教派枢密大臣仍然坚持己见。有人不停地抱怨安茹公爵亨利信仰极端，是彻头彻尾的教皇至上论者；三国盟约根本不可能达成；英格兰只有正视苏格兰问题、全力支持小王子詹姆斯·查尔斯·斯图亚特稳住政局，才能保证英格兰的国家安全。但有一人除外，那就是威廉·塞西尔。威廉·塞西尔这次反常地站到了伊丽莎白女王一边。在他看来，只要伊丽莎白女王能结婚生子，他一直紧绷的神经就可以放松放松了。至于已经三十七岁的伊丽莎白女王能否从与年仅二十岁的安茹公爵亨利的这段婚姻中获得幸福，就不是他所关心的了。伊丽莎白女王年龄不算太大，像她这个年纪的妇女生两三个孩子是不成问题的。一旦伊丽莎白女王有了子嗣，玛丽·斯图亚特自然就没有了指望，即使有再大的能耐，也于事无补。想着想着，威廉·塞西尔仿佛已看见，百依百顺的瓦卢瓦家族的君主正率领着英法联军浩浩荡荡地开赴前线，准备讨伐腓力二世，一个崭新的欧洲顿时矗立在他的面前，没有天主教，只有新教。他的得力助手、时任驻法大使的弗兰西斯·沃尔辛厄姆[1]也对此深信不疑。此时，圣巴塞洛缪大屠杀[2]还未爆发。

伊丽莎白女王的诚恳态度很快换来了法兰西王室的积极回应。1571年伊始，英法两国王室正式启动联姻谈判。谈判前后持续了近六个月。与此同时，伊丽莎白女王对苏格兰主动出击。苏格兰两大阵营——"摄政党"和"前女王党"代表，被邀请来英格兰商议三国盟约的事宜。玛丽·斯图亚特起初非常热心。她嘱咐自己的代表罗斯主教约翰·莱斯利全盘接受英方的提议，因为她觉得这是

---

[1] 弗兰西斯·沃尔辛厄姆（Francis Walsingham，约1532—1590），伊丽莎白女王的首席秘书（1573—1590），赫赫有名的间谍王。

[2] 圣巴塞洛缪大屠杀是法兰西宗教战争期间天主教派暴民蓄意屠杀胡格诺派的惨案。1572年8月23日深夜至24日凌晨，即圣巴塞洛缪节前夕，法王查理九世突然大开杀戒，下令除掉一批受邀参加公主玛格丽特·德·瓦卢瓦和纳瓦拉的亨利三世的婚礼（1572年8月18日）还未离开巴黎的胡格诺派领袖，其中包括海军上将加斯帕尔·德·科利尼。一场血腥的大屠杀就此拉开序幕。屠杀持续了数周，并逐渐波及全国。据当代史学家估计，此次惨案造成的死亡人数为五千至三万。圣巴塞洛缪大屠杀震惊了整个欧洲，是"16世纪以来最血腥的一场宗教大屠杀"，"在新教徒的脑海中留下了'天主教徒嗜血如命'的深刻印记"。

弗兰西斯·沃尔辛厄姆

自己唯一一次重获自由的机会了。但玛丽·斯图亚特能真心接受英方的一切提议吗？史料证明，答案是否定的。她只想以表面上的顺从换取重回苏格兰的筹码。只要她最终能回到自己魂牵梦萦的苏格兰，盟约上的条条框框就奈何不了她。为了实现阴谋，玛丽·斯图亚特表面上唯唯诺诺，暗地里却把所有赌注都押在了法兰西身上。"摄政党"拒绝签署盟约，因为其惧怕玛丽·斯图亚特重返苏格兰，既不想与"玛丽派"贵族握手言和，又不愿与他们同朝为官。三国盟约就此胎死腹中。获悉伊丽莎白女王与安茹公爵亨利之间的婚姻谈判后，玛丽·斯图亚特万念俱灰，不再对三国盟约感兴趣。在她看来，正打得火热的英法两国是不会正视自己的政治诉求的，即使重新当上女王，那也是徒有虚名。与其这样，还不如继续被施鲁斯伯利伯爵乔治·塔尔博特看管着自在。

对玛丽·斯图亚特来说，在英格兰只要安分守己，默默等待继承英格兰王位那一天的到来，她就无任何危险。伊丽莎白女王会最大限度地维护她的体面，让她"自由自在"地生活在温菲尔德。如果她中意某位英格兰贵族，只要伊丽莎白女王觉得可靠，她就可以与他喜结连理。婚后她想生几个孩子就生几个，这符合英苏两国人民的意愿。万一小王子詹姆斯·查尔斯·斯图亚特活不到成年，那他的继承人无疑就是汉密尔顿家族的人了。然而，问题是汉密尔顿家族成员是无权继承英格兰王位的。

伊丽莎白女王与安茹公爵亨利的婚姻谈判虽然没能如她所愿达到一切预定目标，但及时挫败、瓦解了她的"反对党"，使"反对党"的如意算盘最终未能得逞。既然主要目的已达到，现在该考虑如何全身而退了。伊丽莎白女王故技重演，把曾经拒绝查理大公奥地利的弗朗西斯的一套说辞用在了安茹公爵亨利身上。她转告法兰西王室：安茹公爵亨利与她成亲后不能再做弥撒，即使私下也不行。蒙在鼓里的法兰西王室火急火燎地答复说愿意做出让步。不依不饶的伊丽莎白女王又拿加来的归属问题说事。痛苦欲绝的威廉·塞西尔就这样眼睁睁地看着自己的黄粱美梦一步步走向破灭。他曾试图提醒主子，"无端遭遇抛弃的某位王公贵戚最终会与她反目成仇、兵戎相见"。不过，伊丽莎白女王依然我行我素，继续挑法兰西王室的刺儿。她知道该怎么做。几经搪塞之后，安茹公爵亨利恍然大悟。为了不失法兰西王室的体面，他率先退出了婚姻谈判。但运筹帷幄、纵横捭阖的伊丽莎白女王料定此举丝毫不会影响两国的盟约谈判。查理九世知趣地为自己打了个圆场，说："英格兰女王行事光明磊落，令朕终身钦佩。"而素以冷酷无情、毫无女性温柔而著称的王太后凯瑟琳·德·美第奇则半开玩

阿朗松公爵

笑半认真地说："既然英格兰女王没瞧上安茹公爵，我不是还有个小儿子阿朗松公爵①嘛！"当时阿朗松公爵弗朗西斯刚满十七岁。

　　伊丽莎白女王与安茹公爵亨利的婚姻谈判期间，英格兰正悄然酝酿着一场阴谋，史称"利多尔菲阴谋"②。"利多尔菲阴谋"直指伊丽莎白女王。罗贝

---

① 即安茹公爵兼阿朗松公爵弗朗西斯（Francis, Duke of Anjou and Alençon, 1555—1584），法王亨利二世与王后凯瑟琳·德·美第奇之幼子。

② "利多尔菲阴谋"（Ridolfi Plot）是1571年发生的一场图谋暗杀伊丽莎白女王，改由已遭废黜的前苏格兰女王玛丽·斯图亚特继承英格兰王位的阴谋。阴谋由意大利银行家罗贝托·利多尔菲一手策划、发起，因此被称为"利多尔菲阴谋"。

托·利多尔菲①的公开身份是驻伦敦的意大利银行家，但他私下为教皇服务。在过去两年中，他与第四代诺福克公爵托马斯·霍华德以及其他具有反叛倾向的英格兰贵族往来频繁，图谋废黜伊丽莎白女王。为了使阴谋成功，他们不断怂恿腓力二世攻打英格兰。但任凭他们说尽好话，腓力二世和阿瓦尔公爵费尔南多·阿尔瓦雷斯·德·托莱多–皮门特尔始终将信将疑，不愿贸然出兵英格兰，因为北方伯爵叛乱惨败的教训仍然历历在目。不甘罢休的罗贝托·利多尔菲亲自"出征"马德里。为了获得腓力二世的支持，他将一封自称为"第四代诺福克公爵托马斯·霍华德"的亲笔信呈给腓力二世，并且附上了全英格兰六十七位王公贵戚的名字，其中有些名字被标记为"可靠"（四十人），有些被标记为"中立"（人数不详），另外一些被标记为"绝不可靠"（最多十五人）——这些人是绝对忠于伊丽莎白女王的。谁也不知道罗贝托·利多尔菲精心炮制的"投名状"到底有多大的可信度，反正腓力二世没有把它当回事，转告罗贝托·利多尔菲道："所谓的投诚名单对朕毫无用处，朕要眼见为实。只要你能刺杀或监禁伊丽莎白女王，届时朕就会考虑派兵攻打英格兰。"

当时，尽管英格兰一部分王公贵戚对伊丽莎白女王心怀不满，但1571年春选举产生的新一届议会议员出奇地团结，使伊丽莎白女王国内外的敌人都不敢轻举妄动。从现存的议程及辩论文稿来看，这届议会完全新教化，并且带有浓厚的清教主义色彩。其中一部法案规定如下：伊丽莎白女王是英格兰唯一合法的君主，任何一位拒绝承认伊丽莎白女王合法王位继承权的假定继承人都将被排除在继承人之外。虽然法案没有明说那个假定继承人就是玛丽·斯图亚特，但绝对不会是他人。王位继承人由伊丽莎白女王提名，议会投票通过，一切不从者都以叛国罪论处。该法案特别强调，除伊丽莎白女王子嗣或议会投票通过的继承人外，任何人无权指定或妄称英格兰的王位继承人。如有犯者，必不轻饶：初犯者，终生监禁；再犯者，没收全部财产。

1571年的"利多尔菲阴谋"的实质是1569年南北方贵族阴谋的继续。当初，

---

① 罗贝托·利多尔菲（Roberto Ridolfi, 1531—1612），意大利佛罗伦萨贵族、阴谋家。

英格兰政府以迅雷不及掩耳之势和前所未有的铁腕手段残酷镇压了北方伯爵的叛乱，失去响应的南方贵族自乱阵脚，最后被伊丽莎白女王逐个击破。阿瓦尔公爵费尔南多·阿尔瓦雷斯·德·托莱多-皮门特尔是1569年英格兰贵族阴谋的见证人，既然自恃民风彪悍、实力雄厚的珀西家族、内维尔家族以及戴克家族在王军的铁蹄下表现得那么不堪一击，他还能指望绝大部分地产广布、治安良好、社会高度发达的英格兰核心地区的霍华德家族什么呢？在1571年议会开幕仪式上，第四代诺福克公爵托马斯·霍华德的亲信想故技重演，像两年前在枢密大臣会议上出其不意地逮捕威廉·塞西尔那样控制伊丽莎白女王，从而实现政治野心。但英格兰人已经不兴动辄发动叛乱的游戏了。即使第四代诺福克公爵托马斯·霍华德再能干、胆大十倍，其最终结局也和两年前没什么两样。

正史并没有翔实记载这个时期威廉·塞西尔、弗朗西斯·沃尔辛厄姆以及其他一切积极倡导消除天主教势力的新教组织或团体，为说服甚至胁迫伊丽莎白女王执行他们的政策而付出的努力、遭遇的失落以及来自伊丽莎白女王的警告。然而，当时的国内外形势确实一片大好。国内的新教运动正在蓬勃发展，势不可当；拥戴伊丽莎白女王的人越来越多。唯一令伊丽莎白女王放心不下的西班牙、法兰西和苏格兰三国，正以前所未有的谦卑姿态最大可能地满足她的一切要求，因为它们都想拉拢伊丽莎白女王加入自己的阵营。难怪伊丽莎白女王有底气不理威廉·塞西尔等人的"谏言"，甚至痛斥他们危言耸听，挑拨离间。腓力二世与阿瓦尔公爵费尔南多·阿尔瓦雷斯·德·托莱多-皮门特尔忍气吞声、不敢妄自行动的事实就是最好的佐证。腓力二世尽管一直威胁着要攻打英格兰，但还不是一样蹑手蹑脚不敢越雷池一步吗？腓力二世比谁都更清楚，一旦与英格兰开战，他的属地尼德兰终将不保。阿瓦尔公爵费尔南多·阿尔瓦雷斯·德·托莱多-皮门特尔同样表现得异常冷静。他既不是胆小怕事，也不是信息闭塞、孤陋寡闻，但始终对第四代诺福克公爵托马斯·霍华德的盛情邀请未置可否，因为他觉得伊丽莎白女王的江山已经今非昔比，仅凭一己之力是绝对撼动不了的。再说法兰西，只要吉斯家族一日不得宠，伊丽莎白女王与法兰西王室的盟约关系就不会断绝。就算吉斯家族有幸东山再起，那也轮不到她亲自出马，不共戴天的胡格诺派就够其喝一壶的。最后看看苏格兰，外国军队只要不进入苏格兰领土，就不会对英格兰产生任何威胁。

伊丽莎白女王就是这样一位君主，料事如神，气定神闲，一切尽在掌握之中。在国内，她适度、及时地打压少数极端派，通过经济手段拉拢、安抚多数派，既不撤除异端宗教裁判所（以防万一），也不滥用异端处置法，从而达到人人自保、新旧两派宗教势力和谐相处的大好局面。对那些寄希望于西班牙的逆臣贼子，她秉承"擒贼先擒王"的策略，频繁骚扰西班牙，以削弱它的综合国力。在同法兰西的关系上，她通过与查理九世和凯瑟琳·德·美第奇确立防御性盟约关系，从而达到限制法兰西派兵进入苏格兰、共同阻止西班牙染指苏格兰内政的目的。由此可以看出，伊丽莎白女王的总体布局一目了然，一直没有改变。更重要的是，它取得了最终的成功。伊丽莎白女王尽管因其善变不定、感情用事的性格而常遭人诟病——这是人之常情，毕竟她是一具有血有肉的鲜活之躯，但在处理关乎国家生死存亡的大是大非时表现得一点儿都不糊涂。伊丽莎白女王首先是一个英格兰人，其次才是英格兰的合法君主。于情于理，她都会以国家利益为重，为全英格兰人谋福谋利。相反，威廉·塞西尔表现得有点儿小家子气。他动辄拿国内外"信奉新教的基督兄弟"说事，以此来实现个人的政治抱负。

不管怎么样，既然有人想谋害她的性命，伊丽莎白女王总得过问过问这些不知天高地厚的域外间谍和乱臣贼子。"利多尔菲阴谋"尚在酝酿之时，伯利伯爵威廉·塞西尔[①]隐隐约约感觉到英格兰将有大事发生。国外传来消息：英格兰政府派遣、雇用的线人已经悉数到位，所有可疑人员都被盯梢。初出茅庐、经验不足的敌对分子纷纷落网；经受不住严刑拷打的间谍们供出了自己的同谋。英格兰政府顺藤摸瓜，最后把目标锁定在英格兰的某些当权贵族身上。这着实让英格兰政府倒吸了一口冷气。但威廉·塞西尔不以为然。他断定英格兰的王公贵戚不会如此糊涂。1571年9月，当英格兰政府把第四代诺福克公爵托马斯·霍华德、阿伦德尔伯爵亨利·费茨阿伦、南汉普顿伯爵亨利·赖奥斯利、拉姆利男爵

---

① 1571年2月，威廉·塞西尔受封为伯利伯爵。——原注

约翰·拉姆利

约翰·拉姆利①、亨利·科巴姆爵士②、西班牙大使格拉·德埃斯佩斯·德尔瓦尔、罗斯主教约翰·莱斯利以及玛丽·斯图亚特等人参与"阴谋"的凿凿证据摆在威廉·塞西尔面前时，威廉·塞西尔才恍然大悟，原来自己一直被蒙在鼓里。第四代诺福克公爵托马斯·霍华德被关进伦敦塔，其他一干反叛贵族都被逮捕；西班牙大使格拉·德埃斯佩斯·德尔瓦尔被责令限期出境；罗斯主教约翰·莱斯利提供了不少证词；施鲁斯伯利伯爵乔治·塔尔博特的那位尊贵"客人"玛丽·斯图

---

① 第一代拉姆利男爵约翰·拉姆利（John Lumley，约1533—1609），英格兰贵族，伊丽莎白女王时期著名的收藏家。他藏有同时期大量艺术品、书籍。
② 亨利·科巴姆爵士（Sir Henry Cobham，1537—1592），英格兰外交家。

亚特从此失去了享受户外活动、随心接见朋友的自由，她被重新安置在一间小屋子里，与外界的一切联系都断绝了。国内外的人们纷纷猜测，玛丽·斯图亚特不日将被审讯、处决。小王子詹姆斯·查尔斯·斯图亚特终于获得了"国王"的尊号，玛丽·斯图亚特正式被称为"前女王"。聚集在爱丁堡城堡的前女王党羽接到通告，玛丽·斯图亚特将永无复出之日；如果他们不愿缴械投降，归附摄政马尔伯爵约翰·厄斯金[①]，等待他们的将是英格兰军队的严厉惩罚。伊丽莎白女王还责令出版商大量印制、发行"珠宝匣密信"，以便让更多的人知道玛丽·斯图

16 世纪 70 年代的玛丽·斯图亚特

① 约翰·厄斯金（John Erskine, ？—1572），苏格兰摄政。他是詹姆斯五世、玛丽·斯图亚特时期苏格兰王国的监护人第五代厄斯金勋爵约翰·厄斯金之子。按第一次受封伯爵的时间算，他是第十八代马尔伯爵。

亚特到底是怎样一副嘴脸。如今，人们终于可以一边毫无拘束地品尝布坎南①牌威士忌，一边津津有味地谈论玛丽·斯图亚特那些见不得人的勾当了。

换作都铎王朝的其他任何一位君主或者斯图亚特王朝的每一位君主，所有参与"利多尔菲阴谋"而被捕的贵族毫无疑问只有一个下场——砍头。1572年2月，第四代诺福克公爵托马斯·霍华德受审。以现代人的眼光来看，起诉书中很多内容存在有失公正之嫌，但参与庭审的贵族没有首鼠两端。他们认定第四代诺福克公爵托马斯·霍华德罪责难逃。事实证明，他们的判断是正确的。后续的调查结果显示，第四代诺福克公爵托马斯·霍华德曾私通敌国，欲置英格兰于外国军队的铁蹄之下。"里通外国"是最严重的叛国罪！他打着重整朝堂、替英格兰人消除"异己"的旗号，一步步陷入犯罪的泥潭而不能自拔。尽管第四代诺福克公爵托马斯·霍华德罪恶昭彰，连他本人也百口莫辩，但还是有人挖空心思替他鸣不平，说他并非像人们听到的那般罪不可赦，而只不过犯了点儿花痴，被一位劣迹斑斑、行为不端、双手沾满鲜血且未曾谋过面的女子②勾走了魂而已。

1572年整个春天，伊丽莎白女王一直犹豫不决，始终对第四代诺福克公爵托马斯·霍华德下不了手。自登基以来，十四年中她未曾处决过任何一位贵族。塔山③的断头台因日久未用而破败不堪，所以如果处决第四代诺福克公爵托马斯·霍华德，就得重新打造一副断头台。伊丽莎白女王虽然心如刀割，但不得不打破这个多年以来的惯例。

至于到底有多少英格兰贵族与"利多尔菲阴谋"有关，伊丽莎白女王心里也没底。但为了及时安抚那些地位卑微、暂且未被政府重用的贵族以及广大中产阶级，伊丽莎白女王于1572年5月再次召开议会，痛斥叛逆贵族的恶劣行径。议会收到了意想不到的效果。除为数不多的几个死硬分子仍然誓死追随玛丽·斯图亚特外，其他人都悄然站到了伊丽莎白女王一边。要知道当时拥戴玛丽·斯图亚特的人可真不少啊！议会提出两个处理玛丽·斯图亚特的方案，并暗示伊丽莎白女王必须选择其一。一个是依法剥夺玛丽·斯图亚特的公民权；另一个是

---

① 布坎南（Buchanan）是苏格兰斯特灵郡的一个小行政区，以盛产布坎南牌威士忌而闻名遐迩。
② 即苏格兰女王玛丽·斯图亚特。
③ 塔山（Tower Hill）位于泰晤士河伦敦塔旁，当时是一处刑场。

剥夺玛丽·斯图亚特的王位继承权。同时规定，玛丽·斯图亚特如果再次图谋不轨，就将"在无须再次劳驾议会的前提下直接被处死"。她如果指使别人以任何一种形式助她越狱，就将以叛国罪被惩处。上议院与下议院毫不犹豫地选择了第一个方案。议员们选择第一个方案是众望所归。在这一点上，我觉得伊丽莎白女王也是赞同的，因为她可以借机重重地敲打一下国内外的敌人。但伊丽莎白女王还没做好现在就处决玛丽·斯图亚特的思想准备，留着她或许还有用处。不管怎样，公开警告一下玛丽·斯图亚特还是很有必要的。在伊丽莎白女王的坚决反对下，议会只好推迟通过《剥夺公权法案》，开始探讨第二个方案的实施办法。但较真的下议院议员立即做出决议：第二个方案根本行不通，甚至否定了第一个方案，因为它首先承认玛丽·斯图亚特目前仍然是英格兰王位的假定继承人，但事实上她的继承权早已被剥夺。鉴于此，他们更倾向于第一个方案。上议院也同意执行下议院的决议。

在做出以上推理时，议员们殊不知犯了一个根本性的错误——翻当年议会授予亨利八世指定王位继承人权力的旧账，就已经否认包括詹姆斯·查尔斯·斯图亚特在内的斯图亚特家族成员对英格兰王位的合法继承权，这样一来，英苏两国联邦共主的前景就失去了法理依据。每当议员提及此事，伊丽莎白女王总以"不许再提"了不了之。因此，她再次劝说下议院推迟通过《剥夺公权法案》的决议。她既不想让"议会以任何一种方式授予或剥夺玛丽·斯图亚特的王位继承权"，也不想"授予玛丽·斯图亚特新头衔或剥夺现有一切其他头衔"。伊丽莎白女王确信有办法让法官们同意起草《剥夺公权法案》第二稿。在下议院坚持要求处死第四代诺福克公爵托马斯·霍华德的呼吁下，伊丽莎白女王无奈做出让步。1572年6月2日，第四代诺福克公爵托马斯·霍华德被处死。上议院与下议院一致通过了法官们起草的《剥夺公权法案》第二稿。至于《剥夺公权法案》第二稿的具体内容是什么，无人知晓，因为伊丽莎白女王没批准，议会就闭会了。

坚持笃信"杀人灭口，死无对证"的伯里伯爵威廉·塞西尔私下向弗朗西斯·沃尔辛厄姆抱怨道，伊丽莎白女王太令议员们失望了。迟疑不决而"愚昧无知"的伊丽莎白女王在如何处理玛丽·斯图亚特这件事情上的做法也遭到了当代史学家们的谴责与不满。但在我看来,伊丽莎白女王在这件事情上的做法根本不存在拖延,因为她从一开始就反对处死玛丽·斯图亚特。她如期达到了所有目的,尽管议员们态度坚决,非要逼着她签署处死前苏格兰女王的法案。尽管这样,指责、批评伊丽莎白女王的人不在少数,他们痛骂伊丽莎白女王背信弃义,残忍无道,因为十五年后她还是以同样的罪名处死了玛丽·斯图亚特。我们不妨设想一下,伊丽莎白女王如果当时(1572)仅以"玛丽·斯图亚特欲借国王军队之力越狱"的罪名就贸然处死前苏格兰女王,那么她还会流芳百世并被她的子孙后代视为一代明君吗?

第 **6** 章

尼德兰革命背景下的
外交博弈与大国争雄

1572—1583

1572年，欧洲历史上发生了至关重要的两件大事。第一件事是1572年4月爆发的尼德兰革命，最终导致荷兰共和国的成立。第二件事是1572年8月23日深夜至24日凌晨爆发的圣巴塞洛缪大屠杀，标志着法兰西新教势力对抗天主教势力的全面开始。

　　1572年4月19日，经过长期艰难谈判后，英法两国终于成功签署了《共同防御盟约》。几周后，伊丽莎白女王召开国会，解决苏格兰女王玛丽·斯图亚特的问题。《共同防御盟约》的缔结是伊丽莎白女王对外政策的飞跃，为她的外交世界打开了一扇大门。伊丽莎白女王早就意识到英法防御同盟非同小可。她机警地撇开苏格兰问题，尽一切可能为《共同防御盟约》的缔结创造有利条件。难怪不明就里的大臣们总是抱怨伊丽莎白女王不作为，置苏格兰于不顾。实际上，伊丽莎白女王比谁都明白，一旦染指苏格兰，恐怕就只会越陷越深，到头来非但不管不行，越管越不行，反倒得罪了两个天主教大国——西班牙和法兰西。与其这样，不如谋求与法兰西结盟。一旦成功，英格兰的国家安全就能得到全面保证，来自苏格兰的威胁也会随之消失。《共同防御盟约》规定：如果盟国任何一方遭到第三方攻击，无论被攻击的理由是什么，其中一方都有义务派遣六千人规模的军队支援另一方。查理九世还特意亲笔加注了一条——"任何理由"包括宗教。提到苏格兰时，两国君主都相当谨慎，"双方君主都不得改变苏格兰现状，但有义务协助苏格兰抵御外敌，不让任何一个敌对分子溜进苏格兰，更不允许栽培亲

荷兰民族主义者占领布里尔

信、扰乱政局的事情发生；但有一种情况除外，如果苏格兰有人意图通过支持正在逃亡其境内的英格兰反叛分子损害英格兰的国家利益，那么英格兰女王就有权动用军队越境打击他们"。《共同防御盟约》没有提及苏格兰女王玛丽·斯图亚特，其实是法兰西有意为之。它不再对苏格兰女王玛丽·斯图亚特的事业感兴趣。《共同防御盟约》刚一签署，查理九世就公开宣布了法方的求婚提议——让幼弟阿朗松公爵弗朗西斯与伊丽莎白女王喜结良缘。从此，两国便开始了长达十一年的婚姻谈判。

就在这个节骨眼上，即1572年4月1日，无法忍受阿尔瓦公爵费尔南多·阿尔瓦雷斯·德·托莱多-皮门特尔的暴行而被迫流浪海上的一些荷兰民族主义者，乘机占领了布里尔[①]。革命的火苗随即在荷兰、泽兰两省的大部分城镇蔓

---

① 布里尔（Brill）是西尼德兰城镇、自治市，原为海港。

延开来，拉开了持续三十七年的尼德兰革命的序幕。英格兰"新教党"积极响应，竭尽所能帮助起义者。不计其数的捐款源源不断地送往起义者手中，大量志愿者涌入尼德兰参战。一直对尼德兰垂涎三尺的查理九世和他的母亲凯瑟琳·德·美第奇主动邀请伊丽莎白女王与他们共同抵抗腓力二世。但一向以谋略深远、头脑冷静——她的千秋英名得益于这些优秀的品质——的伊丽莎白女王巧妙回绝了法兰西政府的好意，告知法王查理九世和他的母亲："此举有违新近签订的防御盟约。"无论国际局势如何变化，伊丽莎白女王既定的主导政策——确保国家安全，大力发展经济，增加纳税人的腰包——是永远不变的。她既不会贪慕虚幻的美景，也不会贸然置英格兰于险境。尽管如此，伊丽莎白女王也绝非"清心寡欲"之人。她自有打算。她已经想好了应对尼德兰乱局的具体办法：分化尼德兰。据说，起义者已经答应伊丽莎白女王——只要英格兰竭力支持尼德兰革命，他们愿以泽兰省作为补偿，从而打消法兰西人以归还加来为诱饵的念头。稍微具备一点历史常识的英格兰人都会觉得伊丽莎白女王指定不会接受这样的贿赂！

在伊丽莎白女王看来，君权神授不容侵犯，任何叛逆行为都必须付出惨重的代价。既然腓力二世如此冥顽不化，一心想要置所有新兴新教国家于死地，那就趁机杀杀他的锐气，让他折戟尼德兰。伊丽莎白女王开始行动起来。无数物资、钱财被秘密送往尼德兰，大量志愿者潜入作战地区。只要能使西班牙不对英宣战，能使国内的极端宗教分子——天主教徒也好，新教徒也罢——安分守己，臣民们与她和睦相处，她就愿尽一切力量、使用一切手段帮助那些尼德兰革命者。查理九世再次抛出橄榄枝，想与伊丽莎白女王一起在尼德兰大干一场。结果可想而知。那些一味指责伊丽莎白女王拒绝法兰西盛情邀请的人们，想都没想过英法联手行动后的可能后果：与西班牙控制下的尼德兰相比，被法兰西征服后的尼德兰对英格兰的威胁更甚。阻止法兰西染指尼德兰是英格兰近代外交政策中一成不变的基调。

然而，现代史学家认为，如果伊丽莎白女王当时接受查理九世的邀请，同意正式出兵尼德兰，那么法兰西王室与胡格诺派不久前仓促签订的和约也就能长

加尔文教信奉者的宗教生活

期有效了；圣巴塞洛缪大屠杀就不会发生了。伊丽莎白女王的决策将直接影响到法兰西宗教改革的最终成败。

至于宗教改革成功后全民信仰加尔文教的法兰西是否代表欧洲的一大进步，对此我保留意见。幸运的是，时刻坚持英格兰国家利益至上原则的伊丽莎白女王，当时并没有犯糊涂。她比任何人，包括她的批评者们，都更清楚法兰西国内的情况是什么样子。胡格诺派在法兰西只是少数群体，无论怎么闹腾，他们在法兰西政界的重要性最终取决于其领袖占据何等职位、政治抱负是什么。胡格诺派的势力主要集中在法兰西南部和西南部的几个小镇上。零星分布在其他地区的胡格诺派只是一些冠冕堂皇的贵族，傲慢无礼，有勇无谋。论信仰，他们奉行的是清教主义；论政治诉求，他们只想挑起宗教战争，使法兰西王国陷入四分五裂的状态。再说他们已连续多年不得势了。大多数法兰西人痛恨他们的教义，坚决反对中央政府对他们做出任何让步。查理九世和太后凯瑟琳·德·美第奇是纯粹的宗教投机分子。为了根除吉斯家族的势力，能在尼德兰分得一杯羹，他们不惜"冰释前嫌"，拿政府中几个显眼的职位贿赂胡格诺派领袖，还美其名曰"共掌国事"。不明就里的威廉·塞西尔和弗朗西斯·沃尔辛厄姆，就是在这种背景下敦促伊丽莎白女王接受法兰西的请求、共同对抗欧洲霸主的，难怪伊丽莎白女王就是不答应。

1572年8月23日深夜至24日凌晨突然爆发的圣巴塞洛缪大屠杀，犹如一声晴天霹雳惊醒了那些心存幻想的人们。当然，大屠杀的发生当属必然中的偶然。之前，法兰西与英格兰签署《共同防御盟约》，提议两国共同对抗腓力二世时，没有任何迹象表明以上行动的最终目的就是将胡格诺派一网打尽。但有一点是毋庸置疑的，那就是：一旦法兰西国内的极端天主教思想开始作祟，法兰西大地就会随之而颤抖，瓦卢瓦家族的天下就会在顷刻间土崩瓦解。到那时，即便英格兰倾尽所有，助胡格诺派一臂之力，但终究于事无补，因为胡格诺派已经永无翻

圣巴塞洛缪大屠杀

圣巴塞洛缪大屠杀后，凯瑟琳·德·美第奇走出卢浮宫

身之日，更不用指望它有朝一日能左右法兰西政局、有效牵制天主教势力了，就像如今已经退出法兰西政治舞台的波旁家族或波拿巴家族一样。

　　伊丽莎白女王及其大臣们听到圣巴塞洛缪大屠杀后的第一反应就是，法兰西政府从一开始就在欺骗他们——法兰西政府假装和善的目的就是神不知鬼不觉地根除已经在欧洲大陆呈燎原之势的异端势力。法兰西政府的这一举措其实是在践行1565年的巴约讷①会谈精神。人们本以为巴约讷会谈形同虚设，但圣巴塞洛缪大屠杀让英格兰嗅到了浓浓的血腥味——英格兰有可能遭到法西两国的联合剿杀。多亏独具慧眼、目光长远的伊丽莎白女王，在她的精心治理下，英格兰早已不是1565年时的样子了。如今它能独当一面，迎接各种挑战。英格兰的

---

① 巴约讷（Bayonne）是法国西南部新阿基坦大区比利牛斯–大西洋省所辖市镇。

海军舰队已经在唐斯锚地①完成集结，并有民兵日夜把守。一支全副武装的远征军正蓄势待发，准备前往尼德兰与荷兰起义军会合。大量金钱被源源不断地送往奥兰治亲王威廉一世手中。无数受到鼓励的胡格诺派难民纷纷加入海上民兵组织。一支小型舰队已经扬帆起航，赶往拉罗谢尔②，以帮助信仰相同的受困兄弟们。与此同时，伊丽莎白女王秘密转告苏格兰摄政马尔伯爵约翰·厄斯金，如果他有意以谋杀丈夫的罪名严惩玛丽·斯图亚特，英格兰政府乐意将玛丽·斯图亚特遣送回国。

在圣巴塞洛缪大屠杀发生后短短几周的时间里，英格兰就以雷霆万钧之势做好了一切准备。英格兰人大可不必再惶惶不可终日。英法两国的同盟关系已经受到严重影响。双方各执一词，相互猜疑，盟约一触即毁。但各自的迫切利益诉求最终还是挽救了两国的同盟关系。英格兰政府召会法兰西大使，让他当面澄清圣巴塞洛缪大屠杀。伶牙俐齿的法兰西大使先是拿各种借口搪塞伊丽莎

拉罗谢尔

---

① 唐斯锚地是英格兰肯特郡东岸的一处近岸锚地，背靠北海，南邻英吉利海峡。
② 拉罗谢尔（La Rochelle）是法国西部城市，滨海夏朗德省省会。位于大西洋沿岸。

纳瓦拉的亨利

白女王，然后声泪俱下地对刚刚发生的圣巴塞洛缪大屠杀深表遗憾，最后巧妙地把话题引到阿朗松公爵弗朗西斯与女王的婚事上。掩面悲啼的伊丽莎白女王一面故意装作不理法兰西大使，一面措辞严厉地表达了她对两国同盟关系的珍视。吉斯家族并没有从圣巴塞洛缪大屠杀中获得任何政治利益。作为宗教改革急先锋的胡格诺派虽然遭受重创，在可预见的时间里难以恢复元气，但仍然是一支有生命力的政治力量。唉！怎么说呢，或许正是因为他们的懦弱无能才没有遭受灭顶之灾！不幸沦为二流政治力量的他们最终还是赢来了曙光，纳瓦拉的亨利，即后来的亨利四世不是最终登上了法兰西的王座吗？

对腓力二世来说，伊丽莎白女王的所作所为还不至于让他大动干戈、问罪英格兰。明面上打着志愿兵的旗号、实际上受到政府大力支持的汉弗莱·吉尔伯特爵士①，正指挥几个连的英格兰志愿兵在瓦尔赫伦岛②与西班牙激战。不计其数的西班牙战俘被残忍绞死。约翰·霍金斯爵士早就率领一支由二十艘战舰组成的舰队前往大西洋，去劫掠从墨西哥远道而来的西班牙运宝船了。满肚子苦水的阿瓦尔公爵费尔南多·阿尔瓦雷斯·德·托莱多–皮门特尔强忍着心中的怒火，反复恳求他的主子万万不可意气用事，因为他还指望伊丽莎白女王重启两国自"热那亚运宝船被劫事件"以来一直处于中断状态的海上贸易呢。其实，早

汉弗莱·吉尔伯特

---

① 汉弗莱·吉尔伯特爵士（Sir Humphrey Gilbert，约1539—1583），英格兰冒险家、探险家、国会议员、军人，伊丽莎白女王时期英属北美殖民地的开拓者，"爱尔兰种植园殖民计划"的倡导者和践行者。

② 瓦尔赫伦岛（Walcheren）原为荷兰泽兰省斯海尔德河口的一座岛屿，后因围海造田逐渐与荷兰大陆相连。

约翰·厄斯金

在1573年伊始，英西两国就有意结束冷战，打开两国海上贸易的通道了。因此，圣巴塞洛缪大屠杀酿成的危机与其说撼动了伊丽莎白女王的统治根基，不如说给她提供了一个真正施展自己智慧的平台——她的政治地位比以往任何时候更牢固，现在她既不需要刻意讨好天主教势力，也不需要在新教势力面前蹑手蹑脚，处处受制于他们。欧洲大陆新旧两派宗教势力之间的相互钳制既是她之所需，也是英格兰之所需。批评者们爱怎么说就怎么说吧，反正指望她牵头组建新教联盟，以此反逼各天主教君主搁置争议、握手言和、一致对抗新教势力，是不可能的了。

这时，苏格兰方面传来了消息，摄政马尔伯爵约翰·厄斯金同意处死玛丽·斯图亚特，但前提是伊丽莎白女王必须答应派一支由贝德福德伯爵弗朗西斯·拉塞尔或亨廷顿伯爵亨利·黑斯廷斯率领的军队前来保护法场，并协助他攻克爱丁堡城堡。当然钱肯定是少不了的。还没等两国达成协议，摄政马尔伯爵约翰·厄斯金就去世了。莫顿伯爵詹姆斯·道格拉斯继任摄政后，两国继续谈判。然而，伊丽莎白女王始终不愿表态公开支持处决玛丽·斯图亚特，因为无论如何她都不能背负弑君这个千古罪名。万一玛丽·斯图亚特被处决了，她就可以装出一副不知情的样子，就像1587年玛丽·斯图亚特被杀后的表现一样。当时，她一边为苏格兰前女王玛丽·斯图亚特扼腕叹息，一边痛斥苏格兰政府，甚至她的大臣们，最后把所有责任推卸得一干二净。因为伊丽莎白女王始终不同意公开处决玛丽·斯图亚特，所以两国的谈判也就不了了之了。莫顿伯爵詹姆斯·道格拉

包围爱丁堡城堡

围攻爱丁堡城堡

斯并非一无所获。他拿了一笔钱。这笔钱足够围攻爱丁堡城堡的所有花费了。在英格兰大使托马斯·伦道夫的积极斡旋下，除城堡中的"玛丽派"贵族拒不投降外，其他贵族如汉密尔顿家族、戈登家族等都接受了优惠条件，承认詹姆斯·查尔斯·斯图亚特是苏格兰唯一合法的君主。

最后一步就是占领爱丁堡城堡了。守卫城堡的人数还不足两百。放眼望去，除了城堡中那一撮儿誓死追随玛丽·斯图亚特的顽固分子外，其他所有人都已无情地抛弃了她。此时，摄政莫顿伯爵詹姆斯·道格拉斯虽然没有其他需要用兵的地方，但坚决要求伊丽莎白女王派兵相助，只有这样，他的新教派部队才能攻克爱丁堡城堡。伊丽莎白女王拒不同意，双方僵持了一段时间。经不住死缠硬磨的伊丽莎白女王，最后做出让步。1573年5月，威廉·德鲁里爵士[①]指挥的贝里克卫戍部队攻陷了爱丁堡城堡，出色完成了任务，之后返回英格兰。被俘人员中有曾名噪一时、大肆鼓吹英苏盟约的亲英派贵族莱辛顿的梅特兰，还有处死枢机主教戴维·比顿、吹响苏格兰宗教改革第一声号角、在卡伯里山战役中生擒玛

威廉·德鲁里爵士

① 威廉·德鲁里爵士（Sir William Drury, 1527—1579），英格兰政治家、军人，下议院议长罗伯特·德鲁里爵士（约1456—1535）之孙，罗伯特·德鲁里爵士（约1503—1577）之子。

少年时代的詹姆斯·查尔斯·斯图亚特

丽·斯图亚特的格兰奇的威廉·柯卡尔迪爵士。在苏格兰历史上，能做到信仰始终如一的政客真是少之又少！莱辛顿的梅特兰被捕后没过几天就一命呜呼了，据说是自杀。威廉·柯卡尔迪爵士被老朋友莫顿伯爵詹姆斯·道格拉斯送上了绞刑架。

占领爱丁堡城堡，伊丽莎白女王功不可没。但她没收到一句表示感激的话。苏格兰摄政内阁充斥着一群贪得无厌的穷鬼，他们满脑子只有钱。莫顿伯爵詹姆斯·道格拉斯踏着老上级莫里伯爵詹姆斯·斯图亚特的步伐，继续坚定不移地奉行亲英政策。但莫顿伯爵詹姆斯·道格拉斯的副手曾对托马斯·伦道夫一本正经地说："如果英格兰不给我们钱，我保证法兰西肯定非常乐意给。"伊丽莎白女王的枢密大臣们经常取笑她对苏格兰摄政内阁俯首帖耳，总是满足其无理要求。如果苏格兰国王詹姆斯·查尔斯·斯图亚特当时能独掌朝政、不受国内任何一支政治力量左右，并且对英格兰友好，那么英格兰的一切付出都将是值得的。后来，从詹姆斯·查尔斯·斯图亚特宣布亲政开始，伊丽莎白女王对他的支持、援助从未间断。但伊丽莎白女王是断然不会相信那些贪婪自私、毫无信誉，只因对她有所图而自称为"英格兰党"的苏格兰贵族老爷的。之所以有"英格兰党"存在的余地，是因为还有一个党派叫"法兰西党"。至于"英格兰党"能为英格兰带来多少利益，关键要看英格兰愿意给他们多少钱。多给多"偿"，不给走人。异想天开的法兰西人将大把大把的金钱撒向苏格兰，结果却没有喜欢把钱锁在金库里的伊丽莎白女王捞到的好处多！伊丽莎白女王不会糊涂到把所有赌注都押在一个朝令夕改的苏格兰政府身上。只有詹姆斯·查尔斯·斯图亚特亲政，她的一切投入才能得到保障。

圣巴塞洛缪大屠杀发生后，担心玛丽·斯图亚特兴风作浪的英格兰政府及时把她隔离起来，切断了她与外界的一切联系。因此，侥幸逃过苏格兰断头台一劫的玛丽·斯图亚特对其间发生的一切都毫不知情。圣巴塞洛缪大屠杀引发的恐慌渐渐平息后，玛丽·斯图亚特重获"自由"，继续以施鲁斯伯利伯爵乔治·塔尔博特尊贵"客人"的身份享受各种方便。她与国外所有朋友的联系也恢复正常了。与此同时，她渐渐失去了警觉。有那么一段时间，伊丽莎白女王或许想惩罚冲动的玛丽·斯图亚特，但1572年议会使她更加坚定了无论如何也不能伤害玛丽·斯图亚特的想法。大家想得没错，伊丽莎白女王打心底还是想让玛丽·斯图亚特做自己的接班人。在1576年召开的新一届议会上，彼得·温特沃斯爵士①一针见血地指出，那些曾在上届议会中寸步不让、坚持不惩处玛丽·斯图亚特誓不罢休的议员们，在逐渐认识到伊丽莎白女王的真正用意后追悔莫及，开始用实际行动处处讨好玛丽·斯图亚特，以此来救赎他们的罪过。彼得·温特沃斯爵士说的或许没错，但在1576年召开的议会上，他是唯一一个继续提出严

① 彼得·温特沃斯爵士（Sir Peter Wentworth, 1529—1596），英格兰杰出的清教派议员领袖。他分别于1571年、1578年、1586年到1587年、1589年、1593年当选国会议员。但他是抨击伊丽莎白女王最厉害的一位议员。在1576年议会上，他的著名演讲开启了英国议会史上议员可以畅所欲言的新纪元。

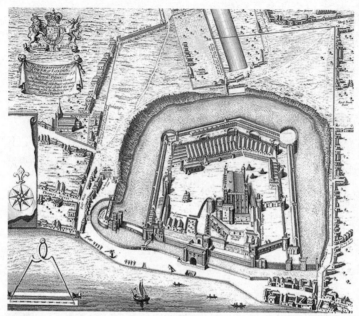

伦敦塔

惩玛丽·斯图亚特的议员。他因此被送进伦敦塔。听到小道消息的玛丽·斯图亚特对格拉斯哥大主教约翰·波特菲尔德[①]说，她的感觉从来没有像现在这般好过，即使有人甘愿冒着生命的危险来救她出狱，她也会婉言谢绝的，因为继续待在英格兰符合她的利益。

伊丽莎白女王始终坚持恢复玛丽·斯图亚特王位的主要动机是来自宗教信仰方面的考量。只要玛丽·斯图亚特一日不死，她的天主教派支持者就心存一线希望，伊丽莎白女王就多了一分拉拢天主教势力的胜算。如果伊丽莎白女王贸然处决了一位深受天主教徒爱戴的合法君主，那么新教徒们会上行下效，最终使她身首异处。但随着时间的推移，当初她耐着性子尽力去接受的糟糕情况并没有因自己的仁慈而出现半点儿好转。她逐渐意识到，在自己的眼皮底下，既然玛丽·斯图亚特能制造出如此多的麻烦，复辟后她岂不是无法无天了？苏格兰

---

① 约翰·波特菲尔德（John Poterfield），16世纪苏格兰教士。他的一生充满神秘色彩。据有限文献显示，1571年，他出任格拉斯哥大主教一职，任期极有可能于1572年的某个时候结束，因为自1573年底起，格拉斯哥大主教一职的新任大主教是詹姆斯·博伊德。

方面提供的证据仍然存在太多变数，伊丽莎白女王不得不三思而行。但从过去几年的经验判断，只要苏格兰幼主詹姆斯·查尔斯·斯图亚特尚未亲政，苏格兰就不会威胁英格兰的国家安全。在这一点上，英法两国之间的看法出奇地一致，尽管喜好扮演"愣头青"角色的法兰西动辄就送给苏格兰大把钱财，还美其名曰"维持传统影响力"。在对苏格兰的政策上，伊丽莎白女王与所有幕僚始终秉承这样一个原则——决不允许他国军队进入苏格兰。但无数经验告诉伊丽莎白女王，与玛丽一世为英格兰女王、玛丽·德·吉斯为苏格兰摄政时期相比，英苏两国之间的关系已经好了许多，法兰西轻易以保护老同盟的借口发兵苏格兰的日子已一去不复返了。再说虽然英法两国彼此都心存芥蒂，一直相互猜疑，但没有一个愿意率先撕毁不久前签订的《共同防御盟约》，进而置各自的国家于西班牙的威胁之下。因此，伊丽莎白女王再没必要像继位前十年那样时时刻刻担心苏格兰顿生事变了。无论谋略，还是胆识，伊丽莎白女王的大臣们没有一人能与她相提并论。即便如此，当代史学家们还是不厌其烦、津津乐道地做出各种假设，其用心无非是想向世人证明伊丽莎白女王的政策是多么荒谬、不切实际，如此云云。但事实胜于雄辩，伊丽莎白女王所取得的成就有目共睹，无可否认。

如何处理与尼德兰之间的关系则显得更加复杂、棘手。伊丽莎白女王的大臣们再次呼吁她高调介入尼德兰革命。在他们看来，英格兰只有公开、大力支持尼德兰革命者才有可能转移腓力二世日夜惦记英格兰的视线。他们认为，一旦伊丽莎白女王同意领导新教联盟，届时即便腓力二世被打得满地找牙，谅他也不敢对伊丽莎白女王说个"不"字。然而，伊丽莎白女王另有打算。对英格兰来说，战争能避则避，只要能使英格兰远离战争的泥潭，那就是最大的胜利。再说要帮助尼德兰革命者并非只有与西班牙兵戎相见一条路可走。于是，一个听起来荒唐可笑实则百利而无一害的处理国际关系的想法，逐渐引起了包括伊丽莎白女王在内的大部分英格兰人的注意。这个想法就是，以非军事化组织不断骚扰一个国家与对那个国家宣战完全是两码事。伊丽莎白女王在外交上取得的巨大成就，很大程度得益于这个想法。英格兰政府故意放出风声：允许本国将领们率志愿军前往尼德兰参与军事行动。虽然志愿军属民间组织，但它们的实际指挥者仍然是英格兰政府。因此，他们在尼德兰的一举一动须时刻向英格兰政府汇报，而实际上英格兰政府半公开化地指挥着他们的一切行动。至于军费，英格兰政府更是明目张胆地送到了奥兰治亲王威廉一世的手中。不仅如此，英格兰政府还默许英格兰私掠船队，实际上就是皇家海军舰队，大肆劫掠西班牙商船。就连伊丽莎白女王本人也是海上冒险事业的主要股东之一，她还分到不少战利品呢。

腓力二世因深陷尼德兰革命的泥潭而无力再对英格兰发动另一场战争，难怪伊丽莎白女王偷着乐呢！伊丽莎白女王内心痛恨战争，讨厌战争引发的各种混乱。因此，为了不给腓力二世留余力，她一面谴责腓力二世无端迫害荷兰新教徒，从而引发革命，一面对咄咄逼人的荷兰人深恶痛绝。不要说腓力二世不同意，换作是她，她也不会同意国内的天主教徒这般放肆。无论荷兰战况如何，只要腓力二世率先做出让步，同意荷兰人的信仰自由、享受自治并如期撤走西班牙驻军，伊丽莎白女王就只有停止援助荷兰甚至要求荷兰人向腓力二世屈服的份儿了。泰晤士河入海口处人头攒动，那是退役的西班牙老兵。他们分明是在监视英格兰的一举一动。为此，威廉·塞西尔指出："既然他们在那儿碍手碍脚，那就想办法让他们在荷兰找点儿事干。"伊丽莎白女王接过话茬儿，反驳道："如果荷兰人果真是人人可欺的软蛋，那么腓力二世根本用不着那些老兵。"

1576年11月，比利时属尼德兰暂时搁置争议，同意与荷兰、泽兰两省联手反对腓力二世，并签署了《根特协定》①。《根特协定》的签署，使伊丽莎白女王在短时期内省去在尼德兰进一步采取行动的麻烦。虽《根特协定》继续承认腓力二世对尼德兰的合法统治地位，但前提是他必须得按旧宪法行使权力。《根特协定》的签署似乎让尼德兰人看到了一线希望——天主教顽固派极有可能终止迫害新教徒的行动，而极端新教势力则很有可能默许天主教势力的官方主导地位。这难道不是伊丽莎白女王一直苦苦寻求的解决天主教与新教两大宗教派系

---

① 《根特协定》(*Pacification of Gent*)是指尼德兰资产阶级革命时期南北各省代表于1576年11月8日在根特签署的一份和平协定。《根特协定》宣布恢复尼德兰的统一和各城市原有的各项特权，废除西班牙总督阿尔瓦公爵费尔南多·阿尔瓦雷斯·德·托莱多-皮门特尔颁布的迫害新教徒、没收其财产的一切决定，要求各省联合，一起推翻西班牙的统治，但没有制定具体行动计划。这是一份比较保守的协定，尼德兰独立、宗教信仰自由以及消灭封建土地所有制等一系列问题都没有解决。

之间矛盾的出路吗?这样一来,西班牙的军队就没有理由赖在尼德兰不走了;法兰西的军队同样没有再待下去的必要了;英格兰也就摆脱了苦海。当然了,如果《根特协定》再对加尔文派的嚣张气焰加以限制的话,那就再好不过了。

我们不妨设想一下。如果《根特协定》能得到落实,基督教新旧两大教派间的和谐共存是否有利于欧洲的长远发展呢?一些人认为,新教与天主教之间争论的焦点无非就是"是"与"非"的较量,这个问题不难解决。而另外一些人则认为不管是哪个教派,其渴求的只不过是信仰自由罢了。他们希望尼德兰独立,摆脱西班牙的束缚。对欧洲来说,一个独立的尼德兰百利而无一害,这是过去三个世纪已经见证了的。

尽管《根特协定》带来的好景并不长,但荷兰人确实获得了难得的喘息机会,而英西两国关系进一步恶化的趋势也得到了遏制。滴水之恩,当涌泉相报。新成立的联省同盟已经开始着手实施回报伊丽莎白女王的具体计划,并且已筹集到四万英镑——这在当时可算是一笔巨款——准备借给她。但伊丽莎白女王

签署《根特协定》

婉拒了联省同盟的好意，说如果西班牙政府委任的新总督奥地利的约翰果真能遵守《根特协定》，那么这笔钱应先用来支付西班牙军队的尾款，否则西班牙军队不会离开尼德兰，奥地利的约翰或任何一位新任总督终究都是摆设。联省同盟依照伊丽莎白女王的提议支付了尾款，但奥地利的约翰却没有履行誓约。不管怎样，能让西班牙军队撤离尼德兰本身就是一大胜利。再说尼德兰的新旧两大教派当时如果同心同德、团结一致的话，早就实现祖国统一的伟业了，哪里还需要别人的帮助？

勒班托战役

　　号称"社会改革急先锋"、勒班托战役①大英雄、腓力二世的异母兄弟奥地利的约翰是个野心勃勃的人，他的终极梦想就是通过进攻英格兰、娶玛丽·斯图

---

① 勒班托战役（Battle of Lebando）是威尼斯共和国和西班牙帝国率领的神圣同盟舰队在希腊佩特罗湾大败奥斯曼帝国舰队的一场海战。有西西里墨西拿港口向东前行的神圣同盟舰队与正准备离开海军基地勒班托的奥斯曼帝国舰队迎头相遇，海战由此爆发。神圣同盟舰队由教皇庇护五世号召成立，奥地利的约翰任舰队总司令，成员国为欧洲沿海天主教各国，腓力二世负责提供大部分军费，威尼斯共和国则主要负责提供舰船。

16 世纪 70 年代的奥地利的约翰

亚特为妻，最终拥有英格兰。这与腓力二世的对英政策——积极拉拢伊丽莎白女王——完全背道而驰。腓力二世多次警告奥地利的约翰切莫对英格兰动非分之想，但奥地利的约翰还是我行我素，根本没把王兄的警告当回事，甚至派心腹胡安·德·埃斯科维多①向腓力二世力陈他的主张——要想彻底征服尼德兰，先得踏平英格兰。

---

① 胡安·德·埃斯科维多（Juan de Escovedo，1530—1578），西班牙政治家，奥地利的约翰的私人秘书。

谁承想一直以来欲置对方于死地的一对大冤家伊丽莎白女王和腓力二世，如今的步调如此一致！伊丽莎白女王心里很清楚，腓力二世太想让她命丧黄泉了，没有什么消息比她的死讯更能使腓力二世开心的了。但她并未因此而恨他。这是各自的利益使然。在不触碰腓力二世底线的前提下，她不也大肆劫掠西班牙船队以此削弱他的国力吗？腓力二世照样不是忍气吞声！阿尔瓦公爵费尔南多·阿尔瓦雷斯·德·托莱多-皮门特尔坚持认为，腓力二世应主动与伊丽莎白女王修好关系。自1571年英格兰政府驱逐西班牙大使格拉·德埃斯佩斯·德尔瓦尔后引发的外交危机得到了缓解，两国开始互派常驻大使。西班牙政府向惩处异端宗教裁判所施压，要求大法官无条件释放被关押的英格兰新教徒。

1577年夏，奥地利的约翰日益膨胀的野心已经到了不可不发的地步，英西两国君主达成的默契大有一触即破的趋势。奥地利的约翰请求调派西班牙军队的文书已经被送往马德里，谁都知道他此举剑指英格兰。蠢蠢欲动的吉斯公爵亨利一世[1]许诺届时将助奥地利的约翰一臂之力。听到风声后，伊丽莎白女王的大臣们像往常一样，认为她大难将至，于是再三劝告她若要摆脱被动挨打的局面，就必须先发制人，并且力荐她同时向尼德兰和法兰西两方面出兵。但伊丽莎白女王毫不犹豫地否定了他们的提议，坚定地认为此事还有回旋的余地，不必过于惊慌。不出伊丽莎白女王所料，事情果然出现了转机。1577年9月，法王亨利三世与纳瓦拉的亨利签订《贝尔热拉克条约》[2]，再次向世人表明了法王的态度——他并不想彻底消灭胡格诺派。再者，从比利时贵族联名盛邀马蒂尔斯大

---

[1] 亨利一世（Henry I, 1550—1588），吉斯公爵弗朗西斯与埃斯特的安娜之长子。他是法兰西宗教战争期间天主教派和神圣同盟公认的领袖，曾参与1572年针对胡格诺派的圣巴塞洛缪大屠杀。1574年安茹公爵继位为亨利三世。吉斯公爵亨利一世在宫廷中的地位特殊，并深受巴黎人的爱戴，有"巴黎王"之称。亨利三世惧其声望，遂与胡格诺派言和，吉斯公爵亨利一世则阻止神圣同盟对抗亨利三世，维护天主教事业。1588年8月，他被任命为王国摄政。同年12月23日奉诏进宫，落入亨利三世提前设置的圈套，在进入门口时被卫士刺死。其尸体被焚，骨灰被抛入卢瓦尔河。

[2] 《贝尔热拉克条约》（*Treaty of Bergerac*）是法兰西国王亨利三世与胡格诺派贵族于1577年9月14日在法兰西西南部小镇贝尔热拉克签署的一份和约。同年9月17日，《贝尔热拉克条约》被正式批准为《普瓦捷法令》。这标志着法兰西第六次宗教战争的结束。《贝尔热拉克条约》明确规定了胡格诺派的礼拜范围，只允许他们在每个司法管辖区范围内的某一指定市镇的郊区才能进行加尔文教礼拜仪式。《贝尔热拉克条约》在维瓦赖正式生效的时间是1577年10月底。

吉斯公爵亨利一世

公①做他们的总督一事可以看出，比利时属尼德兰人其实不欢迎英格兰介入他们的内政。伊丽莎白女王没有肆意妄为，她的一切决定都是经过反复衡量后才最终拍板的。保证贷款安全是首当其冲的要务。如果马蒂尔斯大公同意继续落实奥兰治亲王威廉一世已经着手实施的计划，并且答应提供军事援助，那么伊丽莎白女王就借给尼德兰革命各省一笔十万英镑的贷款（1578年1月）。与此同时，她楚楚可怜地请求腓力二世理解自己的苦衷，她这么做无非是出于为英格兰的国家安全考虑，绝没有挑战腓力二世对尼德兰统治权的意思。相反，如果腓力二世对尼德兰的政策合情合理，她还乐意与他一道携手共同维护尼德兰的稳

---

① 马蒂尔斯大公（Archduke Matthias，1557—1619），西班牙哈布斯堡王室成员，神圣罗马帝国皇帝（1612—1619），匈牙利国王、克罗地亚国王（1608—1619），波西米亚国王（1611—1619）。

定。她还言辞切切地请求腓力二世无论如何都要换掉奥地利的约翰，从他的家族中另选一位总督——言外之意，选马蒂尔斯大公做新任总督，因为奥地利的约翰始终对英格兰虎视眈眈，让她惶惶不可终日。伊丽莎白女王"毫不保留"地将"真实想法"告诉了腓力二世。腓力二世更是善解人意，一夜之间使奥地利的约翰永远地失去了得力帮手胡安·德·埃斯科维多。奥地利的约翰本人也在1578年9月的某天因突发高烧不治身亡，有人说他遭遇了与胡安·德·埃斯科维多一样的下场。

马蒂尔斯大公

约翰·卡西米尔

　　可怜巴巴地向腓力二世诉说艰难处境时，伊丽莎白女王因担心腓力二世弃她而支持奥地利的约翰的疯狂计划，就软硬兼施，趁机威胁腓力二世，说如果他拒不撤换奥地利的约翰，她将正式派兵前往尼德兰。腓力二世倒也认真。他先派人暗杀了胡安·德·埃斯科维多，然后主动与英格兰恢复了大使级别的外交关系，并于1578年3月打发贝尔纳迪诺·德·门多萨①出使伦敦。鉴于腓力二世的一片诚心，伊丽莎白女王先前的疑虑逐渐消失了。显然，在与伊丽莎白女王重修外交关系一事上，腓力二世算是做到有求必应了。伊丽莎白女王也得有所"表示"。英军是派不成了，她转而把目光投向巴拉丁伯爵约翰·卡西米尔②，答应给他一笔军费，让他组建一支德意志军队开往尼德兰，响应各省革命者的行动。这样一来，尼德兰义军赢得战争的胜算就大大提高了。但尼德兰义军不乐意，希望

① 贝尔纳迪诺·德·门多萨（Bernardino de Mendoza，约1540—1604），西班牙军事指挥官、外交官、军史作家、政治作家。
② 约翰·卡西米尔（John Casimir，1543—1592），德意志诸侯，巴拉丁选帝侯腓特烈二世次子。他是一位意志坚定的加尔文主义者，多次率领雇佣军参加欧洲宗教战争，也参加过尼德兰革命时期的宗教战争。从1583年到1592年，他以摄政王的角色辅佐侄子巴拉丁选帝侯腓特烈四世。

伊丽莎白女王直接对腓力二世宣战。然而，对西战争是伊丽莎白女王最不想要的结果。两害相权取其轻，只要不公然挑战腓力二世的权威，间接、隐秘的非军事化行动腓力二世还是能"容忍"的。于是，已从先前行动中尝到甜头的伊丽莎白女王决定把步子迈得再大点儿。1577年秋，伊丽莎白女王授权弗朗西斯·德莱克远征南太平洋，寻求新的商机，开拓海外市场。

奥地利的约翰神秘消失后，他的外甥帕尔玛公爵亚历山大·法尔内塞[①]担任尼德兰总督。尼德兰起义各省的前景岌岌可危。论权术，帕尔玛公爵亚历山

亚历山大·法尔内塞

---

① 亚历山大·法尔内塞（**Alexander Farnese**, 1545—1592），意大利贵族，1586年受封公爵，西属尼德兰总督（1578—1592）。从1578年到1592年，他成功镇压尼德兰南部个主要城市（现属比利时）的义军，使其再次回归天主教大国西班牙的统治之下。他是一名出色的战地指挥家、谋略家，为此，他被尊称为他那个时代"当之无愧的第一指挥官"。

大·法尔内塞远在舅父奥地利的约翰之上，他做事有节制，有勇有谋，颇具城府，鲜有人能及；论军事才能，恐怕同时期的将领没有人能出其右。他的军队，同时期欧洲各国的士兵恐怕没有哪个是那些西班牙和意大利退役老兵的对手。初任指挥官时，他的势力囿于尼德兰的一隅之地。然而，后来他成了如今比利时和荷兰两国边界线现状的奠基人！因此，伊丽莎白女王在尼德兰与西班牙真正较量才刚刚开始。如何使尼德兰革命朝着对自己有利的方向发展是伊丽莎白女王首先要考虑的。

眼看奥地利的约翰大势已去，比利时属尼德兰贵族开始打起了亨利三世的胞弟、法兰西王位假定继承人阿朗松公爵弗朗西斯的主意，想让他来做护国公。急切盼望祖国早点儿统一的奥兰治亲王威廉一世随即表示同意接受他们的提名人选。准备大干一场的阿朗松公爵弗朗西斯积极做出回应——计划装备一支一万两千人规模的法军进入尼德兰，为南方贵族提供军事援助。亨利三世一开始肯定不会支持弟弟的冒险计划，但一旦阿朗松公爵弗朗西斯介入尼德兰事务，不甘坐失大好机会的亨利三世迟早会公开支持弟弟的，从而恢复六年前因圣巴塞洛缪大屠杀而一度中断的"事业"。

面对这突如其来的变故，伊丽莎白女王又该如何出招呢？如果阿朗松公爵弗朗西斯真的出任尼德兰护国公，那么尼德兰迟早会落入法兰西的势力范围，这是伊丽莎白女王最不愿看到的结果。一段时间以来，伊丽莎白女王甚至动过让英格兰公开做尼德兰保护国的念头——奥兰治亲王威廉一世更倾向于接受英格兰——并且打算派一支与阿朗松公爵弗朗西斯所承诺的同等规模的英军进驻尼德兰。但几经考虑后，她觉得此举欠妥，有违既定对西政策——不与腓力二世公开摊牌。于是，她转而打起了阿朗松公爵弗朗西斯的主意：是否可以通过某种纽带关系让阿朗松公爵弗朗西斯为自己做事呢？其中一个途径就是给他钱。但一向惜财如命的伊丽莎白女王岂会大把施舍呢？于是，她又想到了自己的杀手锏——婚姻诱饵，现在不用，更待何时？如果这次不用，恐怕她这一辈子再也用不着了。这时，伊丽莎白女王已经四十五岁了，而阿朗松公爵弗朗西斯只有二十四岁。

拿婚姻当政治筹码并不总是一件体面的事。先前用在安茹公爵身上的一切手段被原封不动地套用在阿朗松公爵弗朗西斯身上。为了打消前段婚约对法兰西王室造成的消极影响，伊丽莎白女王故意装出一副严肃认真的样子，不仅盛情邀请阿朗松公爵弗朗西斯来伦敦与她会面，而且当着众大臣的面与阿朗松公爵弗朗西斯卿卿我我，真真一副非阿朗松公爵弗朗西斯不嫁的架势。但伊丽莎白女王从来不会做无利可图的事情，她的准则就是一切利益至上。像她这把年纪的普通未婚女子，一提到婚姻，恐怕躲都还来不及呢。然而，她非但不觉得难为情，反倒觉得挺有趣儿。要论两人成功的可能性，她的大臣们没有一个是持积极态度的。既然伊丽莎白女王身边的人都觉得这是一出闹剧，难不成外国人都是傻子吗？因此，无论如何，这次她都得把这场戏演好，让所有人都觉得她是认真的。伊丽莎白女王祭出的第一招就是公开支持法兰西在尼德兰的军事行动。可又有谁知道女王葫芦里卖的是什么药呢？只要腓力二世知难而退，放低姿态同意尼德兰立宪政府，她随时都会倒向腓力二世，然后一脚把法兰西人踢出门外。

　　其实，早在六年前，凯瑟琳·德·美第奇就提到过将来让她的小儿子阿朗松公爵弗朗西斯向伊丽莎白女王求婚的事，但没过多久就被搁置起来。要唤醒一个对她本有意却因其他缘故未续情缘的执着追求者，并非难事。于是，英法两国重启婚姻谈判。经过长达十二个月的拉锯战后，1579年8月阿朗松公爵弗朗西斯终于踏上了英格兰的热土，见到了梦中情人伊丽莎白女王。阿朗松公爵弗朗西斯头大身矮，丑陋不堪；小时候因出过天花，留下一脸麻坑；鼻梁根部有一个大结，乍一看活脱脱就是两个鼻子；声音低沉而沙哑，说话时就像青蛙在叫。伊丽莎白女王钟爱美男子可是出了名的，但既然是一出婚姻闹剧，当着众大臣的面夸夸阿朗松公爵弗朗西斯，说他是她见过最美的男子，是她一直苦苦寻求的白马王子又有何妨呢？阿朗松公爵弗朗西斯是一个能说会道的情场高手，备受伊丽莎白女王欣赏。如果只从他的言谈举止来判断，第一面见到他的人都会说他是一位谈吐风雅、彬彬有礼的绅士。但事实又是什么样呢？伊丽莎白女王有个习惯，只要她喜欢哪个人，她都会给他起个响亮的绰号。阿朗松公爵弗朗西斯自然也有了自己的绰号"青蛙"。从此,阿朗松公爵弗朗西斯每逢给女王写情书时,他都不忘了在落款处署名"永远爱您的,青蛙"。虽然两人初次见面时间不长,但阿朗松公爵弗朗西斯离开时信心满满。

伊丽莎白女王祭出的这一招不承想惹怒了一向意气用事的英格兰人。一时之间,伊丽莎白女王的支持率滑到了历史新低。在伦敦和全国其他地方流传着一本小册子:《一个裂开的深渊被发现! 英格兰可能被另一桩英法联姻拖进裂开的深渊中! 》。小册子的作者是清教主义者约翰·斯塔布斯①。这本小册子掀起的风波迅速在全国各地蔓延。清教徒们气得咬牙切齿,其他英格兰人也不怀好感。英格兰人的反法情绪已经根深蒂固,一有风吹草动,他们就会群起而攻之。伊丽莎白女王把所有的怒火都倾泻在了那个信口开河,肆意妄论她的私生活,警告她最好不要在这个年龄考虑生育之事,否则会危及生命的约翰·斯塔布斯身上,剁掉他的右手以示惩戒。威廉·卡姆登②写道:"行刑时我在场。约翰·斯塔布斯的右手被齐腕砍掉后,他挣扎着从血泊中站起来,用左手摘下帽子,大声喊出'上帝保佑女王'几个字后昏倒在地。刑台下一片寂静,人人脸上阴云密布。"

1579年11月,英法两国签订《联姻条约》,附文要求伊丽莎白女王在两个月时间内务必妥善处理好英格兰君臣关系,如若不然,《联姻条约》将被视为无效。双方的约定眼看就要到期了,但伊丽莎白女王始终无动于衷,《联姻条约》最终沦为一纸空文。威廉·塞西尔再次断定惨遭抛弃的求婚者终究会与伊丽莎白女王反目成仇,并开始预想英格兰因此要面临的各种危险。于是,他再次力陈组建新教联盟的迫切性和以金钱手段拉拢苏格兰亲英派的必要性。但1572年伊丽莎白女王与安茹公爵的婚姻谈判已经向世人证明,英法关系还没有脆弱到仅凭一桩婚事的告吹就能动摇两国继续合作的基础的地步。当时,虽然婚姻

---

① 约翰·斯塔布斯(John Stubbs, 约1544—1589),伊丽莎白女王时期的时事评论员、政论作家、素描艺术家。

② 威廉·卡姆登(William Camden, 1551—1623),英格兰古文物研究者、历史学家、地志学者、传令官、大英百科全书作者,作品有《大不列颠与爱尔兰志》《伊丽莎白女王时期的英格兰及爱尔兰编年史》等。

威廉·卡姆登

谈判没有成功，但两国照样签定了《共同防御盟约》。因此，成竹在胸的伊丽莎白女王断定这次同样能取得成功。尽管婚约因伊丽莎白女王没有签字而最终未能生效，但她一如既往地与阿朗松公爵弗朗西斯频繁互动，让他满怀希望，并不断敦促他早日率法军进驻尼德兰帮助革命者。但阿朗松公爵弗朗西斯并非毫无心机之人，他转告女王，要他出征尼德兰可以，但前提是伊丽莎白女王得先承诺嫁给他。此时，法王亨利三世的态度突然出现了大转变，由先前反对阿朗松公爵弗朗西斯卷入尼德兰事务转而开始公开支持他。但亨利三世也坚持伊丽莎白女王先做出结婚承诺，然后"胁迫"伊丽莎白女王与他一起对尼德兰展开军事行动。

1580年夏，腓力二世征服葡萄牙，将它纳入自己的版图，实现了伊比利亚半岛的统一，并且把原属葡萄牙王国的大片海外领地悉数纳入怀中。此举轰动了欧洲，各国君主纷纷表示担忧。伊丽莎白女王也不例外。她再三提醒亨利三世，一夜之间实力猛增的西班牙迟早会危及其他各国的利益，法兰西有义务牵头组建反西联盟，以防不测。法王态度坚决，坚持要求伊丽莎白女王先纳投名状，公开宣布出力出钱介入尼德兰，但一切的前提是先承诺与阿朗松公爵弗朗西斯结婚。亨利三世之所以如此执拗，是因为他担心一旦上了那个女人的套，掉进战争的旋涡后，她就会"不声不响地挣脱项圈"，让他一人承担各种风险。

事实上，这正是伊丽莎白女王的本意。她坚信，一旦法兰西与西班牙正式开战，腓力二世不久就会妥协，同意对尼德兰革命各省做出适当的让步，届时她就以和事佬的身份介入交战各方，通过斡旋实现和平。亨利三世还是不肯"就范"，坚持理论道："只要你同意嫁给我弟弟，我保证不强迫你多打一场仗，多出一分钱。"但才思敏捷的伊丽莎白女王随即回应道："朕如果真的挂帅出征，就更不能与令弟结婚了，因为朕的子民届时会说是朕的夫君把英格兰拽进了战争的泥潭。既然这样，那就让令弟来筹集所有战争费用吧。相反，如果剔除了婚姻这层障碍，朕与贵国签有《共同防御盟约》，议会也就不会限制朕的行动了。朕到时候私下给钱就是了。你别无选择，唯有一战。日益强大的腓力二世对你有什么好处呢？"

但亨利三世就是不肯让步，不答应结婚就决不答应出兵。无奈之下，伊丽莎白女王同意重新考虑签署《联姻条约》。但她这次提出的条件更加苛刻，她要求法方给她六个月的时间，以便她与阿朗松公爵弗朗西斯通过私信商议具体事宜，顺便向他做出必要的解释。欲知伊丽莎白女王此举何为，答案就在其后。在接下来的六个月时间里，伊丽莎白女王以金钱为诱饵，成功说服她的追求者阿朗松公爵弗朗西斯同意筹备一支一万五千人规模的法军，准备对正在围攻靠近

康布雷城示意图

法兰西边境的康布雷①的帕尔玛公爵亚历山大·法尔内塞发起突袭。再说亨利三世眼看木已成舟，不得不转变态度，尽管不能以国家的名义公开行动，但他不再阻止弟弟在尼德兰的冒险事业了。伊丽莎白女王刚一达到目的，就跳出来说自己现在还不能答应结婚，借口是她的大臣们目前还不能接受英法联姻，她只能以盟国的身份协助法兰西在尼德兰作战，以半公开的方式给法军提供"一笔数目可观"的军费。

即使在那个寡廉鲜耻的年代，这种反复无常、出尔反尔的处事方式也让人羞愧难当，无地自容！对即便是满口胡言的亨利三世和阿朗松公爵弗朗西斯来说，这也是难以接受的。他们恼羞成怒，发誓一定要给伊丽莎白女王一点儿颜色瞧瞧。暴力也好，奸计也罢，总之，这口恶气非出不可。当然，伊丽莎白女王也

---

① 康布雷（Cambray）是上法兰西大区北方省埃斯科特河畔的市镇。

非等闲之辈。她拥有别人难以企及的谋略和手段，但不会鲁莽出招。她要用更加阴险的损招还治他们的"惩罚"。"她既有恶狼般锋利的獠牙，也有斗牛般坚硬的犄角。"男性统治者性格中万万不可具有的致命弱点，如善变不定、口无遮拦、愣头愣脑等，恰好是女性统治者的"法宝"。这就是伊丽莎白女王的优势所在，她知道如何利用它们。她就是这样一位外表阳刚、内心阴柔的统治者。只要能达到目的，她不惜动用一切"阴柔之美"征服所有男性。但凡跟她交过手的男性，没有一个敢拍着胸脯铿锵有力地说，刚和他过过招的那个女人到底是一个阴险狡诈、寸步不让的政客，还是一个自以为是、反复无常、柔情似水的女子。正是她的这种双面性格才使她常立于不败之地，让所有对手忌惮三分。要是阿朗松公爵弗朗西斯对伊丽莎白女王早多一分理解，他也不会陷得那么深，输得那么惨！一个愣头小伙想要从一位熟谙世事、诡计多端的老处女身上讨得好处，谈何容易！

在与法兰西的较量中，伊丽莎白女王虽然谈不上大获全胜，但她要做的每一件事都达到了预期的目标。转过弯来的亨利三世及时收住了手，撤销了对西作战计划，避免了一场大战。但骑虎难下的阿朗松公爵弗朗西斯不能就此打道回府，因为他的一万五千大军已经在开往康布雷的路上。帕尔玛公爵亚历山大·法尔内塞见势主动撤退。1581年8月，法军占领康布雷。这个战果与其说是法军的胜利，不如说是伊丽莎白女王的胜利。从某种程度上讲，伊丽莎白女王已经达到了让阿朗松公爵弗朗西斯钳制帕尔玛公爵亚历山大·法尔内塞的目的。

亨利三世虽然深知上了伊丽莎白女王的当，但选择了忍气吞声。他有好多事情还得仰仗伊丽莎白女王的帮助，这也是伊丽莎白女王料定亨利三世不会撕破脸皮的底气所在。亨利三世不但没有报复，而且主动修订1572年英法两国签署的《共同防御盟约》，进一步加强了两国的关系。不堪军需供应重担的阿朗松公爵弗朗西斯被迫遣散部队。1581年11月，在尼德兰革命各省使团的陪同下，他再次踏上前往英格兰的征程，向伊丽莎白女王施压，以便尽早完婚。奥兰治亲王威廉一世之所以打发使团"陪同"阿朗松公爵弗朗西斯，是因为他想借这个机会向阿朗松公爵弗朗西斯施压，让他早日兑现先前已经达成的担任尼德兰护国公的承诺。伊丽莎白女王也在一旁施压。但阿朗松公爵弗朗西斯就是不肯离开英格兰，除非伊丽莎白女王成全两人的婚事。

从1581年11月到1582年2月，伊丽莎白女王使尽各种手段，希望阿朗松公爵弗朗西斯接受那份殊荣——担任尼德兰护国公。伊丽莎白女王之所以如此急着催赶阿朗松公爵弗朗西斯"上任"，是因为此举正是她的既定政策之所需：既不需要动武，又不用依赖外交手腕，只需要耍心眼，哄哄这个痴情的追求者。天底下没有比这更省心的美事了。阿朗松公爵弗朗西斯越是疑惑，伊丽莎白女王就越来劲。一天，伊丽莎白女王故意在书房翩翩起舞，尽显美姿，好让躲在窗帘背后的阿朗松公爵弗朗西斯看个够。她虽然没有百分百的把握确保阿朗松公爵弗朗西斯一定会被自己的优美舞姿迷得神魂颠倒，但希望是这样。一天，她当着法兰西大使的面俯身吻了吻阿朗松公爵弗朗西斯的嘴唇。她还给了阿朗松公爵弗朗西斯一枚戒指，并把他带到内室，仿佛他已是她的合法未婚夫似的。这还不止，她还下令林肯主教托马斯·库珀着手拟订婚礼议程。眼前的一幕幕着实让人生厌，但回头一想，我们就不会那么抵触了，毕竟这是一位老处女自导自演的一场婚姻闹剧，她总得装出一副迫不及待地想把自己嫁给那位年轻求婚者的样子吧。换作此情此景下的年轻未婚男士，他不也得摆出一副非那位老处女不娶的架势？为了国家、臣民，伊丽莎白女王可谓是鞠躬尽瘁，其精神可歌可泣，但正因为她太过现实，所以才背上了没有道德底线的骂名。同代人不领她的情，当代学者更是对她说三道四。

伊丽莎白女王的这招果然奏效，连一向圆滑世故的亨利三世最终也相信这回她是认真的。但亨利三世还是留了一手。如果英格兰女王不尽早完婚，他无论如何也不会采取行动。法兰西政府专门派克劳德·皮纳尔前往英格兰商谈具体事宜。伊丽莎白女王老调重弹，在法方代表做出一次次妥协后，她又搬出加来说事，坚决要求法兰西归还加来。事已至此，傻子都明白伊丽莎白女王到底想干什么。气急败坏的克劳德·皮纳尔未经请示亨利三世就擅自决定：只要伊丽莎白女王与阿朗松公爵弗朗西斯不完婚，他就不会允许阿朗松公爵弗朗西斯进入尼德兰，并威胁伊丽莎白女王说他的主子有意与腓力二世结盟。但不料他自取其辱，

阿朗松公爵弗朗西斯来到尼德兰的安特卫普

被伊丽莎白女王狠狠讽刺了一顿：只要她想与腓力二世交好，腓力二世随时都会欢迎她。伊丽莎白女王说得一点儿都没错。就在双方僵持不下、事态胶着之际，阿朗松公爵弗朗西斯主动做出让步。他算是看明白了，自己只不过是英法两国相互博弈的一枚棋子。起初，心高气傲的他——法兰西大多数人都是这个样子——总以为急着要把自己嫁出去的伊丽莎白女王无论如何也会事事迁就他，为他的政治仕途增砖添瓦。可结果呢？恰恰相反。他既没有如愿获得比利时属尼德兰的任何一寸土地，也没有抱得美人归，最后不得不乖乖接受伊丽莎白女王那鬼才相信的郑重承诺——"朕将尽快与你完婚"。因无脸再回法兰西，1582年2月阿朗松公爵弗朗西斯在一艘战舰的护送下离开英格兰，前往尼德兰。

詹姆斯·安东尼·弗鲁德写道："奥兰治亲王威廉一世话中有话。他邀请阿朗松公爵弗朗西斯出任尼德兰革命各省护国公一职仅仅是为了赢得英格兰的支持。如若不然，尼德兰革命各省的人民怎放心把他们的身家性命交到一位自以为是、满嘴跑火车的傻瓜手里呢?"以上说法疑点重重,据说是从西班牙大使内尔纳迪诺·德·门多萨的饭后谈资转述而来。但至于奥兰治亲王威廉一世是否真的有所暗示,这已经不重要了。奥兰治亲王威廉一世和尼德兰革命各省代表真正看重阿朗松公爵弗朗西斯的主要原因在于他身后的法兰西力量。阿朗松公爵弗朗西斯既可以以自己的名义筹备一支规模可观的法军,又大有希望敦促王兄亨利三世同意公开支持尼德兰革命。没有人曾视阿朗松公爵弗朗西斯为傻瓜,不管是奥兰治亲王威廉一世本人,还是其他任何人。奥兰治亲王威廉一世从没奢望伊丽莎白女王能公开为他做点儿什么,但钱除外。事实上,伊丽莎白女王私底下给了他大量金钱援助。然而,尼德兰人什么都缺,既缺钱,又缺人。难怪有人总是抱怨伊丽莎白女王不作为,不愿替潜在的盟友出头。

尼德兰革命各省的人民想让阿朗松公爵弗朗西斯出任他们的实际统治者是有史可鉴的,这与腓力二世及其父查理五世对尼德兰拥兵前的情形是一样的。但时过境迁,如今尼德兰的形势已经大大不同。相关各国政治博弈的格局已经决定了阿朗松公爵弗朗西斯不适合主政尼德兰。1583年初,阿朗松公爵弗朗西斯在比利时属尼德兰天主教分子的鼓动下发动了一场政变,结果遭到了安特卫普市市民的血腥报复。法军惨败,阿朗松公爵弗朗西斯名誉扫地,差点儿被驱逐出境。伊丽莎白女王和奥兰治亲王威廉一世闻讯后先是大吃一惊,接着纷纷谴责阿朗松公爵弗朗西斯的不义之举,但他们还能怎样? 随后,他们又是开脱,又是陈述利害,希望阿朗松公爵弗朗西斯继续留下来。赤裸裸的利益需求迫使伊丽莎白女王和奥兰治亲王威廉一世不得不继续沿着既定的目标走下去。于是,他们合唱了一出双簧戏,奥兰治亲王威廉一世继续充当老好人: 实事求是,就事论事;而伊丽莎白女王以她惯用的方式——做事两面三刀,说话不着边际——强烈谴责阿朗松公爵弗朗西斯的不当之举。英格兰志愿军指挥官约翰·诺里斯爵士,因公开反对政变而被尼德兰革命各省代表委以重任。明面上,伊丽莎白女王严厉斥责约翰·诺里斯爵士多管闲事,责令他尽快率部撤回英格兰;暗地里,她又对他大加赞赏,命他先按兵不动,静观其变。事实上,约翰·诺里斯爵士在尼德兰捍卫的就是英格兰的利益,使英格兰的利益不被法西两国吞噬。从这个角度讲，奥兰治亲王威廉一世力保阿朗松公爵弗朗西斯是自身利益所驱，根本就不存在受到伊丽莎白女王逼迫一说。所有证据显示，那位被标榜为"16世纪最有智慧、最受人尊敬的政治家"奥兰治亲王威廉一世只有此路一条，即力保阿朗松公爵弗朗西斯，否则他只有向腓力二世低头。伊丽莎白女王和奥兰治亲王威廉一世都觉得，实现尼德兰利益最大化的必要途径就是不能让法西两国沆瀣一气，所以不断给它们制造摩擦。于是，伊丽莎白女王继续拿婚姻当诱饵，让阿朗松公爵弗朗西斯满怀希望，而1583年3月尼德兰革命各省代表则都原谅他，让他留在尼德兰。但阿朗松公爵弗朗西斯最后输给了自己。眼看帕尔玛公爵亚历山大·法尔内塞捷报频传，一座座城池被他占领，阿朗松公爵弗朗西斯心灰意冷，自觉愧对尼德兰革命者。1583年6月，羞愧难当的阿朗松公爵弗朗西斯悻悻地离开比利时，从此一去不复返。不到一年，他就与世长辞了。

第 7 章

与教皇的殊死较量

1570—1583

在后人看来，评判16世纪的君主和政治家是好是坏的标准无外乎两个：一个是能否维持秩序，另一个是能否允许言论自由。要协调好两个标准之间的关系实非易事。前者看似只顾当下，却是最紧要的，这是仕途上的每位政治家必须面对的问题。政治家理应负责解决当下问题，远景规划则由君主来定夺。然而，如果不幸遇到一位目光短浅、行事草率并且软弱无能的君主，国家的秩序与百姓的福祉就很难得以保全。至于君主的执政理念，则需时间来验证。

坚持宗教信仰绝对自由观点的现代自由主义者认为，容忍异教教义似乎有辱自我信仰，但不宽容信仰自由又是对"异教徒"的迫害。即使是16世纪思想最前卫的政治家们也不认为崇拜仪式自由化和教义辩论公开化会带来什么好处。如果他们真的允许言论自由，纵容异教默默发展，那就过头了。我们不能由此谴责甚至鄙视这些政治家，说他们冥顽不化、疑神疑鬼、小肚鸡肠。他们不过是在履行自己的义务罢了。论政治，他们是本行，熟知如何掌握火候，只要有限的纵容不干扰政治大局即可。

伊丽莎白女王继位初年颁布的《最高法案》规定：凡担任政府公职者，不管是虔诚的新教徒，还是新近皈依新教的天主教徒，都必须得向女王宣誓效忠，不从者不得担任公职。1563年修订的《最高法案》已经明显加重了惩罚。《最高法案》要求下院议员、学校负责人、律师等都应向女王宣誓效忠，否则将面临没收财产、终身监禁的惩罚。对于神职人员和拒绝接受圣公会崇拜仪式、私下进行天主教弥撒仪式或听弥撒的人，《最高法案》给予他们两次改正的机会，再犯者将被处以叛国罪。

毫无疑问，《最高法案》充满强制性、残暴性，难怪许多新教狂热分子据理力争，坚决要求实施。但问题是，《最高法案》最终落实到位了吗？政府倒是希望增加执行权，以便彻底肃清天主教派公职人员。然而，《最高法案》只是一部象征性的法案，当时没有人因此而受到严厉的惩罚，即便是私下不愿再次向伊丽莎白女王宣誓效忠的主教们也照样安然无恙。

伊丽莎白女王继位后第一年颁布的《统一法案》规定：所有英格兰人都必须遵奉国教会礼拜仪式，第三次违令不遵者将被处以终身监禁；任何一个拒绝在礼拜日或宗教节日前去教堂礼拜的人将被课以一先令的罚金。虽然《统一法案》在多大程度上影响了天主教徒一直备受争议，但有一点是不争的事实，在伊丽莎白女王继位前十一年的时间里，大多数天主教徒，无论持何种态度，麻木不仁也好，明哲保身也罢，都视国教无异于天主教，照样去国教会教堂做礼拜。1563年，教皇庇护四世①颁布了一道教谕，禁止天主教徒参加国教会礼拜仪式。即便如此，英格兰大多数天主教徒仍然继续参加国教会礼拜仪式。只有少数拒不妥协的天主教徒私下聚集在"顽固派神父"的家中，按照传统仪式进行礼拜。直到伊丽莎白女王继位第三年，政府才开始向那些拒绝参加国教会礼拜仪式的天主教徒问责，其中有些人被重罚。但法案归法案，具体如何实施另当别论；法案的具体实施只取决于贵族阶层的大体趋向以及不同地区的稳定局势。再说伊丽莎白女王也不想一刀切，这是她的战略与方针所需。只要天主教徒不主动闹事，不走极端，一部分人坚持信奉天主教就不会影响大局。不过，一旦有人对她无礼，不管是出于宗教信仰，还是有什么政治企图，伊丽莎白女王绝不会心慈手软，照样严格执行《统一法案》。

这种状况一直持续到北方贵族叛乱。从此，一部部法案接连通过决议，要求全面盘查所有存在嫌疑的天主教徒，并严惩他们。但令强硬派新教徒失望的

① 庇护四世（Pius IV, 1499—1565），原名乔瓦尼·安吉洛·美第奇，1559年起任教皇，1565年因病去世。

教皇庇护四世

是,英格兰政府仍然拒不执行这些法案。按照现代人的观点来判断,当时的天主教势力确实令人寝食难安,夜不能寐。然而,从政府当时实行大众一致认可的政策来看,或者以其他国家惩治异端宗教裁判所里的血腥场面作为比较,英格兰对惩治异端的力度已经算是最温和的了,他们根本没有理由抱怨、发牢骚。对大多数天主教徒来说,他们或许还暗自庆幸呢。

教皇庇护四世在位期间,罗马教廷对伊丽莎白女王一直持谨慎态度,但新上

教皇庇护五世

任的教皇庇护五世①信仰极端，发誓一定要扑灭欧洲新教势力的"嚣张火焰"，而首当其冲的是剪除那个在背后煽风点火的人——伊丽莎白女王。因此，他不惜到处煽动舆情，怂恿国内外天主教势力讨伐英格兰。同时，他草拟了一道训谕，意欲号召英格兰人罢黜伊丽莎白女王。但就在教皇庇护五世因担心此举可能会冒犯欧洲其他各国君主而决定推迟颁布训谕时，英格兰政府以迅雷不及掩耳之

① 教皇庇护五世（Pope Pius V, 1504—1572），原名安东尼奥·吉斯莱里，罗马天主教会首脑、教皇国统治者（1566—1572），死后被追谥为"圣徒教皇庇护五世"。

势成功镇压了北方伯爵叛乱。事后有人抱怨教皇庇护五世，说正是因为他的错误决策，才导致孤立无援的北方伯爵最终被血腥镇压的尴尬结局。直到1570年2月，教皇庇护五世才同意颁布那道训谕。但事已晚矣。笃信君权第一、神权第二的腓力二世和查理九世公开禁止在各自的统治范围内散布教皇的训谕。

成功镇压北方伯爵叛乱后，伊丽莎白女王随即发表了一份意义深远的国情咨文，令各个教区全文张贴咨文内容，同时要求各教堂相关教职人员无条件宣讲咨文全文。咨文指出："自朕继位以来的十一年中，朕时刻以国家的利益和臣民的福祉为己任，丝毫未曾懈怠。这十一年中，英格兰外与他国和睦相处，内使臣民安居乐业，这在英格兰历史上绝无仅有。为使政府机制有效运转，朕励精图治，大力发展经济，这么多年过去了，朕从未像历代君主一样要求臣民多交额外的税。本着团结臣民、让每个人都能感受到君主恩泽的目的，朕明令禁止滥杀无辜，肆意没收个人财产——物品、房屋、财产及土地，这是大家有目共睹的。但有人还是不知足，身在福中不知福，竟然以宗教信仰为借口意图扰乱臣民的幸福生活。他们实在不该这样做。再来说说礼拜的事。尽管政府强制要求臣民定期去教堂做礼拜，但具体是怎么执行的，想必大家心里都有数吧。"不过，伊丽莎白女王未提及允许臣民言论自由以及如何界定崇拜仪式统一化、教规教义规范化的问题。换言之，伊丽莎白女王仍然默许传统圣餐仪式，允许它与圣餐变体仪式并存，甚至准许虔诚的天主教徒公开讲解传统圣餐仪式。

在宗教改革过程中，伊丽莎白女王秉承的这种折中、包容的策略、方针，逐渐赢得了英格兰大部分天主教徒的支持。但好事总是易遭受曲折，教皇的训谕不期而至。一时之间，英格兰的天主教徒左右为难，不知如何是好。是继续做伊丽莎白女王的忠诚臣民，还是追随信仰而去？大部分忧心忡忡的天主教徒索性皈依英格兰国教，以免再去生教皇庇护五世那个老头的气。小部分天主教徒则变得更加极端，处处冒着怒气。1571年议会充斥着清教主义色彩。议会通过了两部法案。第一部法案规定，所有英格兰人无条件定期去国教会教堂做礼拜，并且每年至少参加两次圣餐仪式。第二部法案规定，但凡皈依天主教者，或者为皈依者主持仪式的神父，都以叛国罪论处。这两部法案充满杀气，让人们感受到了宗教迫害的恐怖气氛。不管是极端的新教徒，还是狂热的天主教徒，惩治异端的手段在本质上是没有区别的。不过，如果强行给宗教迫害戴上法律的帽子，贴上政治的标签，恐怕连那些刚正不阿的人也会群起反抗。因此，尽管威廉·塞西尔使出浑身解数，最后让上议院通过了第一部法案，但最终因伊丽莎白女王拒绝签字而未能生效。伊丽莎白女王当时揣摩到了众议员的小心思。她绝不能眼看着自鸣得意、咄咄逼人的极端新教徒到处骚扰那些莫名出席国教会礼拜仪式但不想领圣饼的天主教派邻居的事情发生。

在1571年议会中，下议院新教派议员表现得尤其活跃。他们不仅想通过法律手段控制政府，清除天主教异己，还想修改祈祷书，使其更具清教主义色彩，结果惹怒了伊丽莎白女王，最终未能如愿。当时，同为清教领袖的威廉·斯特里克兰①收到通知，禁止他出席下议院即将召开的会议。但没过多久下议院的禁令就被撤销了，理由是它侵犯了议员的合法权益。著名的"三十九条信纲"就是在这届议会上强行通过的。"三十九条信纲"，即英格兰国教会教规教义，其实质比祈祷书更具新教主义色彩。在此之前，英格兰政府只要求神职人员在大型宗教集会中遵奉"三十九条信纲"。但1571年议会闭会后，各教区神职人员必须无条件接受"三十九条信纲"，否则以叛国罪论处。

在伊丽莎白女王继位大约四十年的时间里，新教主义在欧洲各国得到了迅猛发展，并在广大人民的心中扎根，宗教改革已经不再是某些少数派眼中的既得利益了。自宗教改革以来，改革派人数暴增。他们中既有求经问道者，渴望自己的灵魂能找到真正的归宿；也有不堪传统宗教思想重负，欲求解脱而回归生活本真者。曾经成就天主教圣徒伯纳德②和托马斯·阿肯皮斯③的宗教派别已经

---

① 威廉·斯特里克兰（William Strickland，？—1598），英格兰早期海上探险者，曾多次远航美洲。他是第一位把土耳其介绍给英格兰王室的英格兰人。他还是一位出色的清教派议员。

② 即卡里诺拉的伯纳德（Bernard of Carinola，？—1109），又称"加普亚的伯纳德"（Bernard of Capua），加普亚公爵查理二世的私人告解神父。1087年，他被教皇维克托三世任命为克劳迪亚广场主教。1100年，他被调往卡里诺拉教区从事神职工作。1109年，他以高龄辞世。如今，他被称为"卡里诺拉首席赞助者"。

③ 托马斯·阿肯皮斯（Thomas à Kempis，约1380—1471），文艺复兴时期欧洲宗教作家，著有《效仿基督》一书。

托马斯·阿肯皮斯

被后人无情抛弃，它不仅有违真理，而且迷信、迂腐，与大众的精神追求互不相容，而且成了阻碍社会发展的绊脚石。但新事物代替旧事物的过程必定不会一帆风顺。面对新教思想无处不在的窘境，罗马教廷重新搬出《圣经》与基督教原始教义两大法宝，欲以"罗马主教及其血腥手腕"拯救迷失的灵魂，但丝毫未起作用。"清者自清，浊者自浊。"见风使舵者静观其变，做好了随时逃避责罚的准备；毫无道德底线者穷凶极恶，唯恐落后于人。不过，他们最终都得自食其果。

与此同时，为了重建天主教宗教思想体系，天主教会内部也自发改革。早在新教思想崭露头角之际，天主教会内部就出现了改革的苗头。然而，尽管蓬勃兴起的新教运动无疑是对传统天主教会的一大挑战,但天主教会内部的自我调整却与新教主义思想的广泛传播以及因此而受到广大信徒偏爱没有什么直接联系,它们是相互独立的。直到不久前,天主教会的自我调整运动才波及其决策机构。与伊丽莎白女王同时期的几任教皇个个思想保守,信仰坚定,一心只为天主教事业服务。

特伦托会议最后两年,即1562年和1563年,见证了现代天主教会真正意义上的起步。与会者提出天主教会应该做出让步,以求新旧两派宗教共存共荣,结果遭到了天主教会大佬们的强烈反对。他们丝毫不肯让步,拒绝修改传统教义。在一部教皇庇护四世批准的教会法案中,明文规定原有教规教义不得有半字改动。显然,特伦托会议就是为了巩固、加强天主教势力的传统地位。即便如此,教皇特权也不比从前了,教皇独断专行的日子一去不复返了。相反,君权得到了绝对的保证。各国君主,包括腓力二世在内,坚决拒绝向神权至上论屈服。罗马教廷也只有默认这个现实的份儿了。但有一群人除外,他们就是天主教主教及其他神职人员。在传统职业操守的驱使下,他们越发独断专行,大有一副越挫越勇的架势。可话又说回来,这群人只不过是在精神世界里自娱自乐罢了。因此,与前辈格里高利七世①或英诺森特三世②相比,尽管后继的几任教皇统治根基要薄弱得多,但新的局面却是大好的。教皇继续做精神领袖。在精神世界里,无人与教皇匹敌。

特伦托会议闭会前,天主教与新教之间的分歧尚未发展到水火不容的地步。新旧两派教徒尽管各行其是,但大都未曾冒犯对方。一时之间,人们天真地认为天主教势力已经日薄西山,新教势力不久将取而代之。然而,后来人们逐渐意识到,无论哪个教派,只要想成为宗教世界的主导者,就必须与世俗政权一刀两断。特伦托会议闭会前,欧洲各国断断续续爆发了几次天主教势力阻止新教势力发展的运动,但因没有统一领导与行动方针,最后都不了了之。然而,特伦

---

① 格里高利七世(Gregory VII,约1015—1085),原名希尔德布兰德·索瓦纳,罗马天主教教皇(1073—1085)。

② 英诺森特三世(Innocent III,约1160—1216),原名吉奥瓦尼·罗塔里奥·德·康提,罗马天主教教皇(1198—1216)。

格里高利七世

托会议闭会没多久，教皇庇护四世就重整天主教势力，再次指挥十字军东征异端。庇护四世欲把伊丽莎白女王开除教籍。多亏腓力二世及时出面，好说歹说才最终让庇护四世收回了成命。教皇庇护五世蠢蠢欲动，想把早已拟好的褫夺伊丽莎白女王教籍的训谕送达英格兰政府，但一直犹豫不决。直到1570年，他的信使才偷偷摸摸地把训谕连夜钉在伦敦大主教的门上，但为时已晚，因为伊丽莎白女王已经平息了北方伯爵叛乱。即使在这种背景下，腓力二世和查理九世

格里高利八世

也没有支持教皇的决策，并且公开禁止张贴训谕。教皇庇护五世对天主教事业没有起到任何推进作用。相反，他把时间都耗费在口舌战上了。他整日与天主教各国君主唇枪舌剑，本欲强迫他们执行教廷的训谕，一致反对异端女王——伊丽莎白女王，但每次都无功而返。圣巴塞洛缪大屠杀爆发前夕，教皇格里高利八世①继位，讨伐异端的重任理所当然地落到了他的头上。他大力资助热心践行特

---

① 格里高利八世（Gregory VIII，1502—1585），原名乌戈·邦孔帕尼，罗马天主教教皇（1572—1585）。

伦托会议决议的耶稣会信徒，并和他们一道认为英格兰是整个欧洲新教势力的墙头堡，只要除掉伊丽莎白女王，届时欧洲的新教势力就树倒猢狲散了。

一时之间，日渐兴盛、遍地开花的天主教势力恐怕就是人们常说的"油尽灯枯，回光返照"吧。无论怎样，那些整天沉迷于天主教遗风旧俗而无法自拔的虔诚信徒都乐观地认为，天主教世界的黑暗时代已经结束。因此，他们个个神采奕奕，容光焕发，喜形于色。尤其是生活在16世纪后期的天主教追随者，他们比前辈更富有激情，更有信心让天主教事业在欧洲大地复兴、光大。没有哪个地方比牛津更热衷于天主教势力的复兴。一方面，牛津人思想尖锐，目光挑剔，他们能挑出任何新事物的瑕疵；另一方面，牛津人重视传统，念旧守俗。他们对传统、习俗的坚守程度绝不亚于对新事物的挑剔程度。宗教改革的真面目已经被揭穿，改革者实际上是一批打着宗教幌子谋取私利的凡夫俗子。宗教信仰已经在他们身上消失殆尽，更别谈自我牺牲精神了。宗教改革伊始，一大批热血青年满怀信心，立志要为自己神往的信仰大干一场。但不久他们就发现上了某些人

耶稣会会徽

威廉·艾伦

的当。悲愤之余，他们果断除去满身的污渍与臭气，迫不及待地再次回到天主教的怀抱。

牛津激进派的宗教改革领袖是一个叫威廉·艾伦①的人。他是奥利尔学院的青年学子。1561年，威廉·艾伦辞掉了圣玛丽霍尔学院院长一职。那年，他二十八

---

① 威廉·艾伦（William Allen，1532—1594），英格兰天主教红衣主教。不过，一开始他的职务是神父，而不是主教。在他的组织与谋划下，许多神学院应运而生。他成立神学院的目的是培养大批天主教信徒，以便他们之后秘密潜回英格兰复兴天主教事业。威廉·艾伦参与了1588年西班牙无敌舰队攻打英格兰的阴谋。所幸无敌舰队大败。否则，西班牙政府答应给他的两个职位——伯雷大主教和大法官——就要如期兑现了。由拉丁文翻译而成的英文全译本《杜埃-兰斯圣经》是在威廉·艾伦的许可下首次出版的。他一切活动的实质是天主教反宗教改革运动的一部分，在英格兰、爱尔兰引起了巨大反响。他还极力劝教皇庇护五世罢黜伊丽莎白女王。教皇庇护五世颁布褫夺伊丽莎白女王教籍的训谕和罢黜她王位的诏令后，伊丽莎白女王随即采取了反制措施，加大了迫害天主教徒的力度。

岁。在随后的八年时间里，他时而游荡国外，时而潜回英格兰，冒着生命危险偷偷传经布道，宣讲天主教教义。随着时间的流逝，那些曾经提心吊胆、遮遮掩掩从事天主教神职工作的神父已经离世。为了培养新一代接班人，1568年，威廉·艾伦在法兰西王国的杜埃成立了一所神学院。威廉·艾伦选择杜埃，是事出有因的。当时，法兰西王国仍然是一个天主教大国。在随后的五年时间里，杜埃神学院先后向英格兰输出了大约一百名神父。

杜埃神学院

威廉·艾伦为英格兰培养大批天主教神职人员的目的是唤醒处于沉睡状态的广大信徒，使他们重新回到天主教的怀抱。一开始，没有几个人积极响应他的号召。但他毫不气馁，坚信总有一天能唤醒所有沉睡者。威廉·艾伦信仰极端，手段残忍。他所谓的复兴之路充满宗教迫害的血腥味。不光如此，他还不断怂恿追随者制造麻烦，发动叛乱，甚至不惜牺牲他们的性命。在他的煽动与蛊惑下，一批批青年信徒离开杜埃神学院或兰斯神学院①，抱着为天主教事业牺牲的崇高精神，源源不断地踏上了返回英格兰的征程。

教皇格里高利八世觉得威廉·艾伦可以为己所用，就开始大力资助威廉·艾伦的伟大事业。1579年，威廉·艾伦远赴罗马，成功赢得耶稣会会长的支持。耶稣会同意派罗伯特·帕森斯②和爱德华·坎皮恩③前往英格兰传经布道。他们都是英格兰籍耶稣会士，前者毕业于牛津大学巴列尔学院，后者肄业于牛津大学圣约翰学院。爱德华·坎皮恩比威廉·艾伦小八岁。在牛津大学求学期间，他成绩优异，口才特别出众，前途一片光明。当时，他与威廉·塞西尔甚至伊丽莎白女王都有交情，并且深受他们赏识。1568年，他被授予执事一职，但不久就去了杜埃。在杜埃，他结识了威廉·艾伦，并加入了耶稣会，随后公开宣布放弃英格兰国教会。六年后，他奉命潜回英格兰，开始了冒险生涯。

久久未见腓力二世采取行动，格里高利八世就与耶稣会众会士制订了一个从三个方向，即英格兰、苏格兰和爱尔兰，同时打击伊丽莎白女王的行动计划。在英格兰复兴天主教的计划由潜伏在天主教徒中间的传教士负责实施。天主教派作家煞费苦心，力图说服世人这场复兴运动纯属宗教运动，旨在救赎人们的灵魂。耶稣会会士很清楚自己的同胞最缺乏什么，知道如何劝说他们迷途知

---

① 1578年，杜埃神学院搬至兰斯，改称"兰斯神学院"。——原注

② 罗伯特·帕森斯（**Robert Parsons**，1546—1610），英格兰耶稣会神父，16世纪耶稣会英格兰分会的奠基人之一。

③ 爱德华·坎皮恩（**Edward Campion**），原名杰勒德·爱德华兹，天主教神父，牛津大学圣约翰学院肄业生。1586年2月22日离开英格兰前往兰斯神学院谋求教父职位。为追随精神导师埃德蒙·坎皮恩，他改名为"爱德华·坎皮恩"。到兰斯神学院不到一年他就被任命为神父。1587年复活节，他潜回英格兰。几周后，他在肯特郡的锡廷伯恩被捕。1587年4月22日，枢密院下令审讯爱德华·坎皮恩。之后，他先后被关押在伦敦的纽盖特监狱、马歇尔希监狱。1588年8月14日被再次审讯后，当局准许他继续担任神父一职。

巴列尔学院

返。对像爱德华·坎皮恩一样信仰纯洁、品行高尚的人而言，"拯救灵魂"倒也贴切。他曾直言不讳地说，罗马教廷的伟大使命使自己绝不染指任何俗事，绝不会与政府产生任何瓜葛。有违以上两个原则的任何行为都不是他的初衷。但英格兰政府只要动动手腕，在刑讯室狠狠折磨几下被捕的传教士，就能从他们的嘴里撬出此次行动的真正目标——发动叛乱，响应外敌入侵。在潜回英格兰前，每位肩负重任的传教士早已做好了以身殉道的思想准备。要说爱德华·坎皮恩死到临头也不肯说出真相，那只能说明他确实定力非凡，是一个守口如瓶的人。

即便刺杀伊丽莎白女王就是耶稣会高层制订的行动计划中的一部分，参与行动的每位会士也未必都知情。如果有充分证据证明当时参与行动的每位会士都知悉该行动计划的各部分，那只能说明一个问题：耶稣会确实是一个不可小觑的组织，它的每位成员堪比那个时代最严谨、最称职的政治家。在16世纪人们的心中，频繁、不合逻辑的政治谋杀案已经不再是什么新鲜事。相反，人们对

罗伯特·帕森斯

政治谋杀案以外的其他案件或多或少还有些好奇。爱德华·坎皮恩本人极有可能不赞同谋杀伊丽莎白女王的计划，所以在他的行动计划中根本就没有这一项任务。但这并不意味着他的那帮耶稣会教友和他一样思想单纯，一心只为天主教事业奋斗不息。

　　1580年夏，爱德华·坎皮恩和罗伯特·帕森斯乔装潜回英格兰。他们的行动没有取得成功。事实再次证明，与继位初期那几年相比，伊丽莎白女王的王位更稳固了。在给罗马教廷的回信中，爱德华·坎皮恩不厌其烦地自吹自擂，说他所到之处无不受到欢迎，设的每场布道无不人山人海，英格兰人对天主教的无比热情足以说明新教正在这个国家衰落……显然，爱德华·坎皮恩只不过是自我陶醉罢了。他实在太想重建天主教秩序了，结果连基本的判断力也丧失了。为了不暴露自己的行踪，他不得不随时更换行头，以防被盯梢。路过天主教兴盛的某个教区时，他才敢停下脚步，假装从容地给该教区的贵族、乡绅布一场道，传颂一下耶稣会教义。在交通发达、信息畅通、治安健全的当今社会，这是一件想都不敢想的事！但那时毕竟不是现在。16世纪，英格兰还没有健全的机制来阻止、侦查任何形式的犯罪。如果某地爆发叛乱，政府先得召集民兵，而民兵大都目无军纪，并且行事不计后果。但在和平时期，地方治安是由教区治安官来维护的。一旦治安官玩忽职守，吊儿郎当，法律就成了一纸空文。那时没有报纸，官道也寥寥无几，即使有，其路况也不尽如人意。教区与教区之间几乎没有什么联系。爱德华·坎皮恩大可以像某位官老爷那样，骑着马从容不迫地走东家串西家，根本不用走官道或者在城中露面就能到达自己想要去的任何地方。如果他在兰开夏郡的某个村庄给百十来号人传经布道，该郡的治安官又不想管，那么等威廉·塞西尔或弗朗西斯·沃尔辛厄姆听到风声时，他已经转移到另外一个郡或者潜回伦敦了，而伦敦看似危险，实则是最安全的地方。因此，即使政府在1580年夏爱德华·坎皮恩入境时就发布通缉令，但把他缉拿归案却也是一年（1581年7月）后的事了。要不是他放松警惕，在牛津的某个公共场合多待了一会儿，政府也拿他束手无策。

面对审讯，爱德华·坎皮恩异常镇定，对自己过去十二个月的所作所为只字不提。他越是守口如瓶，政府对他的怀疑就越大。最后，就像威廉·艾伦预料的那样，事情搞得太复杂了。对信仰天主教的大部分普通百姓来说，他们倒希望神学院的学生和耶稣会会士不要打扰自己的正常生活；他们不想国家发生内战，不希望受到牵连，最后落得被杀头的下场，更不愿自己的祖国遭到外敌入侵，因为如果没有外国力量的介入，伊丽莎白女王的王位就不会受到任何威胁。与借助外国力量废黜伊丽莎白女王相比，他们更愿意顺其自然，静静等待伊丽莎白女王退出政治舞台那一天的到来。届时，苏格兰前女王玛丽·斯图亚特自然就是他们所期待的女王了。在写给腓力二世的一封信中，贝尔纳迪诺·德·门多萨说："英格兰人将所有的希望都寄托在上帝身上，甘愿听从上帝的一切安排，并随时准备为他奉献一切。但他们就是不愿用同样虔诚的心奉献他们该奉献的一切。"

根据教皇庇护五世的训谕，伊丽莎白女王王位非法，英格兰人没有义务拥戴她，这无异于蛊惑英格兰人公开叛国。教皇庇护五世如果发布训谕只是为了号召英格兰人叛国，那么无疑会遭到英格兰大部分天主教徒的冷落甚至唾弃。教皇格里高利八世一看此法不通，便采取了其他措施。他通过耶稣会士向英格兰所有的基督教徒带去口谕——凡是拥戴伊丽莎白女王的新教徒都将遭到诅咒，迫于压力暂且承认伊丽莎白女王合法王位的天主教徒则情有可原，能够得到宽恕。于是，新教派作家直呼那些人——表面上拥戴伊丽莎白女王，实际上图谋废黜她的天主教徒——阴险狡诈，吃里扒外，其行为与叛国无异。这些作家说的一点儿都没错。这与阿尔萨斯人表面认可德意志帝国皇帝而私下不愿做他臣民[①]的做法又有何区别呢？然而，事后英格兰政府的过激行为的确刺痛了一大批并无反意的天主教徒的心。

1581年初，英格兰政府出台了一系列宗教迫害法，其中一部法案规定，拒绝去国教会教堂做礼拜者的罚金，由原先的每月二十先令增加到每月二十英镑。该法案一颁布，全国骇然，与绞死几个神父产生的消极影响相比，这么重的罚金才更严重！这次，英格兰政府可是下了决心，命令各教区严格统计拒不服从者的人数，并责令枢密院做最后汇总。结果，拒绝去国教会教堂做礼拜者的人数竟高达五万。对英格兰政府来说，这五万人的罚金加起来是一笔不小的收入。当然，论比例，这五万人只是众多天主教徒中的一小部分。但如果剩下的大部分天主

---

① 1870年到1871年，法兰西第二帝国与普鲁士王国爆发战争。法兰西第二帝国战败。普鲁士国王威廉一世继德意志帝国皇位，德意志帝国建立。法兰西第三共和国建立后，与德意志帝国签订和约，原属法兰西的阿尔萨斯割让给德意志帝国。阿尔萨斯人虽然成了德意志帝国的臣民，但仍然心念故国。

教徒真的愿意违背教皇格里高利八世的训谕,定期参加国教会礼拜仪式,那么英格兰政府就不应该视这部分人为潜在的叛乱者。

爱德华·坎皮恩被捕后,当局对他严刑拷打,要求他供出潜伏在各郡的上司的名字,后又改变策略,特许他在三天时间里,以天主教教义公开与毛遂自荐的四位新教神学家辩论,甚至许诺只要他答应每月去一次国教会教堂,将不计前嫌。即使这样,爱德华·坎皮恩也无动于衷,一个名字都不愿透露。气急败坏的当局再次把他绑上拉肢架,拉断了他的四肢。他还没完全康复,审判又开始了。和他一起接受审判的还有几位教友。审判没有按照新近颁布的反天主教法进行,而是按照亨利八世时期的一部普通法令进行,判刑的依据是"图谋弑君罪"。威廉·塞西尔和弗朗西斯·沃尔辛厄姆竟以这样的罪名给爱德华·坎皮恩定罪,真是欲加之罪,何患无辞! 这分明是政治迫害!"在两位教友的帮助下,他缓缓抬起先前被拉断的手臂,轻轻地吻了吻暴露在外的关节",然后否认自己有罪。根据西班牙大使贝尔纳迪诺·德·门多萨——他是另外几次审讯现场的见证人——的说法,在上次审讯中,爱德华·坎皮恩的指甲已经被拔掉了。除了他的天主教信仰,爱德华·坎皮恩做过的每件事或者说过的每句话没有一样够得上叛国罪。正如格里高利八世在教皇训谕中明确要求的那样,爱德华·坎皮恩依然尊伊丽莎白女王为唯一合法的君主,但矢口否认格里高利八世示意打倒王公贵戚的事。法官和陪审团仅凭这一点就足以给他定罪了。最后,法庭宣布爱德华·坎皮恩有罪。在行刑现场,当局再次向爱德华·坎皮恩提出优待条件——他只要愿意当场说出教皇无权废黜任何一位君主或王公贵戚,或者答应听一场新教布道,就能获得赦免。他祝愿"女王万福安康,吉祥如意",除此之外,别无他言。从分尸架上喷出的一滴血正好溅到一个叫亨利·沃波尔^①的年轻人的衣服上。亨利·沃波尔瞬间心领意会,觉得这是上帝的旨意。亨利·沃波尔立即举行了皈依仪式,宣布加入耶稣会。没过多久,他以同样的方式在同一地方被处死。

---

① 亨利·沃波尔(Henry Walpole, 1558—1595),英格兰耶稣会殉道士。1595年4月7日,他因拒绝向女王宣誓效忠而在约克被处死。

托马斯·巴宾顿·麦考利

詹姆斯·安东尼·弗鲁德写道："如果一个国家为了安全发动战争、公开杀敌是合法行为，那么政府依法打击那些打着宗教信仰的幌子，蓄意颠覆合法政权的行为就再正当不过了。"詹姆斯·安东尼·弗鲁德的这番话用来解释法国大革命期间发生的极端暴力行为，或许再合适不过了。亨利·哈勒姆和托马斯·巴宾顿·麦考利①一致对詹姆斯·安东尼·弗鲁德的观点提出批评意见：他的逻辑推理是对信仰坚定者的褒扬还是对宗教改革者的冒犯呢？

① 即第一代麦考利男爵托马斯·巴宾顿·麦考利（Thomas Babington Macaulay, 1800—1859），英国历史学家，辉格党政治家。他还是一位散文家、评论家，题材多以时事、历史为主。其著作《英格兰史》实际上就是英国辉格党的发展史，出版后引起巨大反响。《英格兰史》写作风格独特，文笔优美，极具文学价值。但进入20世纪以来，人们逐渐开始质疑他的历史观，一度遭致广泛批评。

尽管英格兰的刑法素以严厉、残酷著称,但政府从未授权相关审判机构对犯人严刑逼供。据说,拉肢架首次出现在伦敦塔内是在爱德华四世①统治时期。当时,为了严惩罪犯,政府还特意对拉肢架进行了改造、升级。但后继的几代君主似乎很少用过拉肢架。伊丽莎白女王时代的拉肢刑只适用于政治犯。一旦犯人被施以拉肢刑,那便是政治审判的前奏。当然,推动拉肢刑罚的罪魁祸首非

爱德华四世

---

① 爱德华四世(Edward IV, 1442—1483),英格兰国王(1461—1470, 1471—1483)。他是英格兰约克家族的首位君主。他的统治大致可以分为两个阶段。第一个阶段主要涉及"玫瑰战争",即约克家族与兰开斯特家族之间的王位争夺战。经过血腥战争,约克家族最后胜出,1471年爱德华四世再次登上王位。第二阶段是和平统治时期。登上王位前,爱德华四世的身份分别是约克公爵、马奇伯爵、剑桥伯爵以及阿尔斯特伯爵。

威廉·塞西尔莫属。按理说，作为一名叱咤英格兰政坛的响当当的政治家，他不应该以秘密警察头目惯用的卑劣手段，对一位疑似参与政治阴谋的"异端"祭出如此残忍的手法，但他不以为然。塞西尔说："我绝不会浪费哪怕一点时间拷问一位被绑在拉肢架上的'异端分子'关于信仰方面的问题。我只会不停地问他有没有任何政治企图，和哪些人有不轨勾当，对教皇图谋废黜伊丽莎白女王有何看法。"这些问题与宗教信仰有半点儿关系？这时，屡遭折磨但始终不肯放弃信仰的受害者不得不在两个选项中做出选择，要么继续保持沉默，让绳索和尖刀结束自己的生命，要么迫于酷刑违背良心撒谎。"即使女王亲自委任的专司拉肢刑罚的酷吏、狱卒，也不可能在自己的职权范围内把它发挥到这般淋漓尽致的地步。"我想人们可能大都赞同亨利·哈勒姆说过的那句话："借助这种残

亨利·哈勒姆

亚当·洛夫特斯

忍的手段让犯人屈打成招，只会让我们觉得既恶心又卑鄙。"亨利·哈勒姆还补充道："伊丽莎白女王理应亲临现场，然后下令以后禁止滥施这种惨无人道的刑罚。"我不确定此话出自何处。1584年，当卡舍尔天主教大主教德莫特·奥哈利被捕后，都柏林新教大主教亚当·洛夫特斯苦于没有合适的刑讯工具逼他招供，因为都柏林当时"既没有现成的拉肢架，又没有其他类同的刑讯工具"。弗朗西斯·沃尔辛厄姆得到请示后，建议施火刑，即火烤犯人的双脚，爱尔兰当局想都没想就依令照办了。当时，甚至有几位国教会的主教——可能是在新教狂热分子的怂恿下——主动请缨，愿意前往都柏林监督刑讯。但威廉·塞西尔和伊丽莎白女王都不是虔诚的信徒，谁也不会在意哪个教派更值得信仰——当初，在玛丽一世的高压下，他们都曾皈依过罗马天主教——而只在意现任君主的宗教政策，或者说只在意广大臣民是否愿意无条件忠于君主，否则他们就会不择手段清除一切障碍。不同宗教信仰之间难免互有冒犯，这再正常不过了。但一切迹象表明，广大臣民更倾向于伊丽莎白女王统治初期的宗教政策。虽然那时的刑罚一点不比现在宽松，但政府很少实施。

从欲达到的政治目的来看，耶稣会英格兰分支的颠覆计划彻底失败了。迫于当下形势，耶稣会英格兰分支高层瓦解，甚至有人公开宣布与教皇格里高利八世断绝关系。西班牙大使贝尔纳迪诺·德·门多萨非常肯定地说这些人中有六个是英格兰的当权贵族，但没有透露具体姓名。如果贝尔纳迪诺·德·门多萨所说属实，那么这些贵族已经构成严重的叛国罪。即使形势真的如贝尔纳迪诺·德·门多萨所说的那般严峻，在没有外援的情况下，这些贵族也不敢轻举妄动。

至于这段时期腓力二世究竟有没有攻打英格兰的打算，我们不妨看看伊丽莎白女王是如何挑衅他的。弗朗西斯·德莱克成功完成环球航行后，1580年10月顺利返回英格兰。这次环球航行的实质就是一次海上掠夺式探险活动。更让人嗤之以鼻的是，这次探险活动的主要赞助商竟然是伊丽莎白女王本人和莱斯特伯爵罗伯特·达德利。在这次环球航行中，弗朗西斯·德莱克总共从腓力二世手中夺得了价值七十五万英镑的财富，有些夺自西班牙运宝船，有些抢自西属殖民地，战利品包括金、银等贵金属以及各种宝石。贝尔纳迪诺·德·门多萨奉命讨还无果后，就以战争相威胁。伊丽莎白女王照单接过了所有战利品，赐予弗朗西斯·德莱克爵士爵位，并且不忘在西班牙大使面前炫耀一番。忍无可忍的贝尔纳迪诺·德·门多萨警告伊丽莎白女王道："既然好言相劝不管用，那索性来几发加农炮，看到底管不管用。"伊丽莎白女王满不在乎地答复道："你胆敢拿战争威胁朕，那朕就把你扔进监狱。"从两人以上各自的反应中，我们不难看出，西班牙尽管无限放大了战争的威慑力，但始终没敢动武。究其原因，主要在于英法两国签订的《共同防御盟约》。伊丽莎白女王一直小心翼翼地维护着她与亨利三世之间的微妙关系，既不违背《共同防御盟约》，又不积极靠拢法兰

16 世纪 80 年代的伊丽莎白女王

西。但只要西班牙动起真格来，她就会在第一时间倒向法兰西。因此，英法之间的盟友关系给她提供了难得的安全保障。在人类外交史上，恐怕没有第二个人像伊丽莎白女王这般，能在如此复杂的外交环境中为自己的国家谋得这么多利益了。

　　耶稣会爱尔兰分支的颠覆计划同样没有取得成功。在这里，我不再详述教皇使节尼古拉·桑德斯①如何潜回爱尔兰，德斯蒙德伯爵吉拉尔德·费茨吉拉尔

① 尼古拉·桑德斯（Nicholas Sanders，1530—1581），英格兰罗马天主教神父、辩论家。1579年6月17日，尼古拉·桑德斯和一千人马在爱尔兰凯里郡西南角的丁格尔港登陆。随后，他们发动了暴乱，给当地带来了不少麻烦，但最后被镇压。1580年12月，尼古拉·桑德斯被捕，不久死于痢疾。

德^①叛乱，斯梅里克港教皇国意大利军团惨遭疯狂报复事件^②等细节。不得不说，爱尔兰天主教徒的"冒险计划"也是一大败笔。现在我们再来看看1579年到1582年耶稣会企图颠覆苏格兰的计划进展得如何。

当时，苏格兰国情特殊，各政党、派别相互拆台，政府几乎处于瘫痪状态，急需一位既精明能干又勇敢无畏的国王来整顿朝纲，树立政府威信。与其他国家相比，苏格兰的贵族权倾朝野，几乎不受政府约束，其实力和独立性甚至比他们的父辈更雄厚。就在三十年前，教会只拥有国家一半的庄园，并且绝对服从君主的号令。但随着宗教改革的推进，教会名下的庄园几乎都转移到了贵族手中。尽管如此，与英格兰的贵族相比，苏格兰的贵族仍然穷得叮当响，但他们的权力大得多，甚至比国王詹姆斯六世还要大。因此，从很大程度上讲，詹姆斯六世只是苏格兰名义上的君主。要想结束苏格兰的无政府状态，首先需要一位扭转乾坤的国王出现，任何一位摄政都无法替代。即使是莫里伯爵詹姆斯·斯图亚特那样出色的摄政，也不可能替代国王。道格拉斯家族是苏格兰实力派贵族集团之一。家族中的莫顿伯爵詹姆斯·道格拉斯是一位既能干又大胆的贵族。安格斯伯爵阿奇博尔德·道格拉斯在政府中的影响力急剧下降之际，他就被家族推选为首领。但莫顿伯爵詹姆斯·道格拉斯根本无法跟莫里伯爵詹姆斯·斯图亚特相比，因为他既不具备远大的政治目光、一心为民的博大胸襟，也不像莫里伯爵詹姆斯·斯图亚特那样正直、诚实。人人都惧怕他，大多数人讨厌他，无人尊敬他。论家族首领，他当之无愧；论摄政，人人都与他为敌。将大把的金钱砸在这样一个人身上，能期待得到什么回报呢？如果伊丽莎白女王不慎选他为英格兰在苏格兰利益的代理人，那么与她直接干涉苏格兰内政又有何区别呢？

---

① 即第十五代德斯蒙德伯爵吉拉尔德·费茨吉拉尔德（Gerald FitzGerald，约1533—1583），爱尔兰贵族。1579年11月，德斯蒙德伯爵吉拉尔德·费茨吉拉尔德在芒斯特省发动叛乱。这一时期，叛乱分子无恶不作，给当地造成了巨大破坏。"商人的住宅被洗劫一空，他们的妻子、女儿惨遭蹂躏、屠杀。"四年后，在山区流亡期间，他被出卖，后被处决。——原注

② 1580年11月10日，斯梅里克港光复。"疾病开始在意大利军团中肆虐，部分将士陆续被送回西班牙接受疗养。除这部分人幸免于难外，其他将士被悉数处死。部分妇女，包括孕妇，被送上了绞刑架。尼古拉·桑德斯的一个手下、一位爱尔兰绅士以及一位神父也被处死。被处死的人足足有六百人。他们死后都被扒光衣服，曝尸荒野。"——原注

英法两国签订的《共同防御盟约》有效约束了其中任何一个国家公开干涉苏格兰内政的可能。伊丽莎白女王其实早给自己留了一手，以备不时之需。即使最糟糕的情况发生，她也能先于法兰西抵达苏格兰。因此，她料定，至少在可预见的时间内，法兰西是不会率先撕毁《共同防御盟约》的。但亨利三世也没闲着，为了抵消英格兰占据的地理优势，他甚至冒着失去盟友的风险在苏格兰境内不停地制造各种阴谋，积极拉拢、培植亲法势力。这是法兰西对苏政策的一贯基调。无论谁当权，亨利三世也好，吉斯公爵亨利一世也罢，这个基调永远不会变。

为了成功实施颠覆苏格兰的"伟大计划"，耶稣会会士积极拉拢吉斯公爵亨利一世，并视他为领袖。吉斯公爵亨利一世政治影响力巨大，甚至能影响相关国家君主的重大决策。苏格兰幼主詹姆斯六世虽然才满十三岁，但已经宣布亲政。现在要想罢黜他，恐怕为时已晚。论个性，詹姆斯六世并不强势，甚至有点儿懦弱；但论政治洞察力及学识，他远在同龄人之上。他俨然已经成为苏格兰政坛上不可忽视的新星。在政治诉求上，他与母亲玛丽·斯图亚特大相径庭。不过，耶稣会会士仍然满怀信心，希望说服詹姆斯六世同意与母亲玛丽·斯图亚特共享王位，只有这样才能确保他的王位不受任何威胁。对詹姆斯六世来说，这无异于做天主教贵族的傀儡，同时意味着对伊丽莎白女王宣战。届时，他必须公开宣布改变信仰，皈依天主教，并邀请法军来保驾护航。一直忌惮法兰西染指苏格兰事务的腓力二世也会调整既定政策，转而委派已经差不多沦为西班牙和罗马教廷爪牙的吉斯公爵亨利一世率领一支法军，前往苏格兰支持耶稣会会士口头保证的"伟大事业"；法苏联军不日将大兵压境，摩拳擦掌的英格兰天主教势力积极响应，伊丽莎白女王的王位很快就会被颠覆，改由众望所归的玛丽·斯图亚特担任英苏两国的共主。

从理论上来讲，以上阴谋设计得天衣无缝，环环紧扣，行云流水，但要真正实施起来，每个环节都漏洞百出，一触即毁。首先，詹姆斯六世可能会与母亲玛丽·斯图亚特达成某种妥协，但不希望母亲玛丽·斯图亚特的权力凌驾于自己之上；他乐于借助外力铲除莫顿伯爵詹姆斯·道格拉斯及其党羽，但又不想沦为

"玛丽派"贵族手中的一张王牌；他讨厌苏格兰长老会的传教士，但又能把教皇的伪善追随者驳得哑口无言；他常常对伊丽莎白女王慈母般的教诲恨得咬牙切齿，但又明白伊丽莎白女王是他将来成功继承英格兰王位的唯一保障，他别无选择，只能耐着性子与女王处好关系。其次，腓力二世不会草率支持这样的冒险计划，甚至压根儿就不抱任何希望。再者，一旦法兰西大军进入苏格兰，苏格兰人就会群起反抗，因为苏格兰人决不允许任何一个国外军人践踏他们的国家。最后，法苏联军即使涌入英格兰——这几乎是不可能的，也讨不到任何便宜，英格兰人会像秋风扫落叶般将其赶入大海，从而有去无回。

这次，那些始终坚持伊丽莎白女王的小气与贪婪频频置英格兰于危险境地观点的历史学家无一例外地叫嚣，这套完美的组合拳必置英格兰于死地不可。这套组合拳致命倒不假，但胜败的关键在于英格兰如何出招；假如英格兰沉不住气，率先仓促出招——这是除伊丽莎白女王以外的所有枢密大臣们，尤其是威廉·塞西尔极力倡导、赞同的，那么英格兰这次就真的摊上大麻烦了。史料证明，在制订应对这套组合拳的决策时，伊丽莎白女王承受了巨大的压力，但正是因为她非凡的毅力与决心才最终赢得了主动权，再次做出了明智的选择。

为了使颠覆苏格兰的计划顺利实施，吉斯公爵亨利一世与耶稣会会士经过商议，决定于1579年9月派前摄政第四代伦诺克斯伯爵马修·斯图亚特的侄子埃斯梅·斯图亚特[①]去苏格兰做策反工作。埃斯梅·斯图亚特是在法兰西长大的，拥有奥比尼伯爵头衔。埃斯梅·斯图亚特很快就赢得了詹姆斯六世的好感。詹姆斯六世先后赐予他伯爵、公爵爵位。几乎与此同时，伊丽莎白女王识破了埃斯梅·斯图亚特的真面目。于是，责成莫顿伯爵詹姆斯·道格拉斯迅速采取反制措施，粉碎耶稣会的阴谋。不料埃斯梅·斯图亚特反咬一口。他一边郑重承诺皈依新教，一边严肃地把几位无辜的新教布道者的名单递呈詹姆斯六世。1581年6月2日，不幸的莫顿伯爵詹姆斯·道格拉斯不明不白地被送上了断头台。莫顿伯爵

---

① 即第一代伦诺克斯公爵、第一代伦诺克斯伯爵埃斯梅·斯图亚特（Esmé Stewart, 1542—1583），第五代奥比尼伯爵约翰·斯图亚特之子，第四代伦诺克斯伯爵马修·斯图亚特的侄子。詹姆斯·梅尔维尔爵士这样评价埃斯梅·斯图亚特："他是一位诚实、富有正义感且文质彬彬的绅士。"

詹姆斯·道格拉斯被捕后，枢密院紧急召开大臣会议，迫切希望伊丽莎白女王下令发兵苏格兰，营救莫顿伯爵詹姆斯·道格拉斯，严惩埃斯梅·斯图亚特及其党羽。伊丽莎白女王通过各种途径，使尽各种手段威胁，恐吓苏格兰政府立即放人，甚至命令亨斯顿男爵亨利·凯里①火速召集部队，开赴边境听候调遣。不过，

亨利·凯里

_____

① 即第一代亨斯顿男爵亨利·凯里（Henry Carey, 1526—1596），嘉德勋章获得者，英格兰贵族、廷臣。他是威廉·莎士比亚主要工作过的话剧团——官内大臣剧团——的赞助人。玛丽·博林是他的母亲。因此，他与伊丽莎白女王是表兄妹关系。据某些历史学家推测，亨利·凯里是亨利八世的私生子，因为他的母亲玛丽·博林曾做过亨利八世的情妇。

召集部队这一举措引来了法兰西大使的强烈抗议。苏格兰历来与法兰西具有同盟关系，只要法兰西振臂一呼，苏格兰国内的各个党派就会愿意联合起来对付"老同盟"的任何一个敌人。"无心插柳柳成荫"，不承想伊丽莎白女王的这一"激进"举措无形中帮了她一个大忙。伊丽莎白女王的目的达到了，但苦了莫顿伯爵詹姆斯·道格拉斯。他孤零零地面对命运的裁决。伊丽莎白女王原本就不想攻打苏格兰。这一点倒是没错，但她不该哄骗莫顿伯爵詹姆斯·道格拉斯，诱使他背上叛国罪的罪名。这种手段恐怕只有女性政治家才能使用。换作男性政治家，他恐怕再也无脸立足于世了。

莫顿伯爵詹姆斯·道格拉斯被处决后，欧洲天主教界一片欢呼。要知道，莫顿伯爵詹姆斯·道格拉斯可是苏格兰宗教改革运动中顶天立地的人物，"玛丽党人"无不因他望风而逃。但他现在不在了，这下可乐坏了耶稣会会士。他们不禁做起了黄粱美梦：苏格兰教会顷刻瓦解，"征讨"大军不日将攻打英格兰。于是，一些历史学家又为英格兰捏了一把冷汗。其实这也不怪他们，因为他们已经亲眼看到了英格兰的"大好形势"。事实上，苏格兰的局势比莫顿伯爵詹姆斯·道格拉斯在世时好不到哪里去。莫顿伯爵詹姆斯·道格拉斯是典型的苏格兰贵族，极其排斥包括苏格兰教会在内的各派传教士。在世时，他没少非法掠夺苏格兰教会传教士的财产。不仅如此，他还强迫他们改信新教圣公会。"圣公会"新教联盟成员中没几个人没和他红过脸，闹过别扭的。加之埃斯梅·斯图亚特及其党羽煽风点火，他最终走向了灭亡。莫顿伯爵詹姆斯·道格拉斯死后，"圣公会"新教联盟自然会恢复与英格兰的亲近关系。再说苏格兰天主教派并没有想象中的那般团结，埃斯梅·斯图亚特也没有得到广泛支持。否则，耶稣会的得意门生埃斯梅·斯图亚特早就把苏格兰天主教派拧成了一股绳，何患"计划"不成？

耶稣会"冒险计划"的进一步实施面临着各种困难。耶稣会的传言甚至让大多数天主教派贵族不寒而栗：如果詹姆斯六世同意接受母亲玛丽·斯图亚特赠予他苏格兰王位的条件，那就意味着在此之前他不是合法的国王，既然这样，那他们在过去十四年中逐渐蚕食的教会财产、国王恩赐的土地以及授予他

16 世纪 80 年代的詹姆斯六世

们的爵位、头衔岂不是非法的？当时因詹姆斯六世少不主事，他们没少干冒犯政府的蠢事，现在岂不是一下子成了玛丽·斯图亚特眼中的乱臣贼子？耶稣会接下来派出的罗伯特·克赖顿①和霍尔特潜回苏格兰后，发现埃斯梅·斯图亚特已经不再是当初那个意气风发的耶稣会斗士了，其内心充斥着绝望。埃斯梅·斯图亚

---

① 罗伯特·克赖顿（Robert Crichton，？—1585），16世纪苏格兰天主教神职人员。

特无奈地说：他的策反工作在詹姆斯六世身上败得一塌糊涂。相反，他被国王的魅力折服了。国王卓绝的口才以及对信仰独特、新颖的见地感化了他。现在只有一条路可走——绑架国王，然后把他"押解"到法兰西或西班牙做人质，恢复玛丽·斯图亚特的王位。苏格兰政府暂由耶稣会掌管。埃斯梅·斯图亚特接着说道："为使绑架行动万无一失，我需要一支外国军队提供保障。法西两国互有猜忌，不妨让腓力二世秘密提供资金，教皇负责召集一支意大利军队。军队完成集结后横穿直布罗陀海峡，接着直捣苏格兰。"经过一番周密计划后，罗伯特·克赖顿和霍尔特分头行动，前者直奔罗马周旋相关事宜，后者动身前往马德里。但腓力二世下令不准霍尔特进入马德里半步。腓力二世自有打算，如果埃斯梅·斯图亚特真的能说服詹姆斯六世改信天主教或者把他弄到西班牙，那么一切都好说，但如果这两个行动无一成功，西班牙则不会提供任何帮助。从法兰西争取到任何帮助的可能性微乎其微。囚禁在英格兰的玛丽·斯图亚特想尽一切办法把一封封信送到吉斯公爵亨利一世手中，不厌其烦地恳求他牵头负责实施已经精心准备这么久的"伟大远征计划"，但吉斯公爵亨利一世身不由己。他首先得征得亨利三世和腓力二世的同意，然后才敢行动。就在吉斯公爵亨利一世左右为难、急得团团转之际，苏格兰亲英派摒弃前嫌，搁置争议，空前一致地团结起来。1582年8月22日，苏格兰亲英派在鲁思文突袭、劫持了正在狩猎的詹姆斯六世[①]。纵使心急如焚的吉斯公爵亨利一世老泪纵横，苦苦相求，但一切已经于事无补。格拉姆斯城堡[②]的主人托马斯·里昂爵士[③]说："会哭的婴儿总比假装可怜的老头儿更招人喜欢。"埃斯梅·斯图亚特迫于压力，逃往法兰西，1583年悻然离世。

鲁思文劫持事件再次表明，苏格兰亲英派只要不受其他因素干扰，任何时

---

① 即鲁思文劫持事件（the raid of Ruthven），是指1582年8月22日发生在苏格兰的一起政治阴谋。阴谋的策划者是第一代高里伯爵威廉·鲁思文，其共谋者是长老会的几位贵族。他们成功劫持了詹姆斯六世。其目的是逼迫他改组苏格兰政府，减少对法兰西与亲天主教势力的依赖，阻止玛丽·斯图亚特返回苏格兰。史称这一短暂的统治时期为"鲁思文或高里政权"。
② 格拉姆斯城堡（Glamis Castle）位于苏格兰安格斯郡格拉姆斯村旁，是斯特拉斯莫尔-金霍恩伯爵夫妇的宅邸所在地，现对游客开放。
③ 托马斯·里昂爵士（Sir Thomas Lyon, ？—1608），苏格兰贵族、财政大臣。

格拉姆斯城堡

候都不会干出有损英格兰国家利益的事来。当然，"亲英派"只能算是一个比较贴切的称呼吧。严格来讲，苏格兰不存在所谓的亲英派政党，但的确有那么一个宗教性质的党派为保证伊丽莎白女王的安全与影响力起到了不可替代的保障作用。当然它也需要伊丽莎白女王的庇护。这个党派并不总是多数派执政党，因为苏格兰贵族的典型特征——唯利是图，阴险狡诈，毫无道德操守可言——决定了政府的不稳定性。但不管该党派是否为执政党，对英格兰关系的基本论调都没有变。它总能最大限度地满足英格兰的利益，除非英格兰武力干涉苏格兰内政，就像亨利八世和摄政萨摩塞特公爵爱德华·西摩的对苏政策那样。

以上就是耶稣会与罗马教廷精密策划的，有一万个理由使我们相信英格兰必败无疑的，伊丽莎白女王束手无策的"倾苏计划"的时代背景。没错，伊丽莎白女王的确用过一些令人不齿的举措。不过，她在分析各股敌对势力时所表现出的冷静、果决的气质以及料事如神的判断力，使英格兰成功摆脱了她的幕僚们早就想开始的一次次血与泪的洗礼，最大限度地延长了与三个主要邻居之间的友好关系。在英格兰历史上这么长时间的友好关系绝无仅有。它给英格兰的快速发展所提供的契机无以复加。

自伊丽莎白女王制定对苏政策后，她的基调一直没有变化。劫持詹姆斯六世的亲英派贵族狮子大张口，强烈要求伊丽莎白女王给他们一大笔慰问金。英格兰大臣们觉得言之有理，赞成满足他们的要求。提起詹姆斯六世，伊丽莎白女王倒乐意给他一笔数目不菲的慰问金，但绝不会给亲英派贵族一个子儿。她一针见血地指出，不同的人爱她的初衷是不同的，臣民、得宠者是因为她的高尚品质，阿朗松公爵弗朗西斯是因为她的美貌，而苏格兰人则是因为她手中的权杖。但不管是谁，他们都想从她那里得到同一样东西——钱。她偏不给他们一分钱。伊丽莎白女王早就料定詹姆斯六世将来必有求于她，他的母亲玛丽·斯图亚特始终是她手中的一张王牌。他如果想稳坐苏格兰王位，将来继承英格兰王位，必须得仰仗伊丽莎白女王看管住自己的母亲。此外，还有一件令伊丽莎白女王喜不自胜的好事，那就是在玛丽·斯图亚特漫长的复辟途中，苏格兰"玛丽派"贵族几乎无一例外地制造过各种麻烦，硬是破灭了玛丽·斯图亚特的复辟大梦。无论从哪个方面来看，伊丽莎白女王都觉得自己是安全的。

伊丽莎白女王一面告诉玛丽·斯图亚特她的那些追随者们干过的好事，从而打消她的幻想，一面拿玛丽·斯图亚特不时敲打敲打詹姆斯六世，使他永远跟着自己的步伐往前走。因此，1583年12月，当詹姆斯六世的新宠阿伦伯爵詹姆斯·斯图亚特[①]再次把亲英派贵族赶到英格兰后，伊丽莎白女王表现得相当平和、坦然。阿伦伯爵詹姆斯·斯图亚特的目的是让伊丽莎白女王认可詹姆斯六世和他才是真正的亲英派。弗朗西斯·沃尔辛厄姆一如既往地主张动武。但既然目前有两股自称"亲英派"的贵族都对她有所求，想赢得她的信任，那她何不装装裁判的样子，把烫手的山芋抛给他们自己呢？

---

① 阿伦伯爵詹姆斯·斯图亚特（James Stuart, Earl of Arran，？—1595），詹姆斯六世的宠臣。1581年4月22日，詹姆斯六世强行剥夺第三代阿伦伯爵詹姆斯·汉密尔顿的爵位，将其授予詹姆斯·斯图亚特。后来，他担任苏格兰大法官。1595年，他被暗杀。

第 **8** 章

英法同盟终结与伊丽莎白女王的占优策略

1584—1586

时间的指针指向了1584年。1584年之后的三年时间里，英格兰经历了自伊丽莎白女王继位以来，甚至英格兰历史上最严重但姗姗来迟的一场危机——与海上霸主西班牙决战前的殊死较量。说它"姗姗来迟"，我想这还得归功于伊丽莎白女王。当初，如果伊丽莎白女王听从了各位资深大臣的建议，这场危机恐怕早在二十年前就爆发了。那时，英格兰的国防几乎处于瘫痪状态。政府不但入不敷出，而且不得不设法偿还前几届政府挥霍无度而欠下的巨额外债。天主教势力占据统治地位。有点儿名头的贵族整天蠢蠢欲动，认为他们才是合法的君主。至于意欲通过各种手段夺回因王位更替而失去官位、爵位的贵族，更不在少数。贸易、工业停滞不前，广大百姓生活异常艰辛，叛乱时有发生。苏格兰正值玛丽·斯图亚特统治时期，伊丽莎白女王整日提心吊胆，害怕受臣民们拥戴的玛丽·斯图亚特有朝一日取她而代之。腓力二世统治下的西班牙帝国外无战事，内无叛乱，腓力二世时刻想着尽快把英格兰纳入自己的势力范围。

　　自伊丽莎白女王继位以来，整整一代人的时间已经过去了。在她的精心治理下，英格兰国力与日俱增。在减免税收、缩减政府开支等亲民政策的指导下，英格兰分期还清了前几届政府，尤其是亨利八世时期欠下的外债，政府的信用危机解除了。这时，美洲金矿的大股东以及欧洲最富有的信贷机构都乐意把钱借给伊丽莎白女王，并且不加任何附加条件。即使他们把利息压低到百分之五，那也要看伊丽莎白女王愿不愿意借呢。其实，伊丽莎白女王早就不需要举债了。

英格兰海军标志

英格兰不仅能自足自给，而且国库还有盈余。于是，伊丽莎白女王特地成立了一个部门，专门负责管理国库。臣民参军的积极性大大提高，部分民兵受到良好的军事训练。王军装备齐全，弹药充足。英格兰组建了自己的海军舰队。舰队规模虽然不大，但已足矣。海军将士没经过特殊训练。当时，战舰和普通的商船没什么区别。海军将士可以随商船出海，从而掌握实用的作战要领。因此，只要国家需要，皇家海军舰队的规模要多大就能有多大。腓力二世的两位大将阿尔瓦公爵费尔南多·阿尔瓦雷斯·德·托莱多－皮门特尔和帕尔玛公爵亚历山大·法尔内塞很早以前就意识到，在自己主子的戎马生涯中，征服英格兰将是最棘手的一仗。英格兰大领主、商人个个财大气粗。随着大批尼德兰难民提供的廉价劳动力，英格兰机器制造业已经初见规模。政府已经与多个国家签订通商条约。国内广大贫困百姓的生活面貌得到了极大改观。他们不仅有班可上，而且收入相当可观。因此我有理由相信，自罗马帝国衰落以来，与英格兰乃至欧洲历史上的任何朝代相比，伊丽莎白女王时代的繁荣和稳定都更加长久。

放眼国外，我们不难发现，伊丽莎白女王已经跃居国际重要领导人之列。在她治理下的英格兰国力昌盛，国际环境良好。她的大臣们，尤其是弗朗西斯·沃尔辛厄姆——已经迈入古稀之年的威廉·塞西尔不参与决策了——积极鼓动她高调干涉苏格兰内政，只有这样，桀骜不驯的苏格兰才有可能"心甘情愿"地臣服英格兰，才有可能根除英格兰的后顾之忧。不过，伊丽莎白女王再次凭借过人的胆识和卓绝的判断力，顶住了大臣们的压力，告诉他们此举万万不可。英格兰如果贸然吞并苏格兰，就等于引火烧身。最终，英格兰将陷入困境，犹如腓力二世统治下的尼德兰，与拿破仑时代法兰西大军铁蹄下的西班牙没什么两样。蚕食苏格兰无异于变相吸干伊丽莎白女王的骨髓，榨尽伊丽莎白女王的血汗。因此，对伊丽莎白女王来说，只要北邻苏格兰不危及英格兰的国家安全，那么维持现状就行。再说苏格兰唯一一个欲置伊丽莎白女王于万劫不复之地的野心家玛丽·斯图亚特，现在不正被英格兰奉为"座上宾"嘛！

尼德兰革命着实将了腓力二世一军。面对尼德兰愈演愈烈的民族独立运动热潮，腓力二世雄心勃勃的"征英大计"不得不一再推迟。在这种背景下，有人可能会忍不住问："伊丽莎白女王为何不全力支持尼德兰革命呢？"这个问题其实很容易回答。当时，如果伊丽莎白女王公开站在尼德兰革命者一边，那么腓力二世进攻英格兰的行动毋庸置疑会被推迟，这是有史料佐证的。但伊丽莎白女王一旦开始公开支持尼德兰革命，就得一直高调支持下去。这就意味着她与腓力二世之间的矛盾会逐步加深，西班牙无敌舰队攻打英格兰的行动会提前。试想如果无敌舰队攻打英格兰的行动提前十年甚至十五年，那么英格兰的历史恐怕就得改写了。

那些不熟悉伊丽莎白女王对法政策的作家，总是对她的外交政策持批评态度。尽管伊丽莎白女王与亨利三世的利益诉求不总是那么一致，但他们都能维护盟约，依靠彼此谋求本国利益的最大化。但英法之间的相互谅解需要各自君主时刻保持清醒的头脑、明辨事理的眼光。因为他们的臣民互相不怀好感，从某种程度上来讲，甚至相互憎恨，就像两只关在相邻笼子里的斗鸡。英格兰人对西班牙人的感觉一直不错，欣赏并尊重他们。看到他们一本正经、自以为是的样子，英格兰人不觉得那会是自己的真实写照。然而，英格兰上至王公贵戚下至平民百姓，没有一个人愿意与法兰西人心平气和地处一处。他们一见面就会大打出手，直到两败俱伤。

瓦卢瓦家族的末代君主亨利三世远非大多数历史学家笔下刻画得那般昏庸无能。他是那个时代难得的政治家，能力非凡，有勇有谋，熟谙政治。他从不做无利可图之事，从不打无准备之仗，从不走无目标之路，但终因身后无嗣，后继无人而放纵自己，意志逐渐消沉，诸多要事都被他耽搁了。亨利三世继位前，他组织的主要活动就是圣巴塞洛缪大屠杀。继位后，他主抓政治，把宗教事宜排在了次要位置，就像伊丽莎白女王、奥兰治亲王威廉一世以及纳瓦拉的亨利所做的

亨利三世放纵自己与男宠们的欢宴

那样。他和纳瓦拉的亨利一样，都不希望自己被极端宗教势力绑架。相反，他们需要鼎力支持自己的多数派政治力量。但遗憾的是，亨利三世最终没能再前进一步，到头来还是被天主教旧势力绑架，而纳瓦拉的亨利则沦为新教势力的傀儡。

自伊丽莎白女王继位以来，那些暴脾气的大臣就从未放弃过敦促她大力支持胡格诺派的念头。不过，伊丽莎白女王总是比他们看得更长远。与支持胡格诺派相比，她更喜欢跟受广大法兰西人拥戴的合法政府打交道。伊丽莎白女王料定亨利三世既无心也不愿彻底消灭胡格诺派。在这种情况下，如果伊丽莎白女王贸然教唆一小撮儿狂热分子公然对抗亨利三世，那么狗急跳墙的亨利三世最终会沦为吉斯公爵亨利一世和神圣同盟对付她的一把利剑。届时，伊丽莎白女王再也没有什么法宝可以拿来抗衡强大的西班牙帝国了。因此无论如何，伊丽莎白女王都得小心翼翼地处理好与法兰西政府、胡格诺派的关系，既不能破坏英法同盟，又不能明目张胆地去支持胡格诺派，更不能让纳瓦拉的亨利彻底失去利用价值。她还得左右逢源，权衡各种利弊，使吉斯公爵亨利一世时时、处处受制于他人。虽然法兰西政府的实力已经不如既往，但它仍然掌握着外交动向。尤其是自1572年以来，它一直坚定维护与英格兰之间的友好同盟关系。只要时局不被打破，英格兰就绝无安全隐患。

人无千日好，花无百日红。国与国之间微妙的外交关系何尝不是如此！时移势易，当前国际形势的急剧变化又岂能是伊丽莎白女王抑或其他任何一个人能左右的呢？瓦卢瓦家族最后一位王位假定继承人阿朗松公爵弗朗西斯命不久矣。如果一切不出所料，阿朗松公爵弗朗西斯薨落后，除了偏居比利牛斯山脉北部那个巴掌大的纳瓦拉王国的国王——纳瓦拉的亨利外，亨利三世的接班人别无他选。令人忧心的是，纳瓦拉的亨利信奉胡格诺派。亨利三世想让纳瓦拉的亨利做自己的接班人，但遭到吉斯公爵亨利一世、腓力二世以及大部分法兰西人的强烈反对。双方僵持不下。伊丽莎白女王一直担心的法兰西宗教战争一触即发，英格兰外交政策中的坚固基石——英法同盟——眼看就要破裂了。一旦法兰西再次爆发宗教战争，除了倒向教皇党或与胡格诺派公开联手外，亨利三世别无选择。无论亨利三世做出何种抉择，法兰西政局都不会由亨利三世来主导，而吉斯公爵亨利一世会成为实际操控者。届时，英法同盟恐怕沦落为英格兰与法兰西某一党派之间的盟约关系，伊丽莎白女王只能被动接受充当法兰西和尼德兰新教保护人的角色了，这无异于将她推到了对抗西班牙的风口浪尖上。伊丽莎白女王接下来要展示给我们的智慧，恰好是她留给子孙后代的一笔丰厚遗产。因此，作为她的子孙后代，我们怎样赞扬她都不为过，即使有人挖空心思贬低她，故意淡化她的丰功伟绩，甚至有人可能会说她充其量就是会钻空子罢了，哪有什么谋略、智慧、毅力可言？但无论他们怎么想、怎么说，一切只会适得其反，伊丽莎白女王的形象只会愈加伟岸、光芒万丈。

1583年11月，"思罗格莫顿阴谋"①败露。接着，英格兰政府赶走了西班牙大使内尔纳迪诺·德·门多萨。这两件事虽然没有立即引发英西战争，但预示着两国关系正朝战争的方向快速发展。于是，伊丽莎白女王紧急联络尼德兰各省的革命领袖，提议迅速组建一支英尼海军联合舰队，以便协调双方海军共同对抗西班牙，从而保证自己的安全。奥兰治亲王威廉一世随即做出回应，表示非常乐意接受伊丽莎白女王的提议。他特意请求伊丽莎白女王务必同意将尼德兰、泽兰及乌特勒支并入英格兰。换作伊丽莎白女王之前的任何一位君主，这么大的诱惑我想他连做梦都不想错过，但伊丽莎白女王不动声色。现在回想起来，我们真的该为伊丽莎白女王当时的英明决策拍手称赞。伊丽莎白女王虽然巧妙地避开了接纳以上几个省并入英格兰的真切请求，但不愿就此失去在以上几个省占据几处海滨军事要塞，从而实现组建英尼海军联合舰队的大好机会：无论时局如何发展，在一定时间内，占据几处军事要塞既可以起到绑架尼德兰人，使其始终与她站在一起保证英格兰利益的最大化，又可以在与法兰西或西班牙交涉的过程中作为一个重要筹码——如果尼德兰终究摆脱不了被法兰西或西班牙随意拿捏的宿命的话——为她赢得更多的主动权。

1584年6月30日到7月10日，双方正在谈判，奥兰治亲王威廉一世不幸遇刺

---

① 思罗格莫顿阴谋（Throgmorton Plot）是指以弗朗西斯·思罗格莫顿为首的英格兰罗马天主教信徒于1583年制定的旨在暗杀伊丽莎白女王，改由苏格兰前女王、伊丽莎白女王的表侄女玛丽·斯图亚特继承英格兰王位的政治阴谋。阴谋以主要组织者弗朗西斯·思罗格莫顿爵士的名字命名。阴谋败露后，弗朗西斯·思罗格莫顿爵士在严刑逼供下认了罪。

奥兰治亲王威廉一世遇刺身亡

身亡。接着，尼德兰革命各省的归属问题就这样被搁置了起来。其间，伊丽莎白女王曾建议英法共治①尼德兰革命各省，但这遭到各省代表们的一致反对，因为他们向来不看好摄政统治，更别说联合摄政了。他们要的是主权的真正归属。既然伊丽莎白女王不愿接纳他们，他们就把目光投向了亨利三世。双方的谈判前后持续了八个月的时间。这时，亨利三世放出让纳瓦拉的亨利将来做自己的接班人的风声。国际国内舆论一片哗然，神圣同盟再度活跃。1584年到1585年的那个冬天，神圣同盟的集结工作正在紧锣密鼓地进行着。腓力二世许诺提供资金。时任驻法大使的贝尔纳迪诺·德·门多萨不甘落后，整日上蹿下跳，忙得不可开交。大战一触即发。亨利三世做出以上决策绝非意气用事。法兰西是天主教大国，他担心一旦自己同意摄政尼德兰革命各省，届时他的大部分臣民就会倒

① 即联合摄政。——原注

向神圣同盟。因此，他及时打发了尼德兰使团。尼德兰使团临走前，他说英格兰或许是个不错的选择。

1585年3月底，神圣同盟发表了一份声明，宣布新教领袖纳瓦拉的亨利无权继承法兰西王位，同时要求亨利三世下令消灭异端。为了使亨利三世履行声明，神圣同盟已经在法兰西各地做好部署，随时准备出击。亨利三世如果当时仍充满斗志，血气未减，就会迅速组织一支忠诚的天主教派军队，然后与神圣同盟的军队一决雌雄。然而，亨利三世没有那么做，而是接受了政府代表与神圣同盟代表达成的《内穆尔条约》[①]（1585年6月28日到7月7日）。接着，法兰西最后一次宗教战争爆发。纳瓦拉的亨利取胜，登上了法兰西王位[②]。

伊丽莎白女王最终还是失去了法兰西这个重要盟友。自1572年两国签订《共同防御盟约》以来，在伊丽莎白女王的外交政策中，法兰西一直扮演着非常重要的角色。现在她不得不提前做好迎接西班牙的挑战的准备了。既然法兰西不再为她所用，那她无论如何得抓住尼德兰这根救命稻草，想方设法让它发挥最大的作用。她明白无误地转告尼德兰革命各省代表，愿意与他们共同抵抗西班牙，但前提是他们得尽心尽力，同仇敌忾。自打算依靠法兰西的梦想彻底破灭后，尼德兰革命各省代表转而又强烈要求伊丽莎白女王为其提供庇护，并期盼她同意尼德兰革命各省并入英格兰。在他们看来，只有这样，他们的各种诉求最终才能得到满足。伊丽莎白女王始终不松口：共同抵御西班牙可以，但尼德兰革命各省并入英格兰不行。只要要求合理，人力、财力都不是问题，但一旦战争结束，借的钱必须偿还，哪怕是一个子儿。为了保险起见，她得暂时接管弗拉兴和布里尔，从而敦促尼德兰人全力履行分内之责。早在做出以上承诺之前，伊丽莎白女王安插在泽兰的眼线乔治·吉尔平[③]就曾提醒她切莫意气用事，否则将来战争的重担只会压在她一个人的肩上。在接下来的一系列战斗中，英尼联军尽

[①] 《内穆尔条约》由亨利三世的代表法兰西王太后凯瑟琳·德·美第奇与吉斯家族的代表洛林公爵等人于1585年7月7日在内穆尔起草并签署。《内穆尔条约》签署后，凯瑟琳·德·美第奇快马加鞭，赶往圣莫尔-德福塞，再次代表亨利三世与神圣联盟领袖吉斯公爵亨利一世等人签署《圣莫尔条约》。毫无疑问，《圣莫尔条约》直接导致了法兰西最后一场宗教战争的爆发。

[②] 1589年，亨利三世被刺伤，纳瓦拉的亨利继位，开创了波旁王朝，史称"亨利四世"。

[③] 乔治·吉尔平（George Gilpin, 1514—1602），英格兰外交官、间谍。

登上法兰西王位的纳瓦拉的亨利

管不断取胜，光复了一座座城池，但从一开始就矛盾重重，各怀鬼胎，经常因人力、军费分摊问题闹得不可开交。尼德兰革命各省投入实战的兵力不足六千人，如果刨除英格兰志愿兵人数，还不到三千人！难怪伊丽莎白女王没把尼德兰革命各省代表抛出的承诺——如果女王愿意支持他们的事业，他们保证很快集结一支一万五千人的部队——当回事。

就在伊丽莎白女王与尼德兰革命各省代表因人力、军费分摊等问题谈判、协商期间,安特卫普沦陷。但安特卫普之殇到底是谁之过呢?我想双方都难辞其咎。双方斤斤计较,想把一切细节谈得妥妥当当,结果架空了英格兰代表团,最终导致战机被贻误,痛失安特卫普。一方面,尽管伊丽莎白女王严词拒绝接纳尼德兰革命各省,但各省代表们就是不肯罢休,大有一副逼她就范的架势。另一方面,伊丽莎白女王又迫切希望增强军事行动力度,掌握更多的话语权,从而要挟腓力二世对尼德兰革命各省做出必要的让步。在伊丽莎白女王看来,腓力二世应继续扮演尼德兰统治者的角色,但前提是得设法让他遵守尼德兰人的宪法,从而保障尼德兰人的权利。这时,伊丽莎白女王面临着另外两个问题。万一腓力二世如各方所愿做出相应的让步,尼德兰人再闹事不就是犯罪吗?联省自治的尼德兰届时该由谁主政呢?当选议员充其量是业余政治家。与他们相比,伊丽莎白女王宁肯把最终决策权留给王公贵戚。她当着尼德兰革命各省代表的面,直言不讳地说道:"王公贵戚们懂礼数、识大体。他们有时不得不左右兼顾,统筹规划。我们千万不要因此而指责他们和稀泥、随风倒。他们有独特的思维

西班牙军队围攻安特卫普

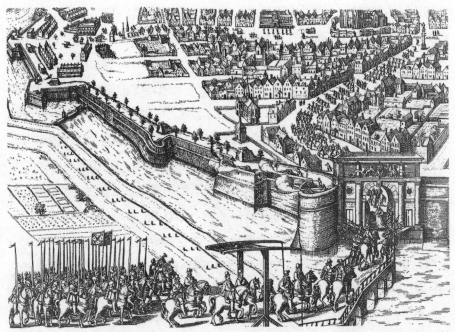

安特卫普沦陷，亚历山大·法尔内塞率军入城

和处事方式，普通人是无法与他们相提并论的。"伊丽莎白女王这么说的真正用意是，她不希望尼德兰获得真正意义上的独立，同时愿意与尼德兰的掌权贵族多打交道。当然，这种企图是万万不能体现在文字上的，更像两位高人之间的"君子之约"。在现代社会，基于这种想法的行事方式是不被人们接受的。当然，那时的尼德兰人不会事事逆来顺受，但要说他们卑劣、有失道义，也是不恰当的。

从1586年到1588年，伊丽莎白女王与帕尔玛公爵亚历山大·法尔内塞就西班牙无敌舰队的活动范围反复谈判，以期满足各自的利益。但谈判归谈判，双方的利益诉求绝无达成一致的可能。伊丽莎白女王始终坚持自己的观点，毫不妥协。就尼德兰的新教徒而言，他们只是少数派，即使在革命各省，他们仍然不占主导地位。因此，伊丽莎白女王只能选择性地支持他们的诉求，就像对待国内的天主教徒那样：允许他们信仰自由，不强迫他们改变信仰，但不许公开传经布道；坚决赞同废除阿尔瓦公爵费尔南多·阿尔瓦雷斯·德·托莱多-皮门特尔强制施行的新宪法，允许恢复旧宪法——这意味着域外各国都必须撤走各自的驻军。然而，尼德兰革命各省并不满足。如果腓力二世最后做出让步，同意上述内容，那么伊丽莎白女王就没有理由插手尼德兰革命各省的事务了。如果腓力二世不肯做出让步，那么伊丽莎白女王就可以名正言顺地维护英尼盟约了，并且不能放弃弗拉兴和布里尔两处要塞了，除非尼德兰人把借去的钱一分不少地还给她，同时按照她的意愿结束战争。谁都想得到，尼德兰人岂会心甘情愿地臣服腓力二世？正因为如此，他们只能乖乖地替伊丽莎白女王卖命，直到她晏驾。

伊丽莎白女王任命莱斯特伯爵罗伯特·达德利担任驻尼德兰英军统帅，该决定是经过深思熟虑才做出的。当时，人们一致认为，莱斯特伯爵罗伯特·达德利是最合适的人选。伊丽莎白女王将最终决定告诉大臣们后，他们个个举手赞同，尤其是弗朗西斯·沃尔辛厄姆。弗朗西斯·沃尔辛厄姆与莱斯特伯爵罗伯特·达德利关系甚好，始终是他的坚定支持者。英格兰一直流传着这样一个不成文的风俗，那就是英军的统帅通常不是职业军人，而是某个大贵族。反观英格兰与苏格兰、爱尔兰战争史上三军统帅，很少有军人出身的贵族。因此，从严格意义上来讲，他们没有一个符合职业统帅的标准。伊丽莎白女王的这一重大决策从一开始就蒙蔽了欧洲一大批敌人的双眼，使他们有意识地放松了警惕。此外，推选某位位高权重的贵族担任英军统帅还有其他方面的考虑，即贵族本人有能力并且愿意动用自己的大部分资源。根据封建传统，应征短期兵役的贵族不仅没有薪水，而且要自掏腰包。在广施恩惠方面，英格兰历史上还没有哪个贵族能像莱斯特伯爵罗伯特·达德利那般慷慨、大方。为了能够筹集到更多的资金，他不惜抵押所有庄园，从而确保个人及军队的所有开支。要说他并不是位称职的将领，那只能说他缺乏一位职业将领所必备的军事才华。没错，他犯过一些大忌，但在军事上没有失策。

莱斯特伯爵罗伯特·达德利时年四十五岁，谢顶，花白胡子，红脸，但体形完美，仪态庄严，衣着得体。伊丽莎白女王一直视莱斯特伯爵罗伯特·达德利为青梅竹马的朋友。三十年前，她一度深深爱过他。即便现在，他依然是她最贴心、最值得信赖的臣仆。威廉·塞西尔也深得伊丽莎白女王喜欢、信任。随着时间的推移，威廉·塞西尔越来越倾向于伊丽莎白女王的主张、政策。因此，他深受伊丽莎白女王的恩宠。与莱斯特伯爵罗伯特·达德利和威廉·塞西尔相比，弗朗西斯·沃尔辛厄姆则显得有些另类。职业的敏感性使他时时、处处疑心重重，动不动就和伊丽莎白女王叫板，唱对台戏。因此，与其说伊丽莎白女王喜欢他，不如说是更离不开他。三人中最受伊丽莎白女王宠幸、与她关系最亲密的当属莱斯特伯爵罗伯特·达德利。伊丽莎白女王的许多闲暇时光都是和他一起度过的。伊丽莎白女王身边不乏年轻的宠臣，但无人能替代莱斯特伯爵罗伯特·达德利在她心中的位置。因为多年的亲密关系，莱斯特伯爵罗伯特·达德利深知伊丽莎白女王所思所想。他比谁都清楚如何迎合伊丽莎白女王，当着她的面说出她不愿在内阁会议上真正想要表达的心声而且不冒犯她。其他大臣逐渐习惯了事先与莱斯特伯爵罗伯特·达德利通气，好让他向伊丽莎白女王传达自己的真实想法，从而能够得到伊丽莎白女王的支持。因此，不管从哪个方面来讲，莱斯特伯爵罗伯特·达德利都是驻尼德兰英军统帅的最佳人选，一方面不会引发英西战争，另一方面能替女王行使最高统治权。

　　自阿朗松公爵弗朗西斯和奥兰治亲王威廉一世相继去世后，尼德兰一直处于无人主政的混乱状态，政务暂由各省推选的议员组成的政府班子处理。莱斯特伯爵罗伯特·达德利以中将的身份率军进驻尼德兰，但尼德兰需要的是一位统治者，而不是一位军事统帅。因此，莱斯特伯爵罗伯特·达德利还没有扎稳脚跟，尼德兰政府代表就迫不及待地敦促他接受总督一职，做他们的实际统治者，就像腓力二世曾派驻尼德兰的几任总督一样。我们不妨设想一下，如果盛情难却的莱斯特伯爵罗伯特·达德利欣然接受了尼德兰政府代表的请求，毫不客气地接受了总督一职，那么伊丽莎白女王的做法不就和腓力二世如出一辙了吗？不就和她先前一贯坚持的立场相背了吗？

　　莱斯特伯爵罗伯特·达德利前脚刚踏上尼德兰的领土（1586年1月14日），后脚就接受了联省政府代表的请求（1586年1月24日）。因此，我们几乎可以肯定地说，这一切都是尼德兰代表与伊丽莎白女王的大臣们事先谋划好的。我们知道，伊丽莎白女王的大臣们从不反对尼德兰代表的提议。实际上，离开英格兰前，莱斯特伯爵罗伯特·达德利已经做好了接受总督一职的准备。英格兰曾经派驻荷兰的外交官威廉·戴维森①也极力撮合此事。事成后，威廉·戴维森快马加鞭，日夜兼程，第一时间把消息带给了伊丽莎白女王。一直支持莱斯特伯爵罗伯特·达德利担任尼德兰总督一职的威廉·塞西尔和弗朗西斯·沃尔辛厄姆再三恳求伊丽莎白女王千万不可动怒，一定要成全此事。其实，伊丽莎白女王早有预感，所以在莱斯特伯爵罗伯特·达德利离开英格兰之际，一再嘱咐他无论如何都不能接受总督一职。伊丽莎白女王之所以心存疑虑，主要是因为权力方面的考量。她不担心莱斯特伯爵罗伯特·达德利将来会与她分庭抗礼，而是害怕因此失去更多的谈判筹码。伊丽莎白女王深知，一旦成全了此事，就意味着她将要面对太多不确定的因素。最让伊丽莎白女王气不过的是，她的臣仆竟然算计她，背着她谋划好了一切，然后反过来逼她就范！于是，伊丽莎白女王大发雷霆，将所有相关人员，包括她的大臣、尼德兰代表以及莱斯特伯爵罗伯特·达德利，都骂了个狗血喷头。她还特意给莱斯特伯爵罗伯特·达德利写了一封信，表达自己的强烈不满。信的内容如下：

女王陛下致莱斯特伯爵罗伯特·达德利：

由托马斯·赫尼奇爵士②转呈

你竟然戏弄我们！见到信使时，你就会明白事态已经严重到何种地步。听信使的吩咐，你立即辞掉总督一职！我们要不是亲自听闻，真想不到我们一手提拔、集万恩于一身，在英格兰这片土地上享受一人之下、万人之上荣耀的臣仆，竟敢这般狂傲自大，肆意逾矩，辱没光荣的使命。你如此狼子野心，为满足私欲无所不用其极，你何时考虑过祖国的利益？你尽到一个臣子应尽的义务了吗？聪明反被聪明误！不要侥幸认为我们拿你没

① 威廉·戴维森（William Davison，约1541—1608），伊丽莎白女王时期的国务大臣。他是处决苏格兰女王玛丽·斯图亚特事件中的关键人物，他因此背上了"弑君"的千古骂名。担任国务大臣期间，他积极倡导拉拢尼德兰、苏格兰的新教派朋友，成立新教联盟，共同抵御天主教大国法兰西。

② 托马斯·赫尼奇爵士（Sir Thomas Heneage，1532—1595），英格兰政治家，伊丽莎白女王时期的枢密大臣。

办法。好好想想该怎样将功赎罪吧。我们命令你抛弃一切借口与托词，立即以英格兰忠臣的身份听从我们全权委托的信使的一切指示，做好你的分内之事。如若不然，你就等待接受最严厉的惩罚吧。

伊丽莎白女王这封字字冒着怒气的信，不仅是写给莱斯特伯爵罗伯特·达德利一人的，而且是斥责尼德兰代表怂恿"她的这头动物"公然抗旨的。她扬言要让他们和莱斯特伯爵罗伯特·达德利一道为自己的鲁莽行动付出代价，并强令莱斯特伯爵罗伯特·达德利立即在接受任命的原地公开宣布辞掉总督一职。

伊丽莎白女王实在太气愤了，根本没有想过当时做出那么武断的决定到底合不合理。事实证明，她的决定对英军的后续行动是极其不利的。尼德兰代表当时执意授予莱斯特伯爵罗伯特·达德利"绝对统治权"的目的是，一旦莱斯特伯爵罗伯特·达德利落入圈套，他们就可以凭借娴熟的操控手段左右伊丽莎白女王的决策。为了实现真正的企图，他们当然不会傻到把所有的希望都寄托在一个徒有虚名的、一支英军分遣队的总指挥的身上。双方经过长时间的激烈争论后，1586年6月，伊丽莎白女王不得不改变当初毫无商量余地的坚决态度，被迫同意保留莱斯特伯爵罗伯特·达德利总督一职的头衔。但伊丽莎白女王一让步，尼德兰代表就后悔了，他们因一时糊涂竟然把最高决策权拱手让给了别人！于是，他们又不依不饶地追着伊丽莎白女王解释"绝对统治权"的诸多细节。这不等于火上浇油吗？伊丽莎白女王好不容易做出了一点儿让步，尼德兰代表又拿"绝对统治权"说事。这岂不是出尔反尔，欲陷伊丽莎白女王于不义吗？就这样一来二去，莱斯特伯爵罗伯特·达德利倒被晾在了一边，尼德兰人逐渐淡化了他的存在价值。莱斯特伯爵罗伯特·达德利生性鲁莽，容不得别人对他说半个"不"字。一有人反对他的意见，他就会毫不客气地给人家贴上敌人、叛徒甚至帕尔玛公爵亚历山大·法尔内塞爪牙的标签，动辄就以绞刑相逼。不过，他依然深受极端加尔文教民主党派人士，尤其是乌特勒支极端加尔文教徒的拥戴。于是，他故意蛊惑极端加尔文教民主党派人士脱离尼德兰，最终该党派人士与尼德兰长期分离。伊丽莎白女王虽然当时非常愤怒，但没有切断驻尼德兰英军的供给。后来，伊丽莎白女王索性一分钱也不给莱斯特伯爵罗伯特·达德利。莱斯特伯爵罗伯特·达德利既没钱发军饷，又无法展开军事行动。军中上下士气低落，怨声四起。更糟糕的是，老奸巨猾、深知和谈绝无可能的帕尔玛公爵亚历山大·法尔内塞故意放出风声，说他愿意和谈。

伊丽莎白女王向尼德兰派驻英军的主要目的不是真正展开军事行动，而是为了向腓力二世秀肌肉。因此，她无心过问已被帕尔玛公爵亚历山大·法尔内塞紧握在手中的尼德兰失地。即使她有能力光复失地，也不愿那么去做。尼德兰人大部分是天主教徒和保皇派。帕尔玛公爵亚历山大·法尔内塞的兵力远在英尼联军之下，并且粮草匮乏，士兵领不到军饷。从帕尔玛公爵亚历山大·法尔内塞手中夺回的几个省已经被战火摧残得面目全非，一片狼藉。海上贸易被迫中断，各省之间的内陆航线也瘫痪了。佛兰德斯和布拉班特两省大批的新教徒纷纷逃往尼德兰革命各省。虽然这些省受到战争不同程度的影响，但其总体局势稳定，经济形势向好。它们的人口总数接近两百万，几乎是英格兰人口总数的一半，其人口结构的主要部分依然是天主教徒，但宗教斗争已不再是新教徒坚持的主要目标，他们的注意力已经转移到独立政权能带给他们丰富的物质资源上。自从有了伊丽莎白女王这座大靠山后，尼德兰已经不再惧怕西班牙的威胁，所以不愿做出任何让步。不过，伊丽莎白女王还是坚持尼德兰应与西班牙达成某种妥协，以便驻尼德兰英军有用武之地，进而迫使腓力二世进一步做出对她有利的让步。

莱斯特伯爵罗伯特·达德利甘愿一马当先，发挥最大优势。他的想法得到了弗朗西斯·沃尔辛厄姆的全力支持，但威廉·塞尔并没有明确表态。威廉·塞西尔早就琢磨到很有必要与伊丽莎白女王的宠臣莱斯特伯爵罗伯特·达德利处好关系。因此，怂恿莱斯特伯爵罗伯特·达德利接受荷兰总督一职极有可能有他的一份，即使现在，他也表示不反对莱斯特伯爵罗伯特·达德利的一切决定。当然，以上只是表象。在威廉·塞西尔内心深处，他对莱斯特伯爵罗伯特·达德利目前的困境绝无半点同情之心。他尽管一直同情尼德兰人，但更希望借尼德兰人之手扳倒政敌莱斯特伯爵罗伯特·达德利。因此，威廉·塞西尔一面假装积极斡旋，力促尼德兰代表全面接纳莱斯特伯爵罗伯特·达德利，一面背着莱斯特伯爵罗伯特·达德利和弗朗西斯·沃尔辛厄姆在暗中使坏，置莱斯特伯爵罗伯特·达德利于十分尴尬的境地。威廉·塞西尔可以骗得过一时，但不可能一直蒙蔽号称"间谍头目"的弗朗西斯·沃尔辛厄姆的双眼。为了使自己的伎俩不被当场揭穿，威廉·塞西尔最后公开邀请弗朗西斯·沃尔辛厄姆出席了自己手下与帕尔玛公爵亚历山大·法尔内塞的代表的一次会谈。很快，弗朗西斯·沃尔辛厄姆写信告诉莱斯特伯爵罗伯特·达德利："原来威廉·塞西尔和帕尔玛公爵亚历山大·法尔内塞才是他们①真正的幕后老板，这真是一件难以启齿的龌龊事！"威廉·塞西尔的伎俩被识破后，他通过其他途径继续与帕尔玛公爵亚历山大·法尔内塞和尼德兰代表谈判，但没取得实质性的进展。

伊丽莎白女王对尼德兰事务上的总体方针是，引诱腓力二世看到和谈的希望，同时不能让尼德兰关闭和谈的大门。为了达到这个目的，伊丽莎白女王更倾向于通过除军事干预之外的途径同时向双方施压。1585年底时，弗朗西斯·德莱克爵士的船队突然出现在西班牙本土的海岸线附近，大肆洗劫了比戈。满载而归的船队浩浩荡荡地穿过大西洋，然后相继洗劫了圣多明哥、卡塔赫纳，并把它们付之一炬。1587年，完成环球航行的弗朗西斯·德莱克爵士率船队迂回到加迪斯港，一把大火烧光了停泊在那里的无敌舰队分遣队军舰和所有军需物资。在随后整整两个月的时间里，船队一直游弋在葡萄牙海岸附近，劫掠、摧毁所有过往的西班牙籍船。

自从第一次劫掠西班牙运宝船并获得丰厚的战利品以来，伊丽莎白女王愈发肆无忌惮。她本以为腓力二世每次都会忍气吞声，甘愿受辱，没有足够的勇气展开报复，但这次她的如意算盘却打错了。腓力二世一直把征服英格兰视为自己的宏伟目标之一。因为精力有限，他暂时顾不得实施。他本想着在平定尼德兰革命、稳住法兰西后再着手实施征服英格兰的伟大计划，没料想伊丽莎白女王在尼德兰的行动打乱了他的计划。于是，悲愤交加的腓力二世决定先拔掉英格兰这根毒刺。

就在这时，帕尔玛公爵亚历山大·法尔内塞在尼德兰的行动遇到了莱斯特

---

① 威廉·塞西尔派驻尼德兰的间谍和帕尔玛公爵亚历山大·法尔内塞的代表。——原注

伯爵罗伯特·达德利一样的困境。在英西海战爆发前，伊丽莎白女王在尼德兰的军事行动——我们权且如此称呼——只限于小打小闹，偶尔抢夺军需物资，三三两两打几场小仗，占领或者光复几个小镇，如此而已。帕尔玛公爵亚历山大·法尔内塞展开的军事行动也不过如此。因此，尼德兰的战争形势几乎没发生什么实质性的变化。

莱斯特伯爵罗伯特·达德利担任尼德兰总督未满一年，1586年11月，一些棘手的问题使他回了英格兰。苏格兰前女王玛丽·斯图亚特图谋暗杀伊丽莎白女王的阴谋败露。接着，英格兰议会召开会议，研究如何惩罚玛丽·斯图亚特。

第 **9** 章

"巴宾顿阴谋"与处决玛丽·斯图亚特

1584—1587

1584年被揭发的"思罗格莫顿阴谋"——玛丽·斯图亚特尽管没有遭到指控，但毫无疑问是知情者——使人们意识到了伊丽莎白女王的危险处境，因为"思罗格莫顿阴谋"的最终目标就是暗杀伊丽莎白女王。只要玛丽·斯图亚特一日不死，英格兰就永无宁日。当然，英格兰大部分天主教徒都与"思罗格莫顿阴谋"无关，更不要说他们里通外国，置英格兰于外国军队的铁蹄之下了。他们都忠于自己的合法君主——伊丽莎白女王。但问题是，一旦伊丽莎白女王遭遇不测，他们会拥立谁来继承英格兰王位呢？毫无疑问是玛丽·斯图亚特。只要玛丽·斯图亚特继承英格兰王位，英格兰的新教徒就会发动叛乱，支持自己人争夺王位。然而，遗憾的是，新教徒既没有属于自己的组织，也没有合适的王位继承人人选，更没有哪位大贵族愿意站出来担任领袖。一向叫嚣组建新教联盟的威廉·塞西尔一面鼓吹尽早除掉玛丽·斯图亚特，一面暗中积极行动，向玛丽·斯图亚特偷偷表忠心，说一直看好她，以防形势出现反转危及自己的仕途甚至性命。没错，近几届议会下议院议员的新教化倾向明显，而且逐届增强，但一旦伊丽莎白女王驾崩，即使议会还未到期，也得被迫解散。枢密院也会遭遇同样的命运。届时，即使前朝大臣如威廉·塞西尔、弗朗西斯·沃尔辛厄姆以及任职不久的其他大臣仍然在枢密院担任相关职务，但可以肯定的是，新继位的君主不会重用他们。他们的一切将会随着伊丽莎白女王的离去而烟消云散。整个国家将不再按照他们的意愿行事，而是落入占有大量封建领地及财产的大贵族手中。更令他们纠结的是,在伊丽莎白女王稳坐王位时,他们断不能本着为自己前途着想的目的私下物色一位新教派接班人,更不用说结党营私了。伊丽莎白女王决不允许大臣们在自己眼皮子底下干这种事情,一旦发现,就定斩不饶。

枢密大臣们就是在这种窘境中想出"联合保证"这一奇招的。"联合保证"要求签约人员做出如下保证:一旦伊丽莎白女王遭遇不测,他们就联名拒绝承认任何一位篡逆者为合法君主,不管篡逆者是自我行动还是他人代替行动,并且依法判处篡逆者死刑。

"联合保证"的实质是一个预设性的准法律文件,既可以起到否定玛丽·斯图亚特继承英格兰王位合法权的作用,又可以起到团结一切可团结的新教力量来筑成一道坚固防线的作用。大臣们尽管一致认为伊丽莎白女王不会就此为难他们,但深知没有通过议会决议的"联合保证"终究只是一个意向性的文件,它不会因此起到保证新教党一切正当利益诉求的任何作用。仅凭一份"联合保证"并不能断定新教党到底有多少坚定的支持者,因为玛丽·斯图亚特的拥戴者不会傻到自我标榜为"玛丽派",就连玛丽·斯图亚特本人也吵嚷着要在"联合保证"上署名呢。1585年3月,"联合保证"略作改动后被提交议会。议会通过决议,赋予"联合保证"法律效力。改动后的"联合保证"规定,如果英格兰遭遇外敌入侵,或国内爆发叛乱,无论是谁或者为了谁,只要上述情况是为了争夺王位,或者只要此人受指使意欲对女王图谋不轨,或任何一个自称具有王位继承权的声索者有此企图,政府就可以直接通过由女王任命的至少二十四名枢密大臣、贵族议员代表及大法官组成的特别委员会审讯、宣判以上各类人员,依法剥夺他们的王位继承权,并在女王的指示下判处他们死刑;如果女王不幸被杀,特别委员会的所有成员或大部分成员应在女王晏驾后,立即按照程序接纳至少十二位自愿放弃王位声索权的贵族议员以及大法官;一旦新组建的特别委员会确认第一条提到的各类人员犯罪证据属实,各委员就应在第一时间果断采取措施,以强制或任何可能手段处死犯罪人员;各委员不应有所顾忌,只要能及时消除危及王国稳定的各种隐患,任何手段、方法都将受到该法律的保护。

显然,为应对伊丽莎白女王遭遇不测后的各种突发情况,新教派大臣们已经制定出一整套符合法律规定的应对措施。他们的举措无异于组建临时政府，以便届时依法剥夺玛丽·斯图亚特的王位继承权。至于大臣们将来是否有足够的决心和能力将"联合保证"付诸实践还有待见证，但不管怎样，他们已经站在了法理一边。

心浮气躁的玛丽·斯图亚特自然不会等到伊丽莎白女王寿终正寝后，才开始实施冒险计划。因此，"联合保证"的正式生效就意味着她永远等不到继承英格兰王位的那一天了。正所谓祸不单行，一场预料之外的灾难再次降临到玛丽·斯图亚特的头上。1584年，获悉儿子成功处理了"鲁思文劫持事件"的消息后，玛丽·斯图亚特异常兴奋，心想着儿子这次该答应与自己共享苏格兰王位、同意伙同吉斯公爵亨利一世进攻英格兰的计划了吧。于是，她不屑一顾地拒绝了伊丽莎白女王的一片好意，殊不知这是伊丽莎白女王给她的最后几次机会之一。詹姆斯六世毫不客气地否决了母亲的提议，拒绝与她共享王位。他还敦促伊丽莎白女王不可释放母亲。尽管有所怨言，翌年詹姆斯六世还是如期拿到了伊丽莎白女王曾许诺给他的四千英镑年金。1586年7月，两国终于结盟，但盟约没有提及玛丽·斯图亚特。

眼看着成为英苏两国的君主梦逐渐破灭，玛丽·斯图亚特越来越绝望了，做起事来更加不计后果。早在1586年初，弗朗西斯·沃尔辛厄姆就研究出一套监视玛丽·斯图亚特一切私下活动的有效方法。不久，他就发现了玛丽·斯图亚特的另一场阴谋——煽动安东尼·巴宾顿①暗杀伊丽莎白女王。"巴宾顿阴谋"的策划者中有几个人尽管是坚定的天主教徒，但同时在王室中担任要职，或许这就是伊丽莎白女王的自信所在。帕尔玛公爵亚历山大·法尔内塞也是"巴宾顿阴谋"的一分子。他的任务是，刺杀行动一开始，他就率军在英格兰东海岸登陆。时任驻巴黎大使的贝尔纳迪诺·德·门多萨也忙得不亦乐乎。他四处活动，积极响应阴谋。

---

① 安东尼·巴宾顿（Anthony Babington，1561—1586），巴宾顿家族成员，英格兰贵族。与苏格兰女王玛丽·斯图亚特一起策划了刺杀伊丽莎白女王的"巴宾顿阴谋"。玛丽·斯图亚特因此受到指控，最后以叛国罪被英格兰政府处死。1586年3月阴谋败露后，安东尼·巴宾顿被捕，1586年9月20日被处以绞刑。尸体被分裂后分别送往伦敦各闹市以儆效尤。

安东尼·巴宾顿

　　玛丽·斯图亚特目前的情形正好符合新教党在1585年议会决议中通过的"联合保证"中规定的法律条文。然而，当务之急是特别委员会得想办法征得伊丽莎白女王的同意，然后依法审判玛丽·斯图亚特。从伊丽莎白女王事后的所有表现中，我们不难看出，即使玛丽·斯图亚特参与犯罪的证据已经确凿无疑，伊丽莎白女王还是倾向按照"谋杀达恩利案"的审讯程序来调查玛丽·斯图亚特。与直接给玛丽·斯图亚特定罪、处死她相比，伊丽莎白女王更倾向于贬损她的名声，揭露她的罪行，甚至如果可能的话，让她在自己面前下跪求情，亲口承认累累罪行，以求宽恕。但玛丽·斯图亚特不是那种甘愿低头认错的人。她宁肯面对死亡，也不愿自损尊严，苟活于世。因此，玛丽·斯图亚特总是错误地认为，只要一口咬定自己毫不知情，就有人乐意为她打圆场，替她洗清"冤屈"，管他什么证据不证据的。此外，伊丽莎白女王前几次的"退让"，使玛丽·斯图亚特认为她不敢置自己于死地。

然而，玛丽·斯图亚特的如意算盘这次落空了，她将面临法律的惩罚。根据1585年议会通过的"联合保证"，政府又成立了一个特别委员会。特别委员会成员由四十五人组成，其中有贵族、枢密大臣与法官。委员会一成立，委员们就马不停蹄地朝玛丽·斯图亚特新近被囚的福瑟陵格城堡①赶去。一开始，玛丽·斯图亚特坚决拒绝出庭。然而，被告知法庭在她缺席的情况下仍然如期开庭时，

审讯玛丽·斯图亚特

她尽管仍然不停地抗议，但到了1586年10月14日还是做出了让步。委员们在福瑟陵格城堡的审讯工作只进行了两天，随后法庭休庭。审讯地点转移到威斯敏斯特。1586年10月25日，委员们在威斯敏斯特法庭宣布玛丽·斯图亚特被指控的所有罪名成立，判她有罪，同时宣布剥夺她的王位继承权。这次宣判的依据是"联合保证"，詹姆斯六世依法享有各种特权。宣判结果很快传遍各地，但官方声明还有待议会正式表决通过。

还在审讯工作进行期间，政府就已着手组建新一届议会班底。1586年10月29日，议会召开会议。所有议员的表现让人耳目一新，没有一个人替玛丽·斯图亚特说过一句求情的话，一致同意处决玛丽·斯图亚特。决议通过后呈递给伊丽莎白女王，希望她同意签字。历史上不乏依法处死君权神授的君主的先例，如亚甲①、耶洗别②、亚他利雅③、被盖乌斯·尤里乌斯·恺撒④处死的加拉提亚⑤国王德奥塔鲁斯⑥、提比略⑦处死的色雷斯国王列斯库波里斯二世⑧以及安茹的

① 亚甲（Agag）是希伯来《圣经》中被奉耶和华之命的扫罗王打败的亚玛力国王。亚甲战败后，扫罗王没有立即处死他，而是扔给暴民让他遭受凌辱。此举触怒了撒母耳。他以上帝之名废黜了扫罗王。然后，撒母耳处死了亚甲，理由是："正如你手中的利剑沾满无数母亲爱子的鲜血一样，就让我手中的这把利剑沾沾你的鲜血吧。"
② 耶洗别（Jezebel）是希伯来《圣经》中的人物。根据《列王纪（上）》，耶洗别是西顿王国国王以素巴一世之女，以色列国王亚哈之妻。亚哈在位期间，她教唆丈夫下令停止崇拜耶和华，改尊巴力和阿瑟拉。她还大肆迫害耶和华的众先知。为报复一位拒绝向亚哈出售土地的封建领主，她不惜伪造证据，亵渎神灵，然后还处决了那位领主。最后，残暴无耻的耶洗别惹得人神共愤。忍无可忍的侍从将她扔出窗外，暴尸大街。更恐怖的是她的尸体被一群野狗一扫而光。
③ 亚他利雅（Athaliah）是犹大王国女王（约前841—前835），继位前是王后，约兰国王之妻。公元前841年，亚他利雅之子，犹大王国国王亚哈谢在以色列进行国事访问期间被耶户暗杀，耶户登上以色列王位。随后，他屠杀了亚哈谢家族在以色列的所有成员，结束了暗利王朝在以色列的统治。亚哈谢遇刺后，亚他利雅继承犹大王国王位。为斩草除根，她下令处决了几乎所有可能危及王位的声索者，包括暗利王朝在犹大王国的后嗣，只有亚哈谢之子约阿施因被人及时藏匿而幸免于难。亚他利雅统治犹大王国六年。其间，她引进腓尼基的巴尔祭典，建立神殿。公元前835年，约阿施在他人的帮助下发动政变，夺回王位，处死了亚他利雅。
④ 盖乌斯·尤里乌斯·恺撒（Gaius Julius Caesar，前100—前44），即恺撒大帝，罗马共和国末期杰出的军事统帅、政治家，罗马帝国的奠基者。他还是著名的拉丁文散文家。
⑤ 加拉提亚（Galatia）是位于今土耳其境内的古代王国。
⑥ 德奥塔鲁斯（Deiotarus，约前105—约前40），加拉提亚王国国王。他是凯尔特裔国王中最有成就的人之一。
⑦ 提比略（Tiberius，前42—37），罗马帝国皇帝（14—37）。
⑧ 列斯库波里斯二世（Rhescuporis II），色雷斯地区奥德里西亚王国国王（约前18—约前13）。

处死康拉丁

查理一世①处死的康拉丁②。伊丽莎白女王以不合法理为由要求议会撤回决议，重新拟定决议内容。然而，没想到一向唯唯诺诺的议员们这次拒不让步，向伊丽莎白女王重申执行决议的必要性，坚持认为"只要苏格兰女王一日不死，女王的安全就无法得到保证"。

事实证明，在是否同意处理玛丽·斯图亚特一事上，伊丽莎白女王的迟疑态度是自相矛盾的。人们理所当然地认为，伊丽莎白女王是非常希望玛丽·斯

---

① 安茹的查理一世（Charles I of Anjou，约1226—1285），卡佩家族成员，南意大利安茹王朝的开国君主。他获封的头衔有神圣罗马帝国普罗斯旺伯爵（1226—1285）、佛卡吉耶伯爵（1246—1248，1256—1285）、法兰西安茹-曼恩伯爵（1246—1285）、西西里王国国王（1266—1285）、亚加亚王国（诸侯国）国王（1278—1285）。1272年，他被封为阿尔巴尼亚王国国王。1277年，他宣称有权继承以色列王国王位。

② 康拉丁（Conradin，1252—1268），即小康拉德，士瓦本公爵康拉德四世（1254—1268），以色列王国国王康拉德三世（1254—1268），西西里王国国王康拉德二世（1254—1258），霍亨斯陶芬王朝末代君主。

图亚特永远离开这个世界的,所以迫切地想借臣民之手除掉玛丽·斯图亚特。没错,伊丽莎白女王绝非大度之人,但要说她有仇必报、心狠手辣未免太离谱了。她从不记恨敌人,心中没有半点儿怨恨。她从没有仓促惩罚过任何一个自己不喜欢的人,甚至没有革过他们任何一个人的职。相反,她常常以继续留用他们为豪,还把他们中的一部分人留在自己身边。自继位以来,她只处决过两位贵族。当然,他们理应受到这种惩罚。在过去的十五年中,要不是她始终坚定不移地挡在玛丽·斯图亚特与断头台之间,玛丽·斯图亚特早就身首异处了。英格兰有过那么一段灰暗的历史,取消天主教徒继承英格兰王位的合法权利引起了天主教势力叛乱,但那已经成为历史。现在,伊丽莎白女王只面临两大威胁:外敌入侵和暗杀,其中后者更严重。对于暗杀,只要玛丽·斯图亚特不再暗中煽风点火,很少有人甘愿冒生命危险去干这种蠢事。尽管如此,伊丽莎白女王还是下不了决心。要弄清楚伊丽莎白女王为何不愿同意处决玛丽·斯图亚特,答案其实很简单——她不想背负千古骂名,更不想给自己的臣民开弑君,尤其是杀一位君权神授的君主的合法先例。因此,即使面对生命危险,伊丽莎白女王依然表现出一副无所谓的样子,尽量挽救玛丽·斯图亚特的生命。如果非要如此,那就让大臣和新教党背负这个罪名,是他们要执意处决自己表亲的。虽然这种结果会隐隐约约刺痛她的良心,但事已至此,就让时间来解决所谓的怨恨吧。

在接下来的1586年12月到1587年1月整整两个月的时间里,该如何处理玛丽·斯图亚特处于胶着状态。随着时间的推移,事态逐渐朝着不利于玛丽·斯图亚特的方向发展。其间,没有一位外国君主愿意站出来为她求情,与英格兰政府斡旋。虽然长期的软禁生活让玛丽·斯图亚特看起来苍老了不少,但她的精力依然充沛,想法层出不穷,不断制造阴谋的行动一刻也没停止。渐渐地,人们对她变得不耐烦起来,指责她除了制造麻烦别无他用,她看似无辜,实则伪善、毒辣。教皇不再对她感兴趣,认为即使扶她复辟,她的王位终究会落入新教派继承人①的手里。腓力二世曾萌生过救她一命的想法,但现在不愿出面替她求情,

----

① 玛丽·斯图亚特之子詹姆斯六世信奉新教。

因为他正忙着琢磨如何应对箭在弦上的英西大战呢。玛丽·斯图亚特如果获悉腓力二世现在的真实想法，或许根本就不该指望腓力二世！

我们再来看看詹姆斯六世。自不久前英苏结盟以来，詹姆斯六世就把母亲视为潜在的敌人了。在查特利城堡中查获的一堆文件中，其中就有玛丽·斯图亚特预谋绑架、废黜詹姆斯六世的相关内容。我们能想象到詹姆斯六世看到这个计划时的第一反应会是什么。王室的体面只允许詹姆斯六世发发牢骚，甚至恐吓一下母亲，但他无论如何也不希望母亲活着。他还可以狠狠敲诈伊丽莎白女王一笔，既要让她来保证自己英格兰王位的合法继承权，又不忘了增加年金的数额。于是，詹姆斯六世派内务总管帕特里克·格雷①全权负责谈判事宜。詹姆斯六世精挑细选的这位大使可谓奸诈至极。他一面怂恿詹姆斯六世与母亲撇清关系，一面在伊丽莎白女王面前吹捧苏格兰人如何拥戴玛丽·斯图亚特，如果伊丽莎白女王不答应满足苏格兰政府提出的所有要求，总会有人（即玛丽·斯图亚特）满足。尽管苏格兰的"玛丽派"贵族整天叫嚣着血洗英格兰，但谁也不希望玛丽·斯图亚特返回苏格兰，更别说在乎她的利益诉求了。他们甚至幻想腓力二世给他们一笔钱，支持他们侵袭英格兰。这样一来，到时候他们就会赚得盆满钵满了。尽管詹姆斯六世表面上对英格兰的所作所为表现得义愤填膺，为自己对待母亲有些粗暴无礼而闷闷不乐，但切身利益使他不敢与伊丽莎白女王撕破脸皮。亨利三世的态度显得更加扑朔迷离。他尽管公开抗议英格兰政府的行为，态度也很强硬，但没有提到玛丽·斯图亚特是否该受惩罚的问题，只是坚决反对英格兰政府处决一位女王，况且那位女王还是他的家族成员。如果非要这么说的话，亨利三世的抗议或许是发自内心的。因为他专门为此事打发大使去行贿伊丽莎白女王的大臣，让他们网开一面。事实上，英格兰政府可能处决玛丽·斯图亚特一事让他非常恼火，但他绝不会像腓力二世那样用武力威胁英格兰。

议会休会期一结束，议员们就迫不及待地通过了处决令。即使在议会休会期间，大臣们也没闲着。在1586年12月至1587年1月整整两个月的时间里，大臣

---

① 帕特里克·格雷（Patrick Gray, ？—1612），苏格兰贵族、政治家，詹姆斯六世的私人内务总管，因此，也称他为内务总管帕特里克。

们一有机会就对伊丽莎白女王展开攻势，强烈要求她签发处决令。1587年1月底，法苏两国的大使相继离开了英格兰，伊丽莎白女王再也找不到任何拖延的借口了。于是1587年2月1日，她当着最近上任的国务大臣——官居此职的还有弗朗西斯·沃尔辛厄姆——威廉·戴维森的面，在处决令上签了字，并让威廉·戴维森盖了章。至于伊丽莎白女王与威廉·戴维森私下达成了什么协议，我们无从得知，因为威廉·戴维森在事后宣读的四份声明以及后来他接受审讯时的辩词，不仅与伊丽莎白女王本人的陈述大相径庭，而且与他自己前后宣读的声明以及在法庭上提供的辩词也相差甚远。关于这一点，如果读者感兴趣，不妨自己查证一下。伊丽莎白女王暗示同意执行死刑这一点是毫无悬念的，但我们没有理由怀疑威廉·戴维森的声明——"女王喝令他不要再来烦她，或者让她再听到一句关于处决令的事，直到任务完成，因为她已经做了自己该做的一切。于情于理她都能说得过去"。但要真正落实处决令，只签个字是远远不够的。这一点两人心照不宣。但问题是处决令该由谁来传达，交给谁，从什么途径送出，这才是关键。根据威廉·戴维森的辩词，伊丽莎白女王对以上几个问题都闭口不谈。当时，他预感到伊丽莎白女王有让他和弗朗西斯·沃尔辛厄姆背这个黑锅的意向。于是，他怀疑伊丽莎白女王本来就是这么打算的。因此，尽管伊丽莎白女王当时一再吩咐他务必保密，但他仍然把这件事向克里斯托弗·哈顿[1]和威廉·塞西尔和盘托出。

1587年2月3日，威廉·塞西尔在自己的办公室紧急召集第四代德比伯爵亨利·斯坦利、第一代莱斯特伯爵罗伯特·达德利、第二代埃芬厄姆的霍华德男爵查尔斯·霍华德[2]、第一代亨斯顿男爵亨利·凯里、亨利·科巴姆爵士、弗朗西斯·诺里斯爵士、克里斯托弗·哈顿、弗朗西斯·沃尔辛厄姆以及威廉·戴维森等人开会。他们十人极有可能是当时驻留格林威治的所有枢密大臣。威廉·塞西尔

---

① 克里斯托弗·哈顿（Christopher Hatton，1540—1591），嘉德勋章获得者，英格兰政治家、大法官，伊丽莎白女王的宠臣。

② 即第一代诺丁汉伯爵、第二代埃芬厄姆的霍华德男爵查尔斯·霍华德（Charles Howard，1536—1624），英格兰政治家，伊丽莎白女王、詹姆斯一世时期的海军大臣。英西海战中，他指挥英军大败西班牙无敌舰队，成功粉碎了西班牙帝国企图一举歼灭英格兰海军、征服英格兰的阴谋。他的功劳仅次于弗朗西斯·德莱克。

查尔斯·霍华德

当场通报了威廉·戴维森分别与伊丽莎白女王和他谈话的内容。接着，威廉·塞西尔说道："女王陛下毫不保留地履行了自己的分内之责，接下来的事情该由我们做臣子的来分担了。我们有义务，不必再打搅她。"威廉·塞西尔的提议得到了所有枢密大臣的同意。于是，各位大臣一致赞同先给肯特伯爵亨利·格雷①和

① 即第六代肯特伯爵亨利·格雷（Henry Grey, 6th Earl of Kent, 1541—1615），英格兰贵族。

乔治·塔尔博特

施鲁斯伯利伯爵乔治·塔尔博特写信，通知他们前来监督执行处决令。信写好后，十位枢密大臣联合署名，然后随同处决令火速发出。十位枢密大臣当时都想到了他们这么做的后果，即伊丽莎白女王肯定会把责任推到他们头上，说还没等她做出最终裁决就背着她处死了玛丽·斯图亚特。他们断定女王会这么做。他们倒也乐意替女王打这个圆场。当然，伊丽莎白女王肯定不会买这个人情，毕竟这是关乎一位君主尊严的大事。到时候她指定会暴跳如雷，狠狠地收拾他们。但俗话说得好，法不责众，伊丽莎白女王还能把十位枢密大臣统统法办了不成？

1587年2月9日星期四，玛丽·斯图亚特被处决的消息如期传到了伊丽莎白女王的耳朵里。伊丽莎白女王如梦初醒，意识到原来十位枢密大臣早就想好让谁来背这个黑锅了。得知真相后，伊丽莎白女王勃然大怒。为了明哲保身，大臣们竟然背着她使出如此卑劣的手段！但事已至此，总得有人当替罪羊吧，否则伊丽莎白女王也不好向外国交代！最后，霉运落在了不幸的威廉·戴维森的头上。他被指控的理由是违抗圣命，泄露机密，教唆他们犯罪。一个专门成立的特别委员会负责审判威廉·戴维森。审判结果如下：罚款一万马克[①]，囚禁伦敦塔若干时间。政府如数强收了所有罚金。一夜之间，威廉·戴维森变成了穷光蛋。与伊丽莎白女王一样心狠手辣的威廉·塞西尔，不但丝毫不同情威廉·戴维森

玛丽·斯图亚特聆听对她的死刑判决

---

① 一英格兰马克等于3.23美元。——原注

罗伯特·塞西尔

的处境,还希望威廉·戴维森永远背着这个黑锅,因为他想让儿子罗伯特·塞西尔[①]来填补威廉·戴维森的空缺。

让人难以接受的是,伊丽莎白女王不仅希望世人对处决玛丽·斯图亚特一事没有疑心,而且要让他们相信事实本来就是这样。这可以从她事后写给詹姆

---

① 即第一代索尔兹伯利伯爵罗伯特·塞西尔(Robert Cecil, 1563—1612),嘉德勋章获得者,枢密大臣,英格兰政治家,在英苏两国实现共主的过程中起到了推动作用。他分别担任过国务秘书(1596—1612)、财政大臣(1608—1612)、伊丽莎白女王的掌玺大臣等职。

斯六世的一封信中略见一斑。这封信简直是对詹姆斯六世智商的侮辱。"获悉那个不幸的意外(这绝非是朕的本意)时,您能想象到但肯定无法感受到朕当时悲痛欲绝的模样吗?……我恳请您相信,有上帝和他们可以为朕做证,在这件事情上朕是绝对无辜的。因此,请您务必相信朕,要是朕果真有错,朕甘愿接受一切惩罚。……因此,朕知道这件事对您来说意味着什么。但朕如果真的想要那么做,绝不会让他人来替朕承担责任。朕甚至想都不敢想。"

玛丽·斯图亚特赴行刑台

詹姆斯六世虽然没有真正关心过母亲将会面临怎样的处境，但面对他人这般羞辱自己的亲生母亲，绝不可能装得跟没事人似的，更何况羞辱是赤裸裸的。他不想对随时都有可能成为自己的合法领土的英格兰开战。但为了逼迫伊丽莎白女王尽快兑现承诺——按他的要求提供援助，他故意对苏格兰人在英苏边境上的侵袭行动视而不见。他甚至刻意讨好国内的亲西班牙派贵族，大有一副同意他们邀请西班牙军队登陆苏格兰的架势。但撒气归撒气，他绝不会因为心头的怨气而毁了自己的大事。现在，伊丽莎白女王终于可以专心致志地对付已经厉兵秣马、随时准备开战的西班牙无敌舰队了。

我们不能过分地认为，玛丽·斯图亚特不是英格兰臣民，所以英格兰政府不能依法审判、处死她。其实，站在玛丽·斯图亚特立场上的那些人坚持的观点——任何一个世俗法庭无权审判、惩罚一位君权神授的女王——是站不住脚的。一方面，英格兰政府有权拘留玛丽·斯图亚特，因为她严重危害了英格兰的国家安全。另一方面，玛丽·斯图亚特同样有权拒绝拘留，但前提是她的一切阴谋不会引起公愤。不幸的是，透过纷繁芜杂的乱象，我们看到的是事实：玛丽·斯图亚特策划的一切阴谋的最终目的是刺杀伊丽莎白女王。请问哪国政府会宽容到允许这样的事情在自己的国土上发生？流放圣赫勒拿岛期间，如果拿破仑图谋占领该岛，并且阴谋不幸被泄露，那么人们大都不会数落他的不是，尽管这可能会导致许多无辜的人丧命。但如果有人揭发拿破仑企图杀害哈德森·洛爵士[1]，那么他肯定会被送上绞刑架。

毫无疑问，适时处决玛丽·斯图亚特是明智之举。当时，英西战争即将爆发。在这个节骨眼上处决玛丽·斯图亚特，可以起到稳定国内政局、彻底打消天主教党非分之想的作用。玛丽·斯图亚特被处决后，天主教党又把注意力转移到詹姆斯六世身上。但不久他们就发现詹姆斯六世倒向了新教，并且他自己就是一个不折不扣的新教徒。此时，英格兰国内只有一小撮儿耶稣会会士仍打着复兴天主教伟大事业的旗号准备迎接腓力二世征服英格兰。除此之外，英格兰再

---

[1] 哈德森·洛爵士（Sir Hudson Lowe，1769—1844），圣迈克尔-圣乔治大十字勋章获得者，高级巴斯勋章获得者，英裔爱尔兰籍军人，英殖民地行政长官。拿破仑流放圣赫勒拿岛期间，他兼任该岛总督及"监狱长"。

没有天主教徒敢公开叫板了。至此，英格兰国内的各种祸乱终于平息了。举国上下团结一致，臣民们迈着整齐的步伐向繁荣走去。

附　文

关于埃米亚斯·波利特爵士^①拒绝执行

"处决玛丽·斯图亚特令"的说明

埃米亚斯·波利特

---

① 埃米亚斯·波利特爵士（Sir Amias Paulet, 1532—1588），英格兰外交官、泽西岛总督，苏格兰女王玛丽·斯图亚特囚禁查特利城堡期间的监狱官。

在正文中，我没有提及大多数历史学家所坚持的，伊丽莎白女王唆使埃米亚斯·波利特爵士和德鲁·德鲁里爵士[1]谋杀玛丽·斯图亚特的相关细节。没错，处决令签署后，根据伊丽莎白女王的指示，弗朗西斯·沃尔辛厄姆和威廉·戴维森曾动过让埃米亚斯·波利特爵士和德鲁·德鲁里爵士处死玛丽·斯图亚特的念头，但埃米亚斯·波利特爵士和德鲁·德鲁里爵士拒绝了。但问题是，指示的意图是秘密处决，还是在没有处决令的情况下公开处决？威廉·戴维森的声明中既没有提到第二种处决办法，也没做出任何解释。人们一致认可的唯一幕后指令是国务大臣们与埃米亚斯·波利特爵士相互传阅过的两封信，但它们明显存在伪造痕迹。两封信初次公之于世的时间是1722年，发布者是"玛丽派"的坚定追随者乔治·麦肯齐[2]。他说，在整理埃米亚斯·波利特爵士生前的文献时，牛津基督教会的约翰·厄里[3]发现了这两封信，然后约翰·厄里把信的副本给了他。两年后，牛津雅各教派和不矢忠教派教士托马斯·赫恩[4]公开出版了这两封信，并说信的副本是他的一位朋友提供给他的。当时，这位朋友告诉他信的副本是1717年从埃米亚斯·波利特爵士的原始信件集中誊抄过来的。牛津伯爵罗伯特·哈利[5]的藏品中也有原始信件集的全尺寸副本，副本中涂擦、修改的痕迹清晰可见。据说，该藏品是牛津伯爵罗伯特·哈利的手抄本，但书中并没有注明出处。

没有人见过这两封信的真迹，除托马斯·赫恩那位不知名的朋友外，更没有人亲眼见过据说是埃米亚斯·波利特爵士亲自整理并编纂的原始

---

① 德鲁·德鲁里爵士（Sir Drue Drury，约1531—1617），罗伯特·德鲁里爵士（约1503—1577）之子，英格兰下议院议长罗伯特·德鲁里爵士（约1456—1535）之孙，威廉·德鲁里爵士之侄。英格兰政治家、下议院议员（1562—1584）。

② 即第三代克罗默蒂伯爵乔治·麦肯齐（Geroge Mackenzie，1703—1766），苏格兰贵族。

③ 约翰·厄里（John Urry，1666—1715），英格兰知名文学编辑，苏格兰中世纪家族史研究者。

④ 托马斯·赫恩（Thomas Hearne，1678—1735），英格兰日记作者，多产的古文物研究者，研究内容多以中世纪英格兰编年史和其他重要历史文献为主。

⑤ 第一代牛津伯爵、莫蒂默伯爵罗伯特·哈利（Robert Harley，1661—1724），嘉德勋章获得者，英国斯图亚特王朝末期、乔治时代初期的政治家。倒向托利党之前，他曾是辉格党成员。1711年，他被封为大不列颠伯爵。

信件集。1717年以前，这本所谓的"信件集"到底在哪里？1717年时又在哪里？1717年后它变成了什么样子？没有人能回答上述问题。最具说服力的结论是，这本所谓的"信件集"根本就是子虚乌有。两封所谓的"信"其实是乔治一世时期牛津雅各派教会会士杜撰的。为了方便发行，他们想，与其费力模仿埃米亚斯·波利特爵士的笔迹，不如索性杜撰一份手稿，尽管此举并非易事，但总省些事。

乔治一世

或许有人质疑，难道信的内容与威廉·戴维森的声明没有任何出入吗？答案是肯定的。没有。这就是杜撰者们挖空心思蒙骗世人双眼的高明之处。他们首先对威廉·戴维森的声明动了手脚，曲解了它的本意，然后在此基础上杜撰了那两封信。谁都知道当初关于执行玛丽·斯图亚特死刑的相关信件已经无从查证，谁也没见过原始信件。因此，这就为后世层出不穷的伪造信件提供了合适的土壤。

第 10 章

英西战争与欧洲大变局

1587—1603

精彩
看点

伊丽莎白女王一心谋求和平——西班牙以谈判为幌子积极备战——弗朗西斯·德莱克爵士率舰队偷袭无敌舰队母港——腓力二世远征英格兰行动被迫推迟——英格兰趁机完成舰队集结——疑虑重重的帕尔玛公爵亚历山大·法尔内塞——英格兰人的必胜法宝——英格兰皇家海军近况——英西两国海军力量对比——格拉沃利讷海战——无敌舰队惨败——皇家海军大获全胜是必然的——众望所归的陆军总指挥莱斯特伯爵罗伯特·达德利——伊丽莎白女王对臣民的信任是赢得战争的先决条件——莱斯特伯爵罗伯特·达德利"含冤"辞世——海战彻底改变了英西两国臣民对各自国家的看法——最有效的防御手段就是主动攻击——功不可没的民间武装——远征里斯本失利——远征加迪斯——《韦尔万和约》——棋逢对手的亨利四世——两位君主都是务实主义者

伊丽莎白女王一向不看好战争。对她来说，战争能避则避。战争是要花大把钱的。一想到战争会吞噬掉无数真金白银，伊丽莎白女王就不禁颤抖，那些钱可是她长年累月呕心沥血一分分积攒的! 仗一旦打起来，军队一个月的开销就高达一万五千英镑! 莱斯特伯爵罗伯特·达德利从尼德兰返回英格兰，伊丽莎白女王就迫不及待地切断了对尼德兰人的所有供给。她把一切财政问题，包括驻尼德兰英军的花销，甩给了尼德兰人。帕尔玛公爵亚历山大·法尔内塞最近一段时间也没有什么大动作。与无所作为的帕尔玛公爵亚历山大·法尔内塞相比，有传言说西班牙国内正在大张旗鼓地备战。尽管如此，伊丽莎白女王仍然相信英格兰对尼德兰革命的公开支持迟早会迫使腓力二世做出让步。一直以来，帕尔玛公爵亚历山大·法尔内塞没有在尼德兰大动干戈的真实意图是为了保存实力，积极响应主子进攻英格兰的计划。他在等待时机。秋天一到，从意大利抽调的将士瞬间就可以使他的兵力增长两倍。与此同时，他暗地里正在筹建一支平底大帆船分遣队，以便无敌舰队完成集结后适时加入作战序列。

即使翻遍史料，我也无法说清楚伊丽莎白女王在无敌舰队完成集结前的十二个月里对尼德兰到底采取了什么外交政策。其间，伊丽莎白女王似乎突然变了个人似的。她的决定经常令人捉摸不定，甚至一件鸡毛蒜皮之事她也要经过很久才能定夺。难怪批评者们轮番攻击，说她背信弃义，不拿盟友当一回事。然而，时隔多个世纪后，我们以局外人的眼光再次审视伊丽莎白女王的"反常行为"时，就会明白她的良苦用心了——那只是她的权宜之计，她的总体方针一直未变。我们以全局的视角看待伊丽莎白女王的"反常行为"时，将发现——不管我们赞同与否——她一贯主张、践行的政策其实一目了然，前后一致，并且没有半点儿掩饰。伊丽莎白女王从未想过就此对尼德兰革命各省撒手不管，任由腓力二世肆意践踏、奴役，更不要说背弃它们了。不过，她打心底还是希望尼德兰革命各省再度效忠腓力二世的。她需要做的是迫使腓力二世做出适当让步，保证尼德兰革命各省人民能够享受腓力二世独裁统治之前的各种自由。腓力二世如果明白事理，就应该做出这样的让步。如果腓力二世能够认清自己面临的各种复杂形势，能够如伊丽莎白女王所愿在尼德兰事务上做出明智之举，那么伊丽莎白女王就不会背负那么多骂名了。其实，伊丽莎白女王像威廉·塞西尔一样被骗了。但有个人除外，那就是弗朗西斯·沃尔辛厄姆。凭着职业的警觉性，从一开始他就发现英西两国就尼德兰事务展开的一系列谈判注定不会成功，一切只不过是西班牙的障眼法而已。

伊丽莎白女王尽管极度渴望和平，但从未停止攻击腓力二世的行动。1587年4月到6月，伊丽莎白女王正积极推动与帕尔玛公爵亚历山大·法尔内塞展开和谈的事宜。其间，她授权弗朗西斯·德莱克爵士再次远征西班牙近海。弗朗西斯·德莱克爵士不负所望，率领舰队直捣加迪斯①、科伦纳②，毁了很多舰船，烧了大批军需物资，最后满载战利品凯旋。无敌舰队侥幸逃过一劫，因为其大部分舰船当时停泊在塔霍河③河口。尽管如此，弗朗西斯·德莱克爵士的远征无疑"瘫痪"了西班牙箭在弦上的大规模军事行动，西班牙不得不另选港口作为新的海军基地。弗朗西斯·德莱克爵士大胆预测——事实证明他的预测是正确的——西班牙海军至少花三个月的时间来弥补损失，重整旗鼓，英格兰因此可以安然无恙地度过夏秋两季。

---

① 加迪斯（Cadiz），西班牙西南部港口城市，加迪斯省省会。
② 科伦纳（Corunna），西班牙加利西亚自治区的一个自治省，省政府所在地与其同名。
③ 塔霍河（Tagus），伊比利亚半岛第一大河，全长1007千米，其中流经西班牙的长度为716千米，西葡边境流域长47千米，葡萄牙境内长275千米，最后在里斯本附近汇入大西洋。

这次突袭打乱了腓力二世的整体部署。他气愤异常。这还不算,眼看冬季来临,维持庞大舰队及将士的日常开销得花去一大笔钱。西班牙政府需要养活的不只无敌舰队,还有帕尔玛公爵亚历山大·法尔内塞的军队。一向被西班牙政府视为"黄金之国"的尼德兰也被无尽的挥霍耗得油尽灯枯了。捉襟见肘又焦躁不安的腓力二世——尽管他总是行动迟缓——甚至提出无敌舰队的集结工作要在1587年9月完成。为此,他特意写信告知帕尔玛公爵亚历山大·法尔内塞务必按时做好相应准备工作,以免延误战机。然而,正如弗朗西斯·德莱克爵士之前预料的那般,1587年9月什么事也没发生。腓力二世的提议遭到了海军部军事专家们的一致反对:秋季正值英吉利海峡狂风肆虐之际,贸然出海是自寻死路,连躲避大风的安全港口也找不到。于是,心急如焚的腓力二世又提出了一个更加不着边际的计划——让驻尼德兰的西班牙军队乘平底大帆船强渡多佛海峡,

平底大帆船

但这遭到帕尔玛公爵亚历山大·法尔内塞的强烈反对。帕尔玛公爵亚历山大·法尔内塞说，这绝无可能，英格兰人只需四艘战舰就足以让他的小型舰队葬身茫茫大海。这时，帕尔玛公爵亚历山大·法尔内塞的处境也好不到哪里去。面对极端恶劣的天气，在敦刻尔克锚地①等待登船的西班牙将士死伤不断，形势相当严峻。腓力二世和伊丽莎白女王一样不懂战术，他们均无陆海战的经验。然而，作为一名女性统治者，不懂战术也罢，但作为一位男性统治者，就有点儿说不过去了，更何况是野心勃勃的腓力二世。他们都不知道如何把握最佳战机。但如果没有他们两人的许可，英西两国的任何一位将军都不敢擅作主张。正因为如此，英西两国都做出了许多不当之举。不管怎么说，英格兰确实毫发无损地度过了1587年夏秋两季，因为腓力二世还未完成大战前的准备工作。到1587年底，英格兰已经完成舰队集结，在英吉利海峡上巡逻的英格兰战舰随时可见。然而，伊丽莎白女王又开始心疼自己的钱袋子了，拒绝全员、满额配制舰队，结果舰队的日常供给和弹药储备严重不足。战争的开销是巨大的，不花钱的最直接手段是既不主动挑起战争，又设法不被战争卷入。不过，既想要战争胜利又不愿多花钱就实属不明智之举。第一代诺丁汉伯爵兼第二代埃芬厄姆的霍华德男爵查尔斯·霍华德总结道："惜财与战争并不总是一对孪生兄弟。"

弗朗西斯·德莱克爵士强烈建议，与其被动守卫英吉利海峡，不如趁无敌舰队未行动前猛攻西班牙各军港，有效打击无敌舰队的后备力量。与集所有闪光点于一身的霍雷肖·纳尔逊②相比，弗朗西斯·德莱克爵士丝毫不在他之下，而以上建议就是出自这样一位熟谙军事的人之口。从他的建议中我们可以看出他毫无畏惧、退缩之意，因为他确信英格兰必胜。皇家海军司令查尔斯·霍华德也同样自信。弗朗西斯·德莱克爵士烦透了拖拖拉拉、毫无进展的和谈。他一刻

① 敦刻尔克锚地（Dunkirk Downs）位于法国北海岸，距加来二十五英里，与英国多佛港隔海相望。
② 即第一代纳尔逊子爵兼第一代勃朗特公爵海军中将霍雷肖·纳尔逊（Horatio Nelson, 1758—1805），巴斯勋章获得者，英国皇家海军中将。他富有领导天赋，善于随机应变。他指挥皇家海军战败无数劲敌，尤其在拿破仑战争期间更是让对手吃尽苦头。每逢战斗，他总是身先士卒。他多次负伤。在科西嘉战役中，他的一只眼睛因受伤而最终失明。圣克鲁斯德特内里费战役中他失去了几乎整条胳膊。1805年，在西班牙海滨城市加迪斯附近爆发的特拉法加战役中，他中弹身亡，但皇家海军最终赢得了胜利。

查尔斯·霍华德

也不想再等下去了。一向站在弗朗西斯·德莱克爵士和查尔斯·霍华德一边的威廉·塞西尔也对和谈不抱任何希望，正如哈姆雷特对波洛尼厄斯①一样。在写给弗朗西斯·沃尔辛厄姆的信中，威廉·塞西尔写道："英格兰历史上从未出现过如今这般令我们伟大女王蒙羞的蠢事。腓力二世竟然想拿一份和约蒙混过关！

---

① 哈姆雷特、波洛尼厄斯是莎士比亚悲剧《哈姆雷特》中的人物。

在我放声诅咒那个满头银发、胡须花白、不知道头脑里装着什么鬼东西的老家伙之前，请慈悲的上帝宽恕我的粗鲁。他竟然想让我们在世人面前颜面扫地，说我们是十足的大傻瓜！你知道我说的是谁。"

与英格兰海上英雄们的期望与疑虑相比，正在筹备进攻英格兰工作的西班牙战士[1]对即将爆发的大战的预测更能使人大开眼界。在与英格兰和谈的过程中，一向顺从、忠于腓力二世的帕尔玛公爵亚历山大·法尔内塞严格遵守主子定下的基调，丝毫没把英格兰政府的诚意放在心上。不过，他私下认为西班牙政府不该虚情假意，而应按照英方的提议达成和约。他虽然也在加紧准备进攻英格兰的冒险计划，但没有一刻不担心即将面临的各种风险。他向腓力二世汇报道：英格兰海陆两方面的备战工作进行得都很彻底，很难找到突破口；即使侥幸安全穿过英吉利海峡，登陆英格兰本土也几乎没有可能。1587年的寒冬夺去了差不多一半将士的性命，一夜之间，他的兵力从三万减少到不足一万七，拿这点兵力强攻英格兰岂不是以卵击石！再乐观一点，即使所有将士顺利登陆英格兰本土，他也避不开接下来的一场场恶战。随着作战纵深进一步扩大，军队的损失会不断增加，而他的话语权则不断变小。

对于英格兰的具体备战情况，帕尔玛公爵亚历山大·法尔内塞是最有发言权的。自伊丽莎白女王继位伊始，英格兰政府就把国防建设作为一项重要工作来抓。为此，政府在筹建、训练、装备民兵组织上花费了大量心血，特别是自英西关系紧张以来，政府对此的关注力度更是前所未有。官方统计的现役士兵是十一万七千人，但至于战时究竟能动员多少人则要看地方政府如何做工作了。约翰·诺里斯爵士[2]制订了一套严密的防卫计划：用烽火传递信号；一旦烽火燃起，每个人都该知道前往何处；哪些地方该遗弃，哪些地方该加强防御，甚至哪些桥梁该毁坏都在地图上标记得一清二楚；三支总计七万三千人规模的部队收到通

---

[1] 即帕尔玛公爵亚历山大·法尔内塞。

[2] 约翰·诺里斯爵士（Sir John Norreys，约1547—1597），人们习惯把他的名字拼写为John Norris。英格兰军人，出生于伯克郡，伊丽莎白女王终身挚友诺里斯男爵亨利·诺里斯之子。作为最优秀的士兵之一，约翰·诺里斯爵士见证了伊丽莎白女王时代的各场大战：法兰西宗教战争、荷兰反抗西班牙统治的八年民族解放战争、英西战争以及爱尔兰战争等。

约翰·诺里斯爵士

知，要求它们于1587年7月在指定地点集结——至于最终完成集结的总人数有没有这么多还有待查证，但令帕尔玛公爵亚历山大·法尔内塞有所忌惮的，显然是对手在数量上占据绝对优势的三支部队，难怪他担心将会面临一场接一场的恶战；弓箭手虽然还没有完全退出陆军的行列——在有些国家，弓箭手仍占陆军的三分之二，但大部分最近已经被改编为火枪手，全部配置刚投入使用的轻型火绳枪[①]。英军的军容不仅获得了实质性的改观，而且军纪得到了大大的提升。从某种程度上来讲，英军的良好军纪得益于地方势力与贵族集团实力的传承与

---

① 轻型火绳枪（Caliver）是16世纪的一种火枪，其总重量要轻于同时代的滑膛枪，最大优势在于能连续开火。——原注

火绳枪兵及他装备的火绳枪

发展。军中上下团结一致，士兵们极其拥戴自己的指挥官。相当数量的指挥官都或多或少参加过国外军事行动，指挥经验丰富。然而，真正让外国军队望而却步的是，英格兰人追求自由、情愿为祖国流尽最后一滴血的伟大奋斗精神。英格兰自古以来就是一个崇尚自由的国度。随着社会结构的变化，贵族现在已经平民化。随处可见为追求自由而四处奔波的骑士、绅士。贵族城堡退出了历史舞台，血统已经不再是横在少数贵族与广大百姓之间难以逾越的鸿沟。然而，欧洲大陆的贵族主义色彩仍然相当浓厚。因为有着共同的情感基础，共同的利益追求，并且能相互尊重，所以英格兰人都以同胞相称。

这种由心而生、全民一致追求自由的精神——我们也可以称之为"平等主义精神"——在英格兰海军中尤其明显。难怪英格兰海军总是奋勇当先,全心全意为国而战。"英格兰海军军官总是平易近人,时刻关心部下的疾苦,而西班牙海军军官则更看重自己的军衔与高贵的血统。英格兰海军军官与士兵之间只有命令可言。他们决不允许士兵在军事行动中辱没自己的名誉。弗朗西斯·德莱克爵士既是全军将士学习的楷模,也是英格兰最终取胜的主要力量源泉。在首次环球航行中,他曾这样训斥那些浑身散发着贵族气息的冒险者:'我希望看到各位绅士能和普通海员一样承担各种差役,我的舰队中不存在贵族与平民之别。'"论出身,弗朗西斯·德莱克爵士、约翰·霍金斯爵士以及马丁·弗罗比舍爵士[①]都来自平民家庭;论能力,他们鲜有人能及。他们都是靠自己的勇气与摸爬滚打的非凡毅力一步步走向事业巅峰的。正因为如此,那些出身高贵的贵族老爷们也甘愿追随他们左右,与他们一起为英格兰的伟大事业而奋斗。在查尔斯·霍华德、第三代坎伯兰伯爵乔治·克利福德[②]以及爱德华·西摩爵士[③]等人眼中,他们是情同手足的兄弟。即使是小型商船的船长也愿以弗朗西斯·德莱克爵士为楷模,英勇地加入战斗行列,希望有朝一日能像他那般出人头地。

有些文字工作者总喜欢以贬损伊丽莎白女王为乐,说她当时的海军备战工作搞得一塌糊涂,还硬把英格兰海军取得的辉煌胜利说成是个奇迹。按照他们的解读,伊丽莎白女王的一切成就纯属天意,只不过上天偏爱她罢了。与参加

---

① 马丁·弗罗比舍爵士(Sir Matin Frobisher, 约1535—1594),英格兰私掠者,曾三度沿西北航线远航美洲大陆。第一次远航成功登陆今雷索卢申岛和弗罗比舍湾附近的加拿大东北海岸。第二次远航成功后,他自称发现了金矿石,并装载三船总计两百吨的矿石返回英格兰。化验后确定该矿石每吨价值5.2英镑。受到鼓舞后的马丁·弗罗比舍爵士再度率领更大规模的船队前往加拿大弗罗比舍湾附近"淘金"。经过大规模挖掘后,船队总计带回1350吨的矿石,但几年后发现他这次带回来的是黄铁矿石。作为私掠者,他曾劫掠无数法兰西商船。1588年,他协助英格兰皇家海军击败无敌舰队有功,被授予爵士爵位。

② 乔治·克利福德(Geroge Clifford, 1558—1605),嘉德勋章获得者,英格兰贵族、海军指挥官,伊丽莎白女王时期的廷臣。他以高超的技术勇夺1590年举行的"女王登基周年纪念日骑士比武"桂冠,并被封为"女王的战士"。两年后,他被封为嘉德骑士。尽管出生于英格兰最北端,但他将一生大多数时间都献给了宫廷。

③ 爱德华·西摩爵士(Sir Edward Seymour, 约1563—1613),英格兰德文郡国会议员,两次当选德文郡郡长,陆军上校。

马丁·弗罗比舍   乔治·克利福德

英西海战的一百六十一艘私人武装船相比，皇家海军的三十四艘战舰显然少了些，但在那个时代的英格兰人心中，这已经是一支庞大的舰队了！查理一世的代笔作者爱德华·柯克爵士[①]写道，此时英格兰皇家海军的规模相比以前已经扩大了许多，"在伊丽莎白女王时代——我是亲眼见证了的，皇家海军总计拥有可用于作战的舰船只有区区三十三艘，其中包括船载艇。就这么一点规模的皇家海军舰队还要抽调一部分为商队保驾护航"。

当然，要说英格兰皇家海军是伊丽莎白女王一手创建并发展起来的，似乎有点儿言过其实。她的父亲亨利八世才是英格兰历史上首位想方设法维持一支皇家常备海军的君主。亨利八世成立了海军部，创办了第一家造船厂。但在爱德华六世和玛丽一世时期，海军部就像其他所有部门一样几乎名存实亡。伊丽莎白女王时期的造船业——尽管在我们眼中是那么微不足道，但使臣民们备受鼓

---

① 爱德华·柯克爵士（Sir Edward Coke，1552—1634），英格兰律师、法官、政治家，被公认为伊丽莎白女王、詹姆斯一世时代最伟大的法学家。1588年英西海战爆发时他三十六岁。

爱德华·柯克爵士

舞——被认为是她那个时代的主要进步之一。虽然海军部和其他政府部门一样经费紧缩，但其工作效率丝毫未受影响。政府尽管大幅提高了常驻军官与普通士兵的薪酬，但对那些于1588年临时应征入伍的海员的待遇以及全体将士的食物供给来说，则显得太过小气。因此，至于那些成天无所事事，只会大惊小怪，张口闭口抱怨政府疏于积极备战、视国家安危于不顾、官僚主义之风盛行，还抱怨政府只在乎自己钱袋子的杞人忧天者，我想哪个时代都少不了他们的身影，不管是伊丽莎白女王时代，还是如今。因此，我们权当他们不存在吧。

英格兰举国上下都知道无敌舰队将剑指何处。但英格兰政府未因此而自乱阵脚。英格兰人信心满满，所有可能遇到无敌舰队的海上据点都已经完成了部署。这时，英西两国的特使仍在奥斯坦德①激烈角逐，争取最终达成令各自满意的和约。伊丽莎白女王虽然不想放弃任何达成和约的希望，但拒绝盲目轻信，草率做出无谓的让步。在未正式开战前，交战国双方互派代表反复斟酌相关重大事宜实属正常。随着和谈期限的无限延长，交战国双方对彼此敌意的增加也再正常不过了。其间，绝大部分英格兰人已经抱定了与侵略者斗争到底的念头。但英格兰人与西班牙人并无深仇大恨，当然除海盗外，如果非要这么说的话。英西交战与英法交战不同。英格兰人不急于与西班牙交战。因此，如果可能的话，私掠者们更愿意以自己的方式阻止西班牙军队入侵而使国家免遭战火。其他臣民也都站在伊丽莎白女王一边，非常支持她为与老同盟最终达成和解、将对彼此的敌意降到最低而做出的所有努力。为此，他们相信，也有足够理由认为伊丽莎白女王绝不会委曲求全。相反，为了国家利益，她会寸步不让，分毫必争。

至于英格兰海军是如何大败西班牙无敌舰队的，我想没有必要赘述了，因为这是一个众人皆知的故事。但对整个战事做一些分析、评价还是有必要的。不知为何，人们总习惯过分强调西班牙无敌舰队的雄厚实力，同时刻意淡化英格兰政府在大战中所做的一切，说英格兰取胜纯属意外。然而，当再度客观地审视双方各自投入战斗的总兵力、舰船总数量以及总吨位、舰炮总数量等因素时，我们发现英格兰的将军们一开始从心理上就败给了入侵者。

我们不妨先看看两国舰队的装备情况吧。

舰队装备情况 所属国家	舰船总数量（艘）	总吨位（吨）	舰炮总数量（门）	海员总人数（人）
英格兰皇家海军	34	11850	837	6279
英格兰民间武装	163	17894	未知	9506
总计	197	29744	/	15785
西班牙无敌舰队	132	59120	3165	8766

---

① 今属比利时。——原注

西班牙还为无敌舰队配备了两万一千八百五十五名陆军将士。通过比较上表中的相关数据，我们首先会发现西班牙人在投入战斗的舰船总吨位上占据绝对优势，而英格兰人则在兵力上领先。当然，仅凭这一点我们还不足以解释最终的结局。但有一点是毫无悬念的：西班牙的舰船虽然庞大，但其作战性能以及可操作性劣于英格兰的舰船。西班牙人坚信，船体越大，越能在大西洋的狂风骇浪中稳如堡垒。英格兰造船商则更注重船的实战性能和操作性能。因此，他们下血本不断改造船体，改进甲板布局。结果新一代舰船吃水更浅，船体更长，帆的横截面积更大。英格兰全体船员——海军编制下的非战斗人员一直是这样的——个个都是多面手，他们平时是普通海员，战时是合格的舰炮手。西班牙的舰队严重缺乏人手，临时登船的士兵在没有踏上陆地之前一无是处，既不会操作舰炮，又碍手碍脚。查尔斯·霍华德再三嘱咐海军指挥官们一定要避免这种情况发生在英格兰的舰船上。虽然英格兰海军的舰炮总数量没有西班牙无敌舰队多，但舰炮体积更大，射程更远，更重要的是，英格兰海员大都知道如何操作舰炮。英格兰海军发射的炮弹不仅把西班牙海军舰船上的索具打得稀巴烂，还炸裂了无数舰船（本以为西班牙海军的舰船是炸不烂的），而英格兰海军的舰船几乎都在西班牙舰炮的射程之外。惊慌失措的西班牙士兵抱团挤在甲板上，接踵而至的炮弹把他们一波波送上西天。惨叫声此起彼伏，甲板上血流成河。从撕裂的船体缝中渗出的鲜血汩汩流入大海，染红了半边海。一位西班牙指挥官写道："英格兰海军的作战步调那么协调，我们只有被动挨打的份儿。"英格兰皇家海军几乎独揽了击败无敌舰队的所有战术性任务。威廉·温特爵士①写道："你如果目睹了武装商船和海防舰在这个战斗过程中扮演的边缘角色，就会认为，与其说它们参加了战斗，还不如说它们只是适时露了一下脸而已。"

1588年7月29日到8月8日，英西两国海军在格拉沃利讷②附近的英吉利海峡

① 即海军上将威廉·温特爵士（Admiral Sir William Wynter, 约1521—1589），伊丽莎白女王时期英格兰海军委员会主要将领，曾参与英西大海战。
② 格拉沃利讷（Gravelines）是法国北方省城镇，坐落于阿河的入海口。当时，它与西班牙管辖下的佛兰德公国西边境接壤，因此戒备森严，有重兵把守。

英格兰海岸外的西班牙无敌舰队

展开决战。无敌舰队如期抵达目的地，但随后发现根本无法由此展开实施英格兰的作战计划。尽管英西两国海军在决战爆发前一周有过正面冲突，且无敌舰队损失不小，但直到决战爆发的那天上午，无敌舰队在舰船总吨位和舰炮总数量方面仍占据绝对优势——如果说这些优势在实战中有什么用处的话。这次决战彻底粉碎了腓力二世的勃勃野心。帕尔玛公爵亚历山大·法尔内塞麾下的西

　　班牙军队驻扎地敦刻尔克港与无敌舰队相距甚远，无法提供有效保护，所以西班牙海军舰队司令只好在混乱中指挥残余舰队仓皇逃窜，以摆脱英格兰海军的截击。

　　决战前后持续了八天。其间，西班牙无敌舰队既没有遭遇恶劣天气，也没有赶上不可控制的意外事件。大多数时间里一直吹西风，风力也不够大。最后一

英格兰舰队与无敌舰队决战

场战斗结束后，多亏持续不断的西风，漂泊在尼德兰浅滩附近的横七竖八的无敌舰队残余战舰才侥幸逃脱了被刮向北海的大劫。

细数人类历史上的各场大海战，我们发现，与强大敌人的较量中，没有一场战役像英格兰海军这次赢得这么彻底、代价损失这么小的！在最后一场决战中，要不是因为与无敌舰队近距离厮杀，英格兰海军不会损失近六十名海员，要知道在前七天的战斗中，英格兰海军的损失几乎是零！只有一艘战舰——非皇家海军所属——因不幸落单被无敌舰队围攻致沉没，其余舰船几乎毫发无损；除了有舰长不幸阵亡外，其余战舰的指挥官没有伤亡的。面对激烈的海战，英格兰舰船上所有有头有脸的绅士们无不积极投入战斗，很多人负了重伤。

当重温以上细节时，我们只能得出一个结论：腓力二世的计划注定是不会成功的；如无意外，英格兰注定是最后的赢家。大战来临前，如果英格兰所做的一切备战工作在英格兰历史上只能排第二的话，那么没有哪次备战敢排第一，也没有哪位君主在大敌压境前能像伊丽莎白女王这般临危不乱。究其原因，这次决定性胜利其实是三十年来伊丽莎白女王呕心沥血、励精图治的写照。对内，她治理有方；对外，她收放自如。国防建设上，她事无巨细，对外扩张；打击敌人上，她有节有制，谨小慎微。

英格兰的陆上防御措施是否也跟海上一样有效呢？这个不得而知，因为没有来得及检验。假如西班牙军队侥幸登陆英格兰本土，莱斯特伯爵罗伯特·达德利麾下的民兵指定不会让其长驱直入。伦敦或许会沦陷，伦敦城也会被哄抢一空，但帕尔玛公爵亚历山大·法尔内塞绝不会在英格兰天主教势力大规模叛乱前贸然占领英格兰。至于英格兰国内天主教势力的大规模叛乱，我敢断定

1588 年的伊丽莎白女王，她后面的背景是英格兰舰队与无敌舰队决战

绝无可能。我敢保证，用不了多久，英格兰举国上下会形成一道坚固的防线，共同抵御西班牙人进一步入侵。届时，西班牙人会节节败退。如果幸运一点，在海岸线附近他们或许能暂时占据几处要塞，但前提是西班牙海军能为他们提供海上支援。

英格兰就是在这样一种万事俱备，只欠腓力二世一声令下发起攻击的"大好环境"中赢得决定性胜利的。如若不然，英格兰将会面临灭顶之灾，伊丽莎白女王也会被历史抹黑。但英格兰人向来喜欢冒险，敢拿自己的身家性命做赌注，如今依然是这样。没有哪国政府甘愿倾全国之人力、物力、财力兴兵。伊丽莎白女王时代的各国臣民不答应，现在各国人民也不会答应。我们①只能依赖海军，但愿我们的海军一直能发挥传统优势，就像击败无敌舰队时那般。

士兵与海员的食物供给一直严重不足。为了杜绝浪费，根除贪污腐败，英格兰政府在和平时期对军队的监管力度是相当大的，军中风气清廉。但在战时这种清廉的军风成了致命的制约因素。有战事就得花钱，有大量资金流动就难以做到滴水不漏，甚至滋生贪污、腐败。克里米亚战争期间，英军的"悲惨"遭遇我想大家都还记得吧。要不是民间的大力支持，仅靠政府"一点点"经费恐怕赢不了任何一场战争，包括伊丽莎白女王时期那场英西大海战。反观16世纪各国士兵与海员们的生存状况，他们所面对的不是各种困难的侵扰，就是致命疾病的肆虐，还要时刻提防潜在敌人的突袭以及各种极端的处罚。尽管腓力二世向来舍得为战争大把花钱，但士兵与海员们的生存状况甚至比英格兰还糟糕。

那些整天唠叨不停、刻意抹黑莱斯特伯爵罗伯特·达德利担任英格兰战时陆军总指挥一职的人，最好在打开"话匣子"前给我们推荐一名更合适的总指挥人选。莱斯特伯爵罗伯特·达德利当时是唯一一位上过战场的大贵族。稍微有点儿历史常识的人都知道，在伊丽莎白女王那个时代，任命某位位高权重的贵族担任军队总指挥是传统，况且莱斯特伯爵罗伯特·达德利还有一定的指挥经验。他不是还有精通军事、被他任命为集团军元帅的约翰·诺里斯爵士的辅佐吗？再说，谁敢在此断言莱斯特伯爵罗伯特·达德利就一定不会尽职尽责呢？至

---

① 作者是英国人。

于有人蓄意炒作，说伊丽莎白女王当时想授予莱斯特伯爵罗伯特·达德利"英格兰、爱尔兰联合王国代理人"一职，但后来在威廉·塞西尔和克里斯托弗·哈顿爵士的劝阻下收回成命的传言，只不过是一贯热衷诋毁莱斯特伯爵罗伯特·达德利的威廉·卡姆登一手胡乱编造的。只有傻瓜才会相信伊丽莎白女王会创设一个大维齐①的职位。伊丽莎白女王当时可能萌生过任命莱斯特伯爵罗伯特·达德利为如今我们所称的"总司令"一职的念头。当然，在敌军大兵压境的危急情况下，将英格兰大权交由一人掌控难免会令人生疑。军队"代理人"是纯军事术语，始于都铎王朝，专指那些指挥各郡民兵组织的最高军事指挥官。莱斯特伯爵罗伯特·达德利当时的确切职位是"女王陛下的陆上武装力量总指挥"，军衔是陆军中将。后来，莱斯特伯爵罗伯特·达德利曾向弗朗西斯·沃尔辛厄姆抱怨亨利·凯里在中部集团军中一家独大，不听指挥。1588年6月28日，莱斯特伯爵罗伯特·达德利说："如果亨利·凯里不听我的调遣，我怎能保证不出错呢？同一支武装力量怎能允许同时存在两名总指挥呢？这是多么荒唐的现象啊！"威廉·卡姆登的传言极有可能是在此基础上杜撰的。

那些不认可英格兰取得决定性胜利的先决条件是伊丽莎白女王对大臣们的信任、感激以及由此而激发决心誓死效忠祖国的作家，开始竭尽所能抹黑女王一生中的这一伟大时刻，坚称伊丽莎白女王在蒂尔伯里②的那场著名演讲是在格拉沃利讷海战"结束后"才进行的。但事实上，1588年8月5日，西班牙无敌舰队被狂风吹散一事当时英格兰国内无人知晓。1588年8月8日与1588年10日，在写给伊丽莎白女王的信中，弗朗西斯·德莱克爵士再三恳求女王切勿缩减兵力，因为他觉得突然消失的无敌舰队肯定是直奔丹麦整修去了。1588年8月10日，伊丽莎白女王发表演讲事出有因。正当伊丽莎白女王在莱斯特伯爵罗伯特·达德利的帐篷中用晚膳时，营地突然拉起警报，据"可靠"消息，帕尔玛公爵亚历山大·法尔内塞的军队已经登船待发，西班牙大军不久将登陆英格兰。

但陆军中将莱斯特伯爵罗伯特·达德利的事业已经走到尽头了。蒂尔伯里阅

---

① 在奥斯曼帝国，大维齐（Grand Vizier）是苏丹的首席大臣，只服从于苏丹一人。大维齐独掌皇家玉玺，有权召集其他维齐举行国务会议。

② 蒂尔伯里（Tilbury）是英格兰埃塞克斯郡瑟罗克区的城镇。

兵式结束后，"持续不断的高烧"将他永远带离了这个世界。这时，他五十六岁。他从始至终没有辜负伊丽莎白女王对他寄予的一片厚望，因为伊丽莎白女王始终相信他是自己最忠诚、最值得信赖的臣仆。莱斯特伯爵罗伯特·达德利除了经常替某些能臣干将当传话筒外，伊丽莎白女王从未怀疑过他的忠诚，也从不允许他在自己面前嚼别人的舌根子，即使那些人有时实在可气，因为她不想对任何一个臣仆有什么偏见。事实上，人们对莱斯特伯爵罗伯特·达德利的恶意攻击远不止他"蛊惑"女王、欲与女王"分庭抗礼"。我想，历史上鲜有人像莱斯特伯爵罗伯特·达德利招致如此多的恶意诽谤。

英格兰在大海战中的决定性胜利极易使人产生一种错觉：英格兰从此再无威胁，再不需要依赖他国了。事实上，与其说大海战改变了英西两国的力量对比，不如说改变了英西两国臣民对各自国家的看法，尤其是欧洲其他国家臣民对英西两国的看法。腓力二世在大海战中损失的舰船、人力与财富固然不少，但在实施征服英格兰的计划中遭遇失败不是因为无敌舰队的毁灭，而是因为他的无能。当腓力二世不屑一顾地掷出豪言"在大西洋上再漂起一支无敌舰队"时，他的臣民们首先想到的是如何自卫，而不是再度远征英格兰。西班牙人如果早就知道以下诗句蕴含的真正含义，恐怕早就惶惶不可终日了：

> 我们就像一群鹿，本是狼的猎物，
>
> 如今主动追赶，其实能欺骗
>
> 和逃脱就算取胜[①]。

自英格兰取得决定性胜利以后，伊丽莎白女王对腓力二世的态度也发生了翻天覆地的变化。在此之前，伊丽莎白女王一直希望有一天能与腓力二世达成共识，缔结和约。在与腓力二世的漫长谈判期间，伊丽莎白女王虽然没少软硬兼

---

① 出自贺拉斯《颂诗集》第四部第四首。原文 "Cervi, luporum praeda rapacium, sectamur ultro quos opiums. Fallera et effugere est triumphus" 是拉丁文。贺拉斯本想说明罗马人是战无不胜的。但他以汉尼拔的口吻赋予以上诗句相反的意思。诗中的鹿寓指迦太基人，狼寓指罗马人。——原注

施，但总体上还是收敛的，因为她不想错失与他握手言和的一切可能机会。三十年来，腓力二世始终不温不火。伊丽莎白女王因此断定，除了施展一些诸如暗杀等见不得人的卑劣手段外，腓力二世别无他招。但脾气再好、行动再迟缓的人，也有受不了的一刻。最后，腓力二世终于决定倾其所有，狠狠地教训伊丽莎白女王。获悉腓力二世的真正意图后，伊丽莎白女王果断行动，正如弗朗西斯·德莱克爵士一直奉行的原则一样，"最有效的防御手段就是主动攻击"。即便如此，伊丽莎白女王还是希望这个重担由民间武装来承担。于是，这份"殊荣"自然就落到了那些别无他求、只求政府支持他们展开合法行动的民间团体的头上。接着，一个看似荒诞但孕育了大英帝国伟大事业的特别机制应运而生了——民兵负责主要行动，正规军压阵。但不管怎样，在伊丽莎白女王眼中，民兵与正规军同属英格兰国防力量，它们永远是一个整体。无论对于国家，还是对于个人，英格兰的国库只有一个。伊丽莎白女王不仅以最低的代价保卫了英格兰的国家安全，而且从私掠者手中分得了一杯美羹。

英格兰私掠者最青睐的活动范围莫过于亚速尔群岛附近的广阔海域，那里是西班牙运宝船队北方航线的必经之地，因为在返航欧洲的途中，它们需要驻留亚速尔群岛进行淡水、食物补给。私掠者们在这片海域展开过几次大规模行动，但与伊丽莎白女王统治早期弗朗西斯·德莱克爵士和约翰·霍金斯爵士进行的几次海上冒险活动相比，其获得的利润还是逊色了几分。屡遭抢劫的西班牙人到处设置警戒线。从前疏于防范的美洲大陆各港口如今都配备了防卫力量。运宝船的出航更加谨慎。"大把捞取金、银、珍珠等贵重劫掠品的日子一去不复返了，冒险者们只能抢到一点儿被炮火熏得面目全非的不值钱的玩意儿。"

其中有两次冒险活动值得一提。第一次是弗朗西斯·德莱克爵士和约翰·霍金斯爵士——前者是伊丽莎白女王时代最出色的海员，后者是最优秀的士兵——1589年4月展开的一次合股冒险活动。除他们两人的股金外，一些赞助商也投了股金。另外，伊丽莎白女王也投入两万英镑的股金，并且为他们配备了六艘皇家海军舰船以及差不多一万一千名士兵。这次远征的目的是从西班牙人手中夺回葡萄牙，然后将葡萄牙政权交给被腓力二世废黜的阿维什家族的王位声

安东尼奥·普里奥尔

索者克拉图的安东尼奥·普里奥尔①掌控。在前往里斯本的征途中，远征舰队占
领了科伦纳的下城，焚烧了大量储备物资。接着，英军与前来救援的西班牙优
势兵力短兵相接。双方展开一场激战，最后西班牙军队大败。不过，围攻上城的
战斗进行得不顺利。久攻不下后，约翰·诺里斯爵士命令士兵在各面城墙中埋入
大量炸药。随着一声声剧烈的爆炸声，城墙应声而裂，但顽强的守军一次次击
退了英军的强攻。英军损失惨重。战斗失利后，约翰·诺里斯爵士率残部仓皇逃
回船上，悻悻地前往里斯本。登陆佩尼谢②后，约翰·诺里斯爵士率军长驱直入，

---

① 克拉图的安东尼奥·普里奥尔（Antonió Prior of Carto, 1531—1595），葡萄牙国王曼努埃尔
一世之孙。据历史学家记载，1580年他仅做过三十三天的国王，称"葡萄牙的安东尼奥一
世"。腓力二世加冕葡萄牙国王后，克拉图的安东尼奥·普里奥尔争取王位的斗争一直持续到
1583年。
② 佩尼谢（Peniché）是葡萄牙海滨自治市。

经过维米埃鲁①、托里什韦德拉什②——后来《英国军事年鉴》经常提到这两个地名——总计连续行军五十英里后抵达里斯本。然而，约翰·诺里斯爵士却没有攻城锤。弗朗西斯·德莱克爵士虽然率领舰队成功抵达塔霍河河口，但未敢再前进一步。更糟糕的是，葡萄牙人也没有如他们所愿揭竿而起，积极响应英军的行动。约翰·诺里斯爵士只好率军穿越里斯本郊区，与停泊在卡斯凯什③的舰队会合后一同前往比戈④。比戈被英军付之一炬，周边农村地区被哄抢一空。这次突袭不仅使西班牙损失巨大，还让西班牙人丢尽了颜面，苦不堪言。英军劫掠的战利品总价值虽然非常可观，但对幸存者来说，与远征中一大半被疾病夺去生命的英军将士相比，无疑是不值得的。

里斯本

---

① 维米埃鲁（Vimiero）是葡萄牙中西部自治市洛里尼扬下辖的一个教区，属里斯本区。
② 托里什韦德拉什（Torres Vedras）是葡萄牙里斯本区下辖的一座自治市。
③ 卡斯凯什（Cascais）是葡萄牙里斯本大区里维埃拉区下辖的一座自治市。
④ 比戈（Vigo）是西班牙西北部加利西亚地区庞特维德拉省下辖的一座自治市。

罗伯特·德弗罗

　　另外一次是1596年的远征。1596年4月，西班牙人攻陷了加来。战争的乌云再次笼罩了英格兰。为了扰乱西班牙的入侵计划，英格兰决定组织第二次远征。一支浩浩荡荡的远征舰队外加六千名士兵，在第二代埃塞克斯伯爵罗伯特·德弗罗①和查尔斯·霍华德的率领下，直奔西班牙本土的主要港口和军需供

① 第二代埃塞克斯伯爵罗伯特·德弗罗（Robert Devereux, 1565—1601），嘉德勋章获得者，英格兰贵族，伊丽莎白女王的宠臣。他富有政治野心，并且是个不折不扣的将才。1599年，他因组织兵变而被英格兰政府软禁。1601年，他在伦敦发动政变未遂，后以叛国罪被处死。

应重地加迪斯。英军没费吹灰之力就拿下了加迪斯。大量西班牙商船被焚，不计其数的军需物资与商品落入英军手中。总计约两千万达克特^①的战利品被远征军带回了英格兰，而英军此次的伤亡几乎是零，只有少数几名士兵被俘或战死。这是伊丽莎白女王统治时期英格兰打击西班牙最严重的一次，因为1588年英西海战中真正摧垮无敌舰队的不是英格兰海军，而是战后的大风与骇浪。当时，罗伯特·德弗罗极力主张长期占据加迪斯，但查尔斯·霍华德与伊丽莎白女王授权成立的战时委员会坚决予以否决。因此，远征军只好返回英格兰。不管怎样，这次远征终于使伊丽莎白女王如释重负，至少在可预见的时间内，她再也不用担心西班牙大兵压境了。当然，英格兰也不是没有损失。1595年，西班牙的四只桨帆船偷袭了彭赞斯^②，并将之烧了个精光。但与英格兰取得的辉煌战绩相比，这点损失不提也罢。

令人望而生畏的西班牙帝国并没有对英格兰展开全面报复行动。其中一个原因是，在法王亨利三世遇刺身亡后，腓力二世开始谋求法兰西王位。1598年，在面对所有宏伟计划^③一夜之间化为泡影的窘境下，风烛残年的腓力二世不得不与法王亨利四世^④握手言和，共同签署《韦尔万和约》^⑤。当时，亨利四世坚持主张《韦尔万和约》签订方还应包括英格兰和尼德兰。腓力二世也开出了一些温和条件，这些条件可能只对十年前的伊丽莎白女王具有一定诱惑力。腓力二世有意承认尼德兰独立，并将之交给他的外甥女女婿奥地利大公阿尔伯特七世^⑥统

① 达克特（Ducat）是奥地利货币单位，一达克特币等于2.28美元。——原注
② 彭赞斯（Penzance）是英格兰康沃尔郡的海滨城镇。
③ 当然，征服葡萄牙除外。——原注
④ 亨利四世（Henry IV, 1553—1610），人称"贤明王亨利"或"亨利大帝"，纳瓦拉王国国王（1572—1610），法兰西国王（1589—1610）。他是卡佩家族的庶系分支波旁王室的开国君主。1610年，他被天主教狂热分子弗朗西斯·拉瓦伊阿克刺死。他的儿子路易十三继承王位。
⑤ 《韦尔万和约》（the Peace of Vervins），指的是腓力二世与亨利四世于1598年5月2日在今上法兰西大区阿西涅省的韦尔万签署的一份和约。《韦尔万和约》是在亨利四世签署、颁布《南特赦令》的背景下紧急签署的。《韦尔万和约》签署后，亨利四世及时撇清与伊丽莎白女王的盟约关系，转而主动与腓力二世修好，稳固了他的王位。——原注
⑥ 阿尔伯特七世（Albert VII, 1559—1621），哈布斯堡家族的尼德兰统治者（与妻子伊莎贝拉·克拉拉·尤金妮亚共同执政，1598—1621）。在此之前，他分别担任托莱多枢机大主教、葡萄牙总督、哈布斯堡尼德兰总督等职。1619年，其兄神圣罗马帝国马蒂亚斯去世后，他以大公身份统治上奥地利与下奥地利，但没过几个月就主动禅位于斐迪南二世（1578—1637）。

阿尔伯特七世

治。还没等腓力二世定夺，在其他各国连年战争的缝隙中因大力发展贸易而强大起来的尼德兰人率先嗅到了这个大好机会。英格兰人的态度也发生了变化，国内大致存在两派观点。由罗伯特·德弗罗和沃尔特·雷利爵士①——两人尽管私下互不相容，但都渴望能为祖国带来至高荣誉，赞同通过征服来建立英格兰帝

---

① 沃尔特·雷利爵士（Sir Walter Raleigh，约1554—1618），英格兰作家、诗人、军人、政治家、廷臣、间谍、探险家，英格兰烟草业的创立者和推广者。

沃尔特·雷利爵士

国——牵头的主战派认为，在成为强者的道路上无所谓手段是否得当，唯有快速、果断行动，大量抢夺财富，才是强国的捷径；法兰西、尼德兰，没完没了的战争实在让他们不胜其烦，况且掠夺财富还得时刻留心士兵们的性命。因此，他们提议配备大批陆军远航大西洋，永久占领巴拿马地峡，以此为据点从西班牙人手中夺过北美大陆的贸易垄断权。主和派认为，上述计划只会使少数人受益，对国家无益。国库会因此消耗殆尽，沉重的税负与没完没了的兵役恐怕会激起民变。与西班牙重建贸易关系一来体面，二来可使全民受益。英格兰应集中兵力彻底

托马斯·萨克维尔

征服爱尔兰。以上观点就是威廉·塞西尔的看法，一提出就得到了新近备受伊丽莎白女王宠幸的年轻政治家第一代多塞特伯爵托马斯·萨克维尔[①]的积极响应。

伊丽莎白女王从不限制大臣们的言论自由，但这次，正如托马斯·萨克维尔所言："等女王利用完尼德兰人最后一点价值后再说。"伊丽莎白女王一边坚持

---

① 第一代多塞特伯爵托马斯·萨克维尔（Thomas Sackville, 1536—1608），英格兰政治家、诗人、剧作家、国会议员、财务大臣，其父为安妮·博林的表弟。

1585年英尼盟约仍然有效,一边又不失时机地补充了两条:尼德兰人应承担更大份额的战争经费;尼德兰人应一分不少地还清英格兰的借款。

直到1585年,巧妙维系英法同盟关系一直是伊丽莎白女王对外政策中的重中之重。后来,她虽然料定亨利三世不会立即反目,仍然会尽他所能打压国内的亲西派,但打心底已经对他不再抱太大希望了。亨利三世随时有可能在吉斯公爵亨利一世的挟持下开始进攻英格兰,说不定还会与西班牙联合行动。随着亨利四世继王,伊丽莎白女王松了一口气。她与继位前的亨利四世确实有过很多合作,可以说是准盟友关系。但这种关系,就像她与尼德兰代表之间的关系那样,与其说她有所求,还不如说他们有求于她。不过,伊丽莎白女王倒也乐意,因为腓力二世在尼德兰或法兰西忙得越不可开交,英格兰就越安全。对亨利四世来说,神圣同盟的军队或许是致命的威胁。但只要他一日不倒,神圣同盟的军队就不会威胁到英格兰的安全。伊丽莎白女王虽然没少帮助尼德兰人,但一直希望他们能够接受腓力二世的统治,前提是腓力二世肯对他们做出适当让步。现在,亨利四世是法兰西的合法君主,她理应全力支持他平息内乱。《韦尔万和约》签订之前,英格兰在法兰西一直驻扎着一支二千至五千人规模不等的远征军。

公然藐视《萨利克法典》的腓力二世竟然宣称自己的女儿伊莎贝拉·克拉拉·尤金妮亚①有权继承法兰西王位!理由是伊莎贝拉·克拉拉·尤金妮亚的母亲是亨利三世的姐姐瓦卢瓦的伊丽莎白②。他还宣称布列塔尼的安妮③有权继承布列塔尼公国,而波旁家族则无权继承。很快,他命令舰队从海上发起攻击,大举入侵布列塔尼。入侵布列塔尼的西班牙军队随即引起了伊丽莎白女王的警惕。她认为,亨利四世肯定会在第一时间派英格兰远征军驱逐西班牙军队。然

---

① 伊莎贝拉·克拉拉·尤金妮亚(Isabella Clara Eugenia, 1566—1633),西属尼德兰(今低地国家及法国北部的统称)统治者。在部分文献中,她被称为"克拉拉·伊莎贝拉·尤金妮亚"。她出生时即被封为西班牙与葡萄牙公主。

② 瓦卢瓦的伊丽莎白(Elisabeth of Valois, 1545—1568),西班牙国王腓力二世的第三任妻子,法兰西国王亨利二世与王后凯瑟琳·德·美第奇的长女。

③ 布列塔尼的安妮(Anne of Brittany, 1477—1514),布列塔尼女公爵(1488—1514),法兰西王后(1492—1498, 1499—1514)。她是法国历史上唯一一位两任王后,第一任期为查理八世在位期间,第二任期为路易十二世在位期间。

伊莎贝拉·克拉拉·尤金妮亚

瓦卢瓦的伊丽莎白

而，亨利四世总是先把英格兰远征军派到法兰西的其他地方。解布列塔尼之围似乎成了次要的问题。伊丽莎白女王一边斥责，一边威胁，但一切都无济于事，她平生第一次碰到了一个与她不分伯仲的对手。亨利四世判断伊丽莎白女王不会扔下他不管。事实证明，他的判断是正确的。因此，他又是道歉，又是承诺，还不忘适时向伊丽莎白女王美言一番，之后依然我行我素，竭尽所能让英格兰远征军为他卖命。他时不时拿几座海滨城镇当诱饵，以期伊丽莎白女王拿出更多的钱来支持他的事业。

　　1593年，获悉亨利四世与天主教会握手言和的消息时，伊丽莎白女王既惊讶又遗憾。惊讶是因为她终于如愿以偿，遗憾是因为他早该如此。但这并没有动摇伊丽莎白女王与亨利四世的盟友关系。相反，两国还因新近缔结的条约而拉近了彼此的关系。新条约规定，任何一位君主都不得在对方不同意的条件下与第三方议和。然而，1598年，亨利四世背着伊丽莎白女王与腓力二世私下签署了《韦尔万和约》，美其名曰"利益所需"。这次，伊丽莎白女王彻底被激怒了！但亨利四世已经羽翼丰满。他不再是那个无家可归、无地可拥、无钱可花的傀儡国王了。他不再依赖英格兰的施舍，也不再像以前那样在陌生的国度里仅有多则几千少则几百不听使唤、来去自由的士兵陪在他的身边了。如今，他可是重新统一后的法兰西王国的不二之主。他不再需要别人施舍，也不怕他人威胁！面对此情此景，伊丽莎白女王或许只能无奈地发出微微颤颤的抗议："有人如果胆敢亵渎圣灵，必定是忘恩负义之徒。"对她和亨利四世来说，施恩与报恩如同两个

16 世纪 90 年代的伊丽莎白女王

最熟悉的陌生人。两人唯一的不同是，一个是英格兰人，另一个是法兰西人。英格兰女人唠叨不断，法兰西男人暗笑不止。令伊丽莎白女王愤怒至极的是——不妨这么说吧——亨利四世竟然盗用她的政策与方针！从前，每当她想说服亨利三世共同行动时，亨利三世总是怀疑她"想着如何摆脱束缚"。时隔多年后，亨利四世竟然主动提出英法联合行动的倡议，但这次"想着如何摆脱束缚"的是亨利四世，而不想再生战端的伊丽莎白女王不得不选择站在尼德兰人一边。

然而，两位君主心里都明白其中一方对另外一方意味着什么，于是就继续保持着良好而微妙的关系。亨利四世暗示伊丽莎白女王他对西班牙的一贯主张从未改变。他只想赢得喘息机会。他会暗中支持尼德兰人的事业——之前伊丽莎白女王就是对亨利三世这么说的。现在，伊丽莎白女王不得不一面想方设法"把项圈套在亨利四世的脖子上"，一面更加果断、积极地展开行动。那个曾经落魄潦倒、唯她马首是瞻的男人已经不再为她所用。无奈之余，伊丽莎白女王不得不拿他当真正的合作伙伴对待，只是她已不再是主角。用托马斯·卡莱尔①的话说，两位君主都是不折不扣的务实主义者。也就是说，两人制定的一切方针、政策不是依他们个人的喜怒哀乐、荣辱得失而定，而是由各自背后的国家利益而定。因此，他们的功过是非不妨留给后人评价吧。

---

① 托马斯·卡莱尔（Thomas Carlyle, 1795—1881），苏格兰哲学家、讽刺作家、散文家、翻译家、历史学家、数学家、教师。作为维多利亚时代著名的社会评论家，他一生组织、开展过多场大型讲座，其中一场讲座的讲稿被他汇集成书《论英雄、英雄崇拜和历史上的英雄事迹》。他在书中阐述道，"伟人"在人类历史的进程中起着决定性作用；人类的历史实质上是一部伟人的历史。

第**11**章

爱尔兰战争与"罗伯特·德弗罗之乱"

1588—1601

伊丽莎白女王从不随意辞退臣仆的真正原因是每位臣仆都是她精挑细选的。因此，只要臣仆们不偏离伊丽莎白女王制定的政策主基调，只要他们时刻以满腔的热血、绝对的诚心效忠她，她绝不会轻易辞退他们。他们大可畅所欲言，彼此耍耍嘴皮子，甚至跟伊丽莎白女王叫叫板。这是伊丽莎白女王与臣仆之间的默契，不管是老奸巨猾但百依百顺的威廉·塞西尔，还是血气方刚、固执己见的弗朗西斯·沃尔辛厄姆。正因为如此，他们都有幸在伊丽莎白女王统治下终身任职。英西海战结束后不久，伊丽莎白女王时代的首批权臣陆续谢世。尼古拉·培根、第三代萨塞克斯伯爵托马斯·拉德克利夫以及第二代贝德福德伯爵弗朗西斯·拉塞尔早在大海战前就相继离世。1588年，莱斯特伯爵罗伯特·达德利逝世。1589年，他的兄长沃里克伯爵安布罗斯·达德利也去世了，同年去世的还有沃尔特·迈尔德梅爵士①。1591年，弗朗西斯·沃尔辛厄姆和托马斯·伦道夫先后去世。1592年，克里斯托弗·哈顿逝世。1593年，亚瑟·格雷②去世。1596年，弗朗西斯·诺利斯爵士和亨斯顿伯爵亨利·凯里去世。这时，随伊丽莎白女王登基而进入枢密院的股肱大臣中只有威廉·塞西尔一人健在。年轻一代枢密大臣的首领是现任财政大臣威廉·塞西尔的次子罗伯特·塞西尔。受惠于父亲

---

① 沃尔特·迈尔德梅爵士（Sir Walter Mildmay，约1523—1589），英格兰政治家，伊丽莎白女王时期的财政大臣，剑桥大学伊曼纽尔学院的创始人。

② 亚瑟·格雷（Arthur Grey，1536—1593），嘉德勋章获得者，英国贵族，爱尔兰总督（1580—1582）。

沃尔特·迈尔德梅

的悉心教导，罗伯特·塞西尔与父亲颇有几分相似，但总体上还是逊色于父亲。查尔斯·霍华德为人爽直，但能力平平，念及其父的忠诚与他本人的勤勉，伊丽莎白女王还是重用了他。除他们两人外，新一届枢密院大臣班底中还有才华横溢、能力卓著的多塞特伯爵托马斯·萨克维尔、沃尔特·雷利以及更年轻的第二代埃塞克斯伯爵罗伯特·德弗罗。罗伯特·德弗罗是伊丽莎白女王晚年时期的大红人。莱斯特伯爵罗伯特·达德利是他的继父，弗兰西斯·诺利斯爵士是他的外公，第一代亨斯顿伯爵亨利·凯里是他的舅爷①，弗朗西斯·沃尔辛厄姆是他的

① 第二代埃塞克斯伯爵罗伯特·德弗罗的母亲莱蒂斯·诺利斯是玛丽·博林的外孙女，而第一代亨斯顿伯爵亨利·凯里是玛丽·博林的儿子，据此关系，亨利·凯里是罗伯特·德弗罗的舅爷。

岳父，威廉·塞西尔是他的监护人。蠢蠢欲动、妄作胡为、横行霸道、爱憎分明、挥霍无度、风流成性、仇贤妒能、妄自尊大又目无王法的性格特点以及处事方式，使他在攀爬事业巅峰的过程中栽了不少跟头。尽管如此，他还不以为然，总表现出一副目空一切的高傲姿态。事实上，他的能力极其平常。在羽翼未丰满之前，他的大多数时光是与未来的政敌罗伯特·塞西尔——与他相比，罗伯特·塞西尔更老练、更本分——一起度过的。两人迥然不同的性格没有引起公众对他的任何怀疑。相反，他倒成了公众眼中的"汤姆·琼斯"，而罗伯特·塞西尔成了

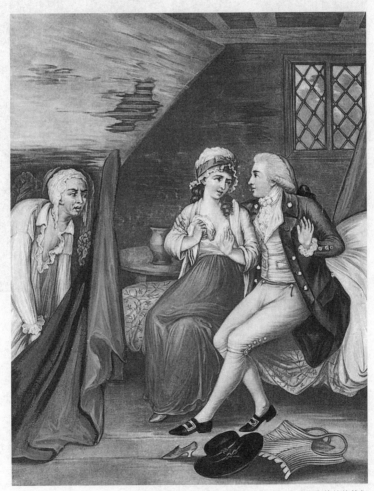

长篇小说《汤姆·琼斯》中的汤姆·琼斯和他的伙伴们

身着战甲的罗伯特·德弗罗

"布力菲"①。原本可以及早制止两人争斗的弗朗西斯·培根和沃尔特·雷利不仅无动于衷,还趁机为各自的利益大捞好处。

因其特殊的身份与背景,罗伯特·德弗罗引起了伊丽莎白女王的关注。伊丽莎白女王开始喜欢上这个与众不同的年轻人,而他变得更加肆无忌惮了。1586年,罗伯特·德弗罗以骑兵上将的身份随继父莱斯特伯爵罗伯特·达德利出征尼

---

① 汤姆·琼斯和布力菲是亨利·菲尔丁的长篇小说《汤姆·琼斯》中的两个人物形象。

德兰。后来，他又气势汹汹地率军远征西班牙。他还指挥英格兰远征军在法兰西作战多年。但无论哪场军事行动，无论他以何种身份统领英军，事实证明他不是一名合格的军事人才。他总是咄咄逼人，目无法纪。没过多久，他在伊丽莎白女王心中的地位就开始动摇了。

后来，罗伯特·德弗罗竟然以伊丽莎白女王偏爱查尔斯·布朗特爵士①为借口与他决斗！伊丽莎白女王听到消息后火冒三丈，恶狠狠地说："真是罪孽啊！他早该长点儿记性、学学如何做人了！否则谁知道他还会捅出什么大娄子！"但罗伯特·德弗罗似乎没有一点儿悔意，动辄与罗伯特·塞西尔、查尔斯·霍华德

查尔斯·布朗特爵士

①　即第八代蒙乔伊男爵兼第一代德文郡伯爵查尔斯·布朗特（Charles Blount, 1563—1606），嘉德勋章获得者，英格兰贵族、军人，伊丽莎白女王、詹姆斯一世时期的爱尔兰总督。

吵得不可开交，成天唠叨不停。伊丽莎白女王甚是反感。1597年，远征亚速尔群岛让伊丽莎白女王大失所望。伊丽莎白女王对他的好感降到了历史新低。在1598年7月召开的枢密大臣会议上，罗伯特·德弗罗傲慢无礼。伊丽莎白女王终于忍不住严厉斥责了他。1598年10月，伊丽莎白女王虽然原谅了他，但再没有宠信过他。

1598年8月4日，威廉·塞西尔与世长辞，享年七十八岁。威廉·塞西尔生前，伊丽莎白女王没少抱怨他是"一个不听话的蠢老头"，因为他总是惹自己"心烦"，喜欢得理不饶人，常拿一些鸡毛蒜皮之事据理力争，但"蠢老头"的突然离去让她一下子没有了主心骨，一切变得混乱不堪。四十年来，这位忠心耿耿的大臣一直陪伴在她左右，为她出谋划策，与她共患难。"她似乎很伤心，脸上挂满泪珠，不想见任何人。"威廉·塞西尔逝世后，巴克赫尔斯特男爵托马斯·萨克维尔继任财政大臣。

罗伯特·德弗罗垂涎爱尔兰已经有一段时间了。在他看来，爱尔兰是一个可以让他飞黄腾达的地方。几乎可以肯定的是，罗伯特·德弗罗早就意识到，在与政敌甚至伊丽莎白女王斗争的过程中，拥有一支独立的军队非常重要。居心叵测的罗伯特·塞西尔将错就错，故意支持罗伯特·德弗罗攻打爱尔兰，希望他像无数前辈那样在爱尔兰丢盔弃甲，甚至送命。最后，伊丽莎白女王极不情愿地同意了罗伯特·塞西尔的提议。谁让罗伯特·德弗罗是大红人呢！罗伯特·德弗罗深得清教徒和教皇党人的信赖，尽管我们不清楚他是如何做到这一点的。人们一致的观点是，自伊丽莎白女王登基以来，罗伯特·德弗罗是第一位让她寝食难安的大臣！

伊丽莎白女王时期的爱尔兰似乎就是麻烦与不安的代名词。与之前和之后的历代英格兰政治家相比，伊丽莎白女王对爱尔兰的治理措施没有一点可赞之处，更谈不上成功。反观英格兰对爱尔兰的一贯政策，除了令人嗤之以鼻的残酷镇压，拖拖拉拉，不停地退让，然后不闻不问等无奈手段外，英格兰政府一直缺乏一整套行之有效的办法。与国内外各种事务相比，爱尔兰事务总是最不起眼的那个。用于爱尔兰的经费也是少之又少。

伊丽莎白女王统治早期，爱尔兰最棘手的问题是阿尔斯特[①]问题，后来演变成英格兰人之前从未涉及的凯尔特人的归属问题。伊丽莎白女王与沙恩·奥尼尔[②]一共交过两次手，但每次都气势汹汹地来，垂头丧气地败退，最后不得不让步，以答应他做阿尔斯特王国国王为条件换取他的臣服。直到1566年，沙恩·奥尼尔才被击败，愤怒的英军砍下他的头，把它挂在都柏林城墙上以儆效尤。但阿尔斯特的现状仍未得到实质性的改变。英格兰没有进一步控制阿尔斯特。德文郡的冒险者们试图占领芒斯特省[③]南部地区（1569—1571）。德斯蒙德叛乱期

当时爱尔兰女子和男子的装束

---

① 阿尔斯特（Ulster）是爱尔兰北部地区的旧称。

② 沙恩·奥尼尔（Shane O'Neil，约1530—1567），16世纪中期爱尔兰阿尔斯特奥尼尔王朝国王。

③ 芒斯特省（Munster）是爱尔兰南部省，历史上属盖尔爱尔兰联合王国芒斯特王国所在地。诺曼人入侵爱尔兰后，联合王国逐渐瓦解，之后分化为几个郡。从近代起，盖尔爱尔兰地区逐渐沿用历史建制。

沃尔特·德弗罗

间（1569—1573），芒斯特省北部地区始终置身事外，好像一切与它无关似的。
不仅如此，它也没有参与德斯蒙德第二次叛乱（1579—1583）。这次叛乱范围更
广，目的更明确。叛乱的幕后推手是教皇格里高利八世。在他的鼓动下，帕莱地
区①的天主教贵族叛乱，教皇国意大利军队在斯梅里克港登陆。1573年到1575
年，埃塞克斯伯爵沃尔特·德弗罗曾率兵进攻安特里姆，结果败得一塌糊涂。于
是，阿尔斯特仍然独立存在，不受都柏林政府辖制。

---

① 帕莱地区（Pale）是中世纪英格兰治下的爱尔兰部分地区的旧称。15世纪末，该地区仅指从都
柏林以南的多基延伸至邓多克要塞的爱尔兰西海岸地区。帕莱地区内陆与基尔代尔公爵的内
斯、莱克斯利普、特里姆三大领地接壤，北抵凯尔斯。

伊丽莎白女王时期最成功的一任（1584—1587）爱尔兰总督非约翰·佩罗特爵士[1]莫属。他不仅勇猛善战，而且手段极其高明。多年的作战经验告诉他爱尔兰人最想要的是正义。在他的精心治理下，爱尔兰人不再为非作歹。爱尔兰的乱局已经成为历史，从前整日担心自己的财富被哄抢一空的土著头领渐渐安心

约翰·佩罗特爵士

① 　约翰·佩罗特爵士（Sir John Perrot，1528—1592），伊丽莎白女王时期的爱尔兰总督（1584—1587）。因被人诬告，他被囚禁在伦敦塔，最后死于狱中。据说，他是亨利八世的私生子。

了，开始向他示好。但爱尔兰的主体民族并不认同约翰·佩罗特爵士的治理。于是，有人设计诬告约翰·佩罗特爵士背叛英格兰，欲把爱尔兰的统治权卖给爱尔兰人和西班牙人。被召回国后，政府以叛国罪公开审判他，最后判处他死刑，定罪的依据竟然是被收买的证据。史学界一致的看法是他对伊丽莎白女王说过一些不恭的话，这或许就是所谓的冒犯吧，这一点他本人也是认可的。不过，伊丽莎白女王似乎有意赦免他，因为她不想落一个公报私仇的骂名。

约翰·佩罗特爵士的继任者威廉·费茨威廉爵士[①]是一个贪得无厌、生性残暴、行事不计后果的人，就像爱尔兰的凯尔特人排斥英格兰人的殖民统治一样。他坚称凯尔特人不应享受各种特权。在莫纳亨[②]处死休·罗·麦克马洪以及借故没收他的所有土地这两件事，立刻引起了阿尔斯特地区首领的警觉。阿尔斯特地区不像爱尔兰其他地区那般已经失去抵抗力，奥尼尔家族在阿尔斯特地区的势力犹存。新任家族首领是沙恩·奥尼尔的侄子[③]休·奥尼尔[④]。休·奥尼尔是在英格兰宫廷中长大的，被伊丽莎白女王封为蒂龙伯爵。他博学多识，能力出众，不像叔叔那般成天幻想连篇。他一面紧抓祖上留下的各种特权与荣誉不放，一面敦促伊丽莎白女王给他特权，让他做一方诸侯。他曾参加镇压德斯蒙德叛乱，后来设法控制了阿尔斯特地区。然而，他不甘心像英格兰国内的领主们一样坐拥一片领地，或者像威廉·费茨威廉爵士治理爱尔兰时期那样只满足于做一个毫无政治发言权的大领主。相反，他一心图谋借助西班牙的力量独立，哪怕这种可能性微乎其微，哪怕他与英格兰之间的力量悬殊。难怪他不安分守己。

[①] 威廉·费茨威廉爵士（Sir William FitzWilliam, 1526—1599），英格兰籍爱尔兰大法官、总督。1587年，玛丽·斯图亚特被执行死刑前任福瑟陵格城堡监狱长。因此，他也是监刑人员之一。他还是彼得伯勒选区英格兰议会议员，卡洛郡选区爱尔兰下议院议员。

[②] 莫纳亨（Monaghan）是爱尔兰东北部的一个郡。

[③] 马修·奥尼尔与沙恩·奥尼尔是异母兄弟，其父同为康恩·奥尼尔，而休·奥尼尔是马修·奥尼尔之子。

[④] 休·奥尼尔（Hugh O'Neil, 约1550—1616），爱尔兰盖尔语地区贵族，后被封为"奥尼尔王"。休·奥尼尔因坚决抵抗都铎王朝在爱尔兰的殖民统治而最终葬送了自己的前程。生平最引人注目的大事就是他挑起的自西尔肯·托马斯叛乱以来对英格兰政府在爱尔兰的统治威胁最大的"九年战争"（1593—1602）。

休·奥尼尔

不管谁任爱尔兰总督，他都会与之斗争到底。自英格兰试图殖民爱尔兰以来，蒂龙伯爵休·奥尼尔麾下的反叛力量是军纪最严明、实力最强的一支。无论阵势，还是数量，它俨然是一支王军。1598年8月，蒂龙伯爵休·奥尼尔在阿马^①附近大败亨利·巴格诺尔爵士^②，血腥屠杀一千五百名英军，缴获英军所有火炮和辎

---

① 阿马（Armagh）是北爱尔兰城镇名，阿马郡郡政府所在地。
② 亨利·巴格诺尔爵士（Sir Henry Bagenal，约1566—1598），伊丽莎白女王时期皇家爱尔兰军团元帅，1598年8月14日在耶洛福特战役中战死。

重。迄今为止，这是英格兰在爱尔兰损失最惨重的一次。很快，爱尔兰各地纷纷叛乱。

罗伯特·德弗罗就是在这种背景下提出接任爱尔兰总督一职的。在此之前，他一直大骂历任总督不作为，一味姑息蒂龙伯爵休·奥尼尔。罗伯特·德弗罗最不缺少的就是军人特有的凶猛。1599年4月，罗伯特·德弗罗率领两万一千人马——这是英格兰政府迄今为止派往爱尔兰规模最大的一支军队——浩浩荡荡地开赴爱尔兰。这时，他的军衔是陆军中将。在罗伯特·德弗罗离开前，一面心疼钱袋子，一面又不想让任何一位贵族——包括埃塞克斯伯爵父子，坐拥一方的伊丽莎白女王再三嘱咐他务必直奔阿尔斯特地区，就像他之前所提议的那样——平息那里的叛乱。一离开英格兰，罗伯特·德弗罗就把伊丽莎白女王的命令抛到九霄云外去了。他率先进入过去三十年来屡遭战火洗劫的南部地区。那里地广人稀，一片荒凉。尽管如此，罗伯特·德弗罗还是吃了不少败仗，使英格兰政府丢尽了颜面。1599年7月，他终于率军抵达都柏林。这时，瘟疫与逃兵使英军一下子减少到不足五千。他再次不顾伊丽莎白女王的明确指示，毅然任命南安普顿伯爵亨利·赖奥思利[1]为兵马将军。于是，伊丽莎白女王斥责了他。不料，他恶语相向，态度极其恶劣，抱怨伊丽莎白女王只知道偏爱罗伯特·塞西尔、沃尔特·雷利以及科巴姆男爵亨利·布鲁克[2]等人。与几个朋友商量后，他决定率领一批精兵悍将潜回英格兰捉拿、处置他们几人。伊丽莎白女王听到流言后非常震惊。她随即写了一封信给罗伯特·德弗罗，信中说道："我们绝不会轻饶你。你变本加厉，辜负我们的一片厚爱。你最好乖乖待在爱尔兰，哪儿也别想去。"不久，罗伯特·德弗罗说他的部队急需加强，否则无法对抗阿尔斯特地区的反叛力量。

---

① 即第三代南安普顿伯爵亨利·赖奥思利（Henry Wriothesley, 1573—1624），嘉德勋章获得者，第二代南安普顿伯爵亨利·赖奥思利与玛丽·布朗唯一的儿子。他是伊丽莎白女王的宠臣。后来，他因罗伯特·德弗罗谋反事件而被连累，被判终身监禁，在罗伯特·塞西尔干预下，他被判监禁。1603年被詹姆斯一世释放，恢复爵位，并出任怀特岛和卡斯布鲁克城堡长官。1609年，他出任弗吉尼亚公司委员会委员，1612年、1615年，他先后组建西北航线公司和萨默斯岛公司。1619年，他任枢密院顾问，参与反对白金汉公爵的活动。1624年，他率英格兰志愿军到尼德兰同西班牙人作战。不久，他死于贝亨奥普佐姆。

② 即第十一代科巴姆男爵亨利·布鲁克（Henry Brooke, 1564—1618），英格兰贵族。他是1603年反对詹姆斯一世继承英格兰王位"阴谋"的策划者与发起者。

亨利·布鲁克

1599年9月，援军如期而至。罗伯特·德弗罗这才慢悠悠地率军开进劳斯[1]。听到风声后，蒂龙伯爵休·奥尼尔前来与他会面。在随后举行的会谈中，他被蒂龙伯爵休·奥尼尔耍得团团转，不仅同意停止军事行动，而且答应了对方提出的一系列被现代人称为"地方自治权"的优惠条件。会谈结束后没过几天，罗伯特·德

---

[1] 劳斯（Louth）是爱尔兰劳斯郡的一座村庄。

弗罗就收到了伊丽莎白女王的一封信。伊丽莎白女王再次命令他不得在她允许之前擅自答应对方开出的任何优惠条件。不承想罗伯特·德弗罗一气之下擅离职守，火速返回英格兰。1599年9月28日，火急火燎的罗伯特·德弗罗不顾冒犯龙颜，穿着浑身沾满泥巴的军装径直走进了伊丽莎白女王的内室。还未梳妆完毕的伊丽莎白女王吓得好一阵子没说出话来。

伊丽莎白女王似乎真的被眼前的这一幕吓得不知所措。罗伯特·德弗罗真是太放肆了，她从未遇到过这种事。回过神来后，她再也抑制不住久积的怒火，劈头盖脸地训斥了罗伯特·德弗罗一顿，然后命令他几个小时后再来觐见。届时，她想听听他有什么可说的。

咄咄逼人的罗伯特·德弗罗极有可能还没意识到自己的处境。在伊丽莎白女王再次召见时，他仍然不思悔改，出口伤人，少不了"无赖雷利""马屁精科巴姆"之类的狂言。按照他一贯的秉性，除了说这些他还能说什么呢？与1586年时的莱斯特伯爵罗伯特·达德利相比，他更让伊丽莎白女王恐惧，因为他比那时的莱斯特伯爵罗伯特·达德利更危险，更胆大包天。当天下午，伊丽莎白女王授权枢密院专门处理罗伯特·德弗罗。处理结果是依法逮捕罗伯特·德弗罗，永远不得再次求见伊丽莎白女王。

伊丽莎白女王越想越生气，越想越觉得毛骨悚然。她对约翰·哈林顿①说道："我的主啊！朕还是女王吗？这个人都欺负到朕头上了！"对罗伯特·德弗罗的正式审判是在九个月后进行的。在此之前，他生了大病，卧床不起。一个临时成立的特别委员会专门负责审判这位失宠的弃儿。1600年6月，他以藐视圣上罪、违抗圣命罪，被革除所有职务，暂时软禁在自己的宅邸中，听候伊丽莎白女王发落。没过几周，软禁就被解除了。但无论他如何再三写信央求伊丽莎白女王，女王始终没同意他进宫觐见的请求。

现实中总有一些人认为，如果不是他们有要职和大权"庇护"，早就像其他普通同胞一样有"冤"无处伸，惨遭"毒手"了。罗伯特·德弗罗就是其中之

---

① 第一代哈林顿男爵约翰·哈林顿（John Harington, 1st Baron Harington, 约1539—1613），英格兰廷臣、政治家。

一。就他犯下的那些罪孽，闯下的那些祸端，换作大多数君主，恐怕早就让他身首异处了。然而，他既不悔过，也不感恩，竟然动起了胁迫甚至废黜伊丽莎白女王的心思。他先是蛊惑苏格兰国王詹姆斯六世通过武力手段逼迫伊丽莎白女王承认他对英格兰的合法王位继承权，然后三番五次地劝说他的继任者爱尔兰总督蒙乔伊男爵威廉·布朗特率部赶赴苏格兰响应詹姆斯六世可能的行动。当时，英格兰政府不知道罗伯特·德弗罗暗中策划的这些阴谋剑指何处，但种种迹象表明他好像有什么大动作：武士络绎不绝地涌向他的家中；频繁接触已被政府列入怀疑对象的贵族、重要人士——其中有些人是后来爆发的"火药阴谋"①的参与者、策划者；清教派神职人员正为他的事业忙前忙后地做说教工作，并祈祷他能够获得成功。伦敦城中弥漫着一股浓烈的火药味。于

处死"火药阴谋"的策划者、参与者

---

① "火药阴谋"是由罗伯特·凯茨比指挥的英格兰顽固派天主教徒于1605年发动的一场旨在暗杀英格兰国王詹姆斯一世（即苏格兰国王詹姆斯六世）的政治阴谋。

亨利·赖奥思利

是，枢密院紧急召唤罗伯特·德弗罗前来问话。罗伯特·德弗罗很快现出了原
形。他立即发动了酝酿许久的叛乱。叛乱队伍总计约三百人，其中包括第三代
南安普顿伯爵亨利·赖奥思利、拉特兰伯爵罗杰·曼纳斯①、桑兹男爵威廉·桑

---

① 即第五代拉特兰伯爵罗杰·曼纳斯（Roger Manners, 1576—1612），第四代拉特兰伯爵约翰·曼
纳斯活下来的儿子中最年长的一个。他曾周游欧洲列国，参与过罗伯特·德弗罗指挥的一系列
军事行动，后又与罗伯特·德弗罗等人发动反对伊丽莎白女王的叛乱活动。他幸得詹姆斯一世
宠幸，是同代人眼中的大才子，与伊丽莎白女王时代、詹姆斯一世时代的大多数作家、艺术家
都有深厚的交情。1603年，他任英格兰驻丹麦大使。

兹、爱德华·克伦威尔①以及蒙蒂格尔男爵威廉·帕克②等人。值得庆幸的是，伦敦市民没有响应罗伯特·德弗罗的叛乱。1601年2月8日，政府未费吹灰之力就平息了叛乱，交战过程中双方各有十几人被杀。历史上恐怕没有比这更让人觉

威廉·帕克

① 即第三代克伦威尔男爵爱德华·克伦威尔（Edward Cromwell, 1560—1607），英格兰贵族。第二代克伦威尔男爵亨利·克伦威尔之子。1540年，其祖父格雷戈里·克伦威尔被封为男爵。其曾祖父第一代埃塞克斯伯爵托马斯·克伦威尔是亨利八世时期的重臣。
② 即第十三代莫利男爵、第四代蒙蒂格尔男爵威廉·帕克（William Parker, 1575—1622），英格兰贵族，"火药阴谋"的揭发者。1605年议会召开会议前夕，威廉·帕克收到一封匿名信，说开会期间有人蓄意引爆议会大厅，图谋炸死詹姆斯一世。据推测，报信者是一名天主教徒，因担心殃及威廉·帕克而提前泄了密。那封所谓的"蒙蒂格尔信件"如今存放在英国国家档案室，但它的真伪已无从考证。

大卫·休谟

得不可思议、不知天高地厚的鲁莽行为了。罗伯特·德弗罗竟然妄想以一己之力颠覆一个深得民心的政府！他的所作所为谈何原则？这充分表明了他自私自利，缺乏最基本的常识！

　　1601年2月25日，法庭宣布罗伯特·德弗罗犯有多项重罪，立即执行死刑。事已至此，谁还能救得了他呢？伊丽莎白女王曾经确实宠幸过他，但现在一点儿也不觉难为情。一味强调女王"轻佻""多情"——就像大卫·休谟①及其他很多

---

① 　大卫·休谟（David Hume, 1711—1776），出生时取名大卫·霍姆，苏格兰不可知论哲学家、历史学家、经济学家、散文家，著有《英格兰史》等书。

人所说的那样——会让人心生反感，让人不得不怀疑其险恶用心，因为这纯粹是无中生有。上了年纪的人偏爱朝气蓬勃、积极向上的年轻人也在情理之中。但错就错在偏爱罗伯特·德弗罗的那个人恰好是一国之君，而被宠信者恰恰又是一个骄傲自满、集所有坏毛病于一身的人。在他逐渐暴露真面目的那段时间，伊丽莎白女王对他的宠爱也在一天天消退。伊丽莎白女王曾试图以惩罚手段引导他重新步入正轨。正如伊丽莎白女王所说："是为了纠正他，而不是为了毁灭他。"[1]伊丽莎白女王虽然对他的无礼一再忍让，但很早以前就警告过他千万别触碰王权的底线，否则英格兰的法律将不会轻饶他。伊丽莎白女王言出必行，尽

1600 年的伊丽莎白女王

---

[1]　原文是拉丁文 "ad correctionem, non ad ruinam"。

管曾经的回忆使她心痛。据可查证的史料显示，伊丽莎白女王在处死罗伯特·德弗罗一事上没有表现出丝毫悔意。罗伯特·德弗罗的同谋中只有三人被判处死刑。上文提到的五位贵族既无大权在握，也不具有实质性威胁，最后得到了伊丽莎白女王的宽大处理。

罗伯特·德弗罗的一位追随者曾暗示他，他之所以栽倒在爱尔兰事务上，是因为在继任者蒙乔伊男爵威廉·布朗特所推行的围而不歼、切断食物供给的非人性化治理措施面前，他本"善解人意的天性"落了下风。然而，这种说法没有任何真凭实据。1599年6月25日在写给伊丽莎白女王的一封信中，罗伯特·德弗罗建议"抢光、烧光爱尔兰的每一寸土地"。只有这样，"不出一年，所有叛军都会饿死"。这正是蒙乔伊男爵威廉·布朗特执行的政策。蒙乔伊男爵威廉·布朗特虽然远不及罗伯特·德弗罗那般诡计多端，况且当时面临着已经在金塞尔^①登陆的三千西班牙士兵的威胁，但他是第一个彻底征服爱尔兰的英格兰人。蒂龙伯爵休·奥尼尔也在伊丽莎白女王驾崩前几天投降。

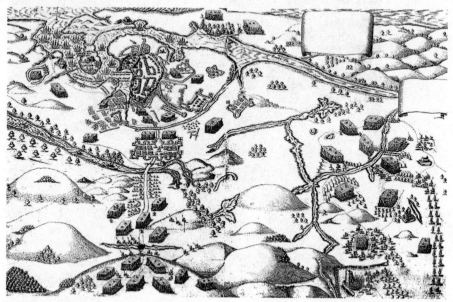

围攻金塞尔示意图

---

① 金塞尔（Kinsale）是一座历史悠久的港口城镇、渔村、军事要塞，位于今爱尔兰科克郡。

本书一直很少谈及议会。伊丽莎白女王时代历史的重点不在议会上。当时，英格兰实行君主专制。伊丽莎白女王一般只听取枢密大臣的谏言，议员们几乎是没有进谏权的。在长达四十五年的统治时间里，伊丽莎白女王只召开过十三次议会会议。议会的主要功能是，当王室财政紧张时投票是否增加拨款数额，并制定相关法律。议会在这两项事务上拥有绝对的话语权。因此，当无须额外津贴或不必动用刑罚惩处政治犯或"异端分子"时，伊丽莎白女王从来不会召集议会。事实上，伊丽莎白女王谨慎、成功的治国手段也不需要议会的更多参与。伊丽莎白女王不经常召开议会的另一个重要原因就是减少开支。

英西大海战爆发前三十年只召开过九次议会，有八次是为加拨经费而开，其中一次只通过了伊丽莎白女王要求的部分经费。在伊丽莎白女王的经营下，她不仅用王室收入——1603年时，王室的年收入达到三十万英镑——维持着政府的各项开销，而且还清了以前的所有债务。其中，到继位的第二十四年时，伊丽莎白女王偿清了亨利八世统治时期欠下的巨额外债，不包括每年加付的利息。后来，她甚至存了一些钱。她曾在议会上说："管好这些钱，以备不时之需。"但这些钱后来被英西大海战吞噬了。伊丽莎白女王统治后期的十五年时间里，她接受过十二笔津贴，但还是捉襟见肘，经常为钱的事犯愁。她不得不变卖王室领地，最后得到三十七万两千英镑。即便这样，当伊丽莎白女王要求议会增加津贴时，一向只同意拨付定额津贴的议会既抱怨又哭穷。至于弗朗西斯·培根1593年发表的那番唐突言论"绅士们不得已变卖银碟、农户们变卖铜壶以支付税收"更纯属无稽之谈。与过去相比，国民的财富正急剧增长。但人们的观念仍然停留在过去，他们仍然认为维持政府的运行是君主的私事，与广大臣民没有半点儿关系。君主应该用王室收入支付政府的所有开销，臣民只需按政策缴纳相应税款即可。君主不应惦记他们的钱袋子，他们也不会妄想拿走国王的一分钱。津贴不是强制收取的，而应是人们视情况而自愿缴纳的。

这种论调可能适合那些或因个人主张，或因国家所需而征战在欧洲大陆上的君主，但绝对不适合那些兢兢业业为民谋福利、为国谋稳定的君主。因此，伊丽莎白女王统治末期因税收问题而滋生的各种怨言实属无理取闹，丢人现眼。

但伊丽莎白女王依然以一贯豁达的心态正视那些抱怨者，并心平气和地向他们细细讲起——正如女王所言，她大可以不必这么做——那些钱花在哪儿了：英西战争需要钱，统治爱尔兰需要钱，从尼德兰人、亨利四世那里借的钱要偿还。但议会的辩词实在让人无语。伊丽莎白女王从不在个人身上铺张浪费。她从未像某些王公贵戚那般挥金如土，大兴土木。要知道，在她那个时代，通过修建大型、豪华的宅邸以彰显地位与财富的做法仍在各国盛行。伊丽莎白女王唯一爱好的就是服饰，她因此花了不少钱。有人埋怨伊丽莎白女王太过贪恋奇珍异宝。不过，伊丽莎白女王眼中的珠宝正如腓特烈·威廉一世[①]眼中的银制栏杆，纯属个人爱好。她也于晚年时期变卖所有珠宝充抵政府开销。那些责备伊丽莎

腓特烈·威廉一世

---

① 腓特烈·威廉一世（Frederick William I, 1688—1740），普鲁士国王（1713—1740），勃兰登堡选帝侯（1713—1740），腓特烈大帝之父。

白女王不愿大力援助盟友苏格兰、尼德兰甚至法兰西的现代学者，如果能以宏观的角度再度审视她的用钱之道是竭尽所能最大限度地给予盟友支持，就不会信口雌黄了。

谈起伊丽莎白女王在位期间的最后一届议会（1601），人们自然会提及关于垄断权的那场著名辩论，因为当时国内很多人对王室的垄断行为非常不满。但我要说的是，你如果不了解那场辩论的背景，就不要妄下结论。当时参与辩论的议员没有一个提出限制王室垄断权的建议，而只是抱怨王室践行特权的方式欠妥，有损臣民的利益。如果王室从前不给垄断者那么多特权，或者专利权所有者不那么贪得无厌，我想关于垄断权的怨言也就无所谓了。辩论并没有引发后续的实际行动，因为伊丽莎白女王及时插手，传话给议员们说，她对滥用特权之事毫不知情，她和议员们一样感到愤慨，她会采取措施整顿垄断制度。下议院对伊丽莎白女王的答复很满意。事实上，直到詹姆斯一世继位后第二十一年，英格兰混乱的专利垄断制度才彻底被整顿。

如果都铎王朝的末代君主把英格兰的立法体制原封不动地传给了斯图亚特王朝的开国君主，就像伊丽莎白女王原封不动地从前任君主手中接过英格兰的立法体制一样，那么英格兰国教会也是如此吗？完全不是。对于英格兰国教会的历史地位，这里有两种截然不同的看法。有人认为，自中世纪起至伊丽莎白女王时代，英格兰国教会的实质仍然是天主教。宗教改革时期发生的细微变化仍然没有改变国教会是天主教的事实，其教义、教规与天主教一脉相承，神职人员的称谓与天主教没什么两样。另外一些人认为，国教会与天主教就其叫法而言是自相矛盾的。国教会是改革后的新教会，其管理理念、礼拜仪式及教义教规均发生了翻天覆地的变化，并且国教会只服务最终确定其地位及运行方式的掌权者和授权机构。拿英格兰来说，国教会的实际管理者是君主和议会。在确立国教会统治地位的过程中，"新教徒"一词鲜被提及，这主要是为了不刺激天主教徒，好让他们适应新的环境，但这仍然改变不了英格兰国教会的本质是新教会的事实。无论哪种观点，接近事实也好，偏离也罢，可以肯定的是，伊丽莎白女王统治时期的英格兰国教会完全从属于——在这一点上有别于中世纪——

国家，是一个象征性的机构，在伊丽莎白女王时代一直如此。直到17世纪，教会的最高权力才从君主手中过渡到议会。在这里，我虽然不敢妄议教会对政府的这种依附关系能在多大程度上体现其真正存在的精神价值，但可以肯定地说，迄今为止，英国还没有哪位政治家敢冒天下之大不韪——不管是好意，还是恶意——推翻伊丽莎白女王建立的这套运行机制。

前文已经提到，伊丽莎白女王1559年通过《议会法案》确立了英格兰国教会的运行体制和礼拜仪式，1571年确定了其教义教规。伊丽莎白女王借助议会毫无争议地牢牢控制了教会的最高统治权后，严令禁止议会插手任何教会事务。后来，议会做过各种尝试，企图干预教会事务，哪怕只是口头议论议论，但都被伊丽莎白女王呵止了。为进一步巩固自己的教会最高统治权，她授权成立高等宗教事务法庭，并通过它实施自己的教会统治权。这种模式得到了大多数臣民的默许。不过，一开始，除了政府外，臣民们并没有表现出积极的支持态度。天主教派和清教派反应最激烈。因此，伊丽莎白女王的工作重点就是设法让两个教派的狂热分子公开接受国教会的礼拜仪式。至于他们私下遵奉哪派教义，她无所谓。

英西大海战期间，大部分天主教徒都忠于伊丽莎白女王，愿意为自己的国家贡献力量。然而，政府没有给予他们公正的待遇。大海战爆发前夕，数不清的天主教徒无端被囚禁。一部分天主教徒被软禁在可靠新教派人士的府上，以防他们作乱。据我推测，当时陆军、海军中没有一个人是天主教徒，英格兰政府甚至在大海战结束后无所不用其极，大肆迫害天主教徒。至于英格兰政府为何这么做，其原因无外乎新教徒对天主教徒的不信任，就像世俗神父及大多数天主教徒曾经故意疏远因不断制造阴谋而给他们带来无尽麻烦的那一撮儿忠心耿耿的耶稣会会士一样。

"清教徒"这一叫法有失谨慎，但不失恰当，因为它显示了其信仰。到目前为止，大多数清教徒依然是国教会的信徒。他们反感某些华而不实的仪式，讨厌烦琐的法衣，希望教会废除不必要的繁文缛节，简化神职人员的穿着。他们一切从简，杜绝奢华、浪费。按照现代人的叫法，他们就是福音派。像大多数主教一样，他们笃信加尔文的命定说。他们虽然倾向于加尔文倡导的长老制，但又怀疑它的必要性。他们明显区别于当时只有少数人追随、视每次集会为教会活动、坚决抵制国教会的布朗派和独立派。

随着天主教信徒总人数的急剧下降以及天主教势力日渐衰落,伊丽莎白女王对天主教徒的惩罚力度反倒加强了,并一直延续至其统治末年。她这么做的目的是希望所有天主教徒都融入国教会。这就是伊丽莎白女王一直坚决地拒绝在礼拜仪式、神职人员穿着上——尽管这些细节在现代人眼中根本不值得一提,但恰好是清教徒所喜闻乐见的——做出让步的真正原因。正是伊丽莎白女王当时确定的这一原则——只能称其为原则,而非信条——给后继的两位君主(即詹姆斯一世与查理一世)埋下了许多隐患,招致了不少非难,因为新教派狂热分子一直据理力争,坚决要求变更礼拜仪式,撤换神职人员的旧着装。不过,这恰好验证了伊丽莎白女王当时的疑虑,也证明了伊丽莎白女王当时坚持这一原则的正确性。她因此巧妙地避免了正如后来发生在国教势力与清教势力之间的那场天主教派与国教派的内战。英格兰内战期间,当再度审视伊丽莎白女王时期的宗教政策时,清教徒才发现其祖先当时应是何等庆幸。毫无疑问,如果不是伊丽莎白女王高瞻远瞩,巧妙地化解了天主教与新教之间的深仇大恨,那么内战早就爆发了,说不定还会牵扯到国外势力的疯狂干预,并且其惨烈程度远非骑士党①与圆颅党②之间的激烈斗争能比的。当然,彻底化解天主教与新教狂热分子之间的矛盾绝无可能。伊丽莎白女王只能躲避锋芒,维系两大教派之间的平衡。事实证明,她是成功的,并且这种平衡维持了近半个世纪。

当然,在肯定伊丽莎白女王的远见卓识与明智谨慎时,我们或许不该为她残酷迫害拒绝信奉国教的极端天主教徒、新教徒的种种劣迹打圆场。这种做法其实并非必需,在现代人看来甚至极不明智。究其原因,就是伊丽莎白女王的脾气蛮横。对一位普通统治者来说,这不可避免,但对一代明君来说难免有失英明。与惩罚拒绝皈依国教的极端天主教徒相比,伊丽莎白女王对拒绝皈依国

---

① 骑士党(Cavaliers)是英格兰内战(1642—1651)期间的保王党集团,主要成员为官僚阶层和贵族阶层。因戴假发、佩长剑、仿效中世纪的骑士而被称为"骑士党"。

② 圆颅党(Roundheads)是英格兰内战(1642—1651)期间的清教派议会党,因议员皆留短发、头颅较之当时盛行留长卷发的权贵阶层显得更饱圆而被称为"圆颅党"。

教的新教徒的惩罚更重。对于极端天主教徒，我们还可以给他们冠以不忠的罪名，因为他们的观点从逻辑上来讲有损伊丽莎白女王的威严。不过，对亨利·巴罗①、约翰·格林伍德②及约翰·彭里③等独立派清教徒的残酷迫害却让人难以接受，毕竟他们是绝对忠于伊丽莎白女王的。他们被处以极刑的罪名是传播煽动性言论，扰乱社会秩序。事实上，所谓"煽动性言论"只不过是他们倡导的宗教观点而已，况且亨利·巴罗和约翰·格林伍德所谓的"煽动性言论"是在像托马斯·德·托克马达④一样无所不用其极、毫无怜悯之心的坎特伯雷大主教约翰·惠特吉夫特⑤刑讯逼供下得出的"证词"中"提炼"出来的。部分枢密大臣，尤其是威廉·塞西尔和弗朗西斯·诺利斯爵士，当时极力反对坎特伯雷大主教约翰·惠特吉夫特的做法，但坎特伯雷大主教无疑是经过伊丽莎白女王特许的。伊丽莎白女王偏偏喜欢和那些英勇无畏、意志坚定的人斗来斗去。不过，伊丽莎白女王杀得了他们，难不成还要杀完所有"不从者"？人满为患的监狱就是最好的例证，她不可能让所有人都臣服，也不可能绞死所有不从者。

1593年，议会出台了一部法案，规定拒不参加国教会礼拜仪式的"异教徒"将被驱逐出境。于是，大多数独立派信徒终于摆脱了桎梏，纷纷逃往国外。那些态度相对温和、寄希望于下任君主的非独立派清教徒既不触犯法律，也不贸然行动，依女王要求每月例行出席一次礼拜活动，直到女王统治末年。正因为如此，弥留之际，伊丽莎白女王或许还在自吹"英格兰的一切宗教事务皆在掌控之中"呢。

① 亨利·巴罗（Henry Barrow，约1550—1593），英格兰独立派清教徒，1593年因其煽动性言论被处死。
② 约翰·格林伍德（John Greenwood，1556—1593），英格兰清教派神学家，独立派清教徒。1593年被处死。
③ 约翰·彭里（John Penry，1559—1593），威尔士最著名的新教殉道士。
④ 托马斯·德·托克马达（Tomas de Torquemade，1420—1498），多明我会会士，15世纪后期西班牙同质化宗教运动过程中首位宗教裁判所大法官。这场运动使西班牙国内成千上万犹太教信徒和穆斯林离开家园，许多人被处死。
⑤ 约翰·惠特吉夫特（John Whitgift，约1530—1604），坎特伯雷大主教（1583—1604）。他热情好客，爱讲排场，外出时随行人员总数有时多达八百。其神学观点颇具争议。

第 **12** 章

伊丽莎白女王驾崩
与共主时代来临

1601—1603

玛丽·斯图亚特之死使苏格兰国内党派林立、混乱不堪的局面好了很多。她的儿子如果具备一位合格统治者的各种禀赋，或许比任何一位前任更有理由把苏格兰治理得井然有序，因为苏格兰的中产阶级终于抬起头来了。就学识与眼光而言，詹姆斯六世是一位能力出众的政治家。他在几件要事上的处理手法不仅展现出娴熟的驾驭能力，而且展现出充沛的活力和非凡的勇气——但那些研究詹姆斯六世的英格兰学者通常不认可后两种品质。他极易心烦气躁，而且有点儿玩忽职守。他贪恋钱财，任人唯亲。他原本应该振兴经济，健全财政制度，维持国家的长治久安，深入地方体恤民情，团结弱势贵族，拉近与教会的关系，认真处理政务，坚决打压各派大贵族势力。然而，恰恰相反，他穿行于各派势力中间，蓄意挑起它们之间的矛盾，以此巩固自己的地位；排斥伊丽莎白女王的对苏政策，三番五次打击伊丽莎白女王对他将来继承英格兰王位的信心——这对他来说恐怕是利益攸关的吧。他没完没了地利用西班牙人和天主教势力向伊丽莎白女王施压，厚颜无耻地敲诈、勒索她。

　　伊丽莎白女王因刻意培植苏格兰亲英派、削弱苏格兰的实力而遭人指指点点。她确实支持过桀骜不驯、无所不为的博思韦尔伯爵弗朗西斯·斯图亚特[①]。

---

① 即第五代博思韦尔伯爵弗朗西斯·斯图亚特（Francis Stuart，约1562—1612），苏格兰枢密大臣、海军大臣、阴谋家。他与詹姆斯六世是表兄弟（前者为詹姆斯五世的孙子，后者为詹姆斯五世的外孙），"达恩利勋爵被谋杀案"的主谋第四代博思韦尔伯爵詹姆斯·赫伯恩是他的舅父。

弗朗西斯·斯图亚特

不过,弗朗西斯·斯图亚特是亲西班牙天主教贵族们——他们正预谋引西入苏——的眼中钉。毫无疑问,伊丽莎白女王祭出此招的最终目的无非是希望看到詹姆斯六世摧垮大贵族集团势力,结束乱局,安稳地做苏格兰国王罢了。伊丽莎白女王隔三岔五、不厌其烦地给詹姆斯六世写信,陈说其中利害,其诚心天地可鉴，其眼光无人能及，其热心无人能比。虽然处处捉襟见肘，但她从未中断给詹姆斯六世每年三千英镑的援助金。到1600年时，援助金已经增加到六千英镑。但永远不知足、不问女王疾苦的詹姆斯六世拿到钱后总是一挥而尽。即使伊丽莎白女王给他的年援助金增加到原来的十倍，詹姆斯六世也不觉得多！

17 世纪初的詹姆斯六世

随着伊丽莎白女王一天天变老，詹姆斯六世变得更加不安分起来，成天惦记着英格兰的王位。所有苏格兰人也跟他们的国王一样急不可待。在英格兰，虽然有部分天主教徒仍在不停地谈论着达恩利勋爵亨利·斯图亚特的侄女阿拉贝拉·斯图亚特小姐①继承王位的各种可能性，但英格兰上下无不透露出对詹姆斯六世的期待与支持。为进一步巩固自己对英格兰王位的继承权，詹姆斯六世频

阿拉贝拉·斯图亚特

---

① 阿拉贝拉·斯图亚特（Arabella Stuart, 1575—1615），英格兰贵妇，英格兰王位的声索者，达恩利勋爵亨利·斯图亚特的弟弟伦诺克斯伯爵查尔斯·斯图亚特之女。

晚年的伊丽莎白女王

繁与伊丽莎白女王的廷臣眉来眼去，共商计谋，煽动臣民向英格兰政府施压，从而壮大他不日将继承英格兰王位的声势。伊丽莎白女王非常生气。不过，执意要把王位传给詹姆斯六世的伊丽莎白女王却从未公开打击过他。

　　曾因共同对付罗伯特·德弗罗而关系友好的两位宫廷权贵罗伯特·塞西尔和沃尔特·雷利爵士，如今暗中讨好詹姆斯六世，以求将来得到重用。两人都极尽谄媚之能事，力荐自己才是将来詹姆斯六世最值得倚重的咨议大臣。而深得伊丽莎白女王信任的罗伯特·塞西尔一直左右为难。直到伊丽莎白女王的身体状况

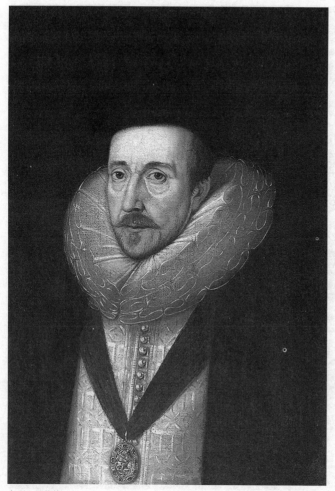

亨利·霍华德

急剧恶化，他才唯唯诺诺地与詹姆斯六世取得了初步联系。即使在那个时候，他也不敢公开自己的真实身份，但又不想错失良机。于是，他委托北安普顿伯爵亨利·霍华德①为自己代笔。不过，他明白无误地表明这是自己的意思。为表忠心，他借给詹姆斯六世一万英镑的贷款。这笔钱足以让他的竞争对手败下阵来。

　　伊丽莎白女王漫长的统治一步步接近尾声了，仿佛余晖照耀大地，一切显

---

① 　即第一代北安普顿伯爵亨利·霍华德（Henry Howard, 1st Earl of Northampton, 1540—1614），英格兰贵族、廷臣。他是第四代诺福克公爵托马斯·霍华德的弟弟。

得那么平和、静谧。这是喧嚣之后的安宁,风雨过后的洒脱。维吉尔笔下的女主人公仿佛就是她的化身——"我一生没有辜负命运。如今,我跟随心灵化归尘土"。[①]令人望而生畏的腓力二世带着无法释怀的遗憾——尼德兰、法兰西、英格兰如今无不独立存在,发展势头无不一片大好——于1598年离开了这个世界。在给腓力二世祭出的三记重拳中,要不是伊丽莎白女王凭借过人的胆识一招致命,欧洲历史不知要倒退多少年! 奥兰治亲王威廉一世虽然英勇顽强,但只坚持了十六年(1568—1584)。在继承法兰西王位之前,亨利四世充其量只是一位偏居一隅的弹丸之国的统治者,欧洲政坛上几乎没有他的身影。就算从继位的1589年算起,他与腓力二世正式交手的时间也只有区区九年。最后,双方签署《韦尔万和约》,化干戈为玉帛。只有伊丽莎白女王一直不卑不亢,不屈不挠,四十五年如一日,始终坚持以各种方式打击西班牙。正是这种不屈不挠、不畏强敌的伟大精神,最终击垮了腓力二世,正如后来的拿破仑遭遇的下场一样。伊丽莎白女王继位伊始,英格兰上不能保安稳,下不能安民心,弥漫着一股颓废之气,是女王一手把全国人民拧成一股绳的,是她一点点帮助这个国家拾回信心、进入强国之列的。因此,当代人歌颂她,子孙后代赞美她;大不列颠岛以她为荣,欧洲大陆尊她为榜样。法国一位历史学家写道:"就连她的敌人也无不由衷地感叹,她是人类历史上头顶王冠的女人中最有成就、最幸运的一位。"在大众看来,鲜有或者甚至没有什么事——正如弗朗西斯·培根所说——比伊丽莎白女王看着人人能安居乐业时的情景更幸福了。

然而,史料证明,伊丽莎白女王生命中的最后几个月过得很凄惨。她动辄大发雷霆,并且每每一发不可收拾。据此,有人猜测她因"罗伯特·德弗罗事件"而撒气,也有人说她因无情迫害清教徒而懊悔不已。结果,她整天郁郁寡欢。我们实在没有必要挖空心思为伊丽莎白女王最后惨淡的岁月蒙上一层虚伪的面纱。当我们透过耀眼的光芒,将心比心,站在伊丽莎白女王的角度看待她的私生活时,请问还有谁比她更可怜? 没错,荣耀与威严依然笼罩着她,但有谁真正在乎

---

① 出自维吉尔《埃涅阿斯记》(*Aeneid*)卷四第653行到第654行。以上是女主人公狄多在了结自己生命前当着女仆的面对自己说的话。原文是拉丁文 "Vixi, et quem dederat cursum fortuna, peregi; et nune magna mei sub terias ibit imago"。——原注

弗朗西斯·培根

她日渐憔悴的容颜？她有几个真心朋友？有谁在乎她的真情实感？她身边连个关系亲近一点的亲属都没有！情生情，爱生爱。她一生形单影只，离开时注定无人陪伴。随着最后岁月的慢慢流逝，她逐渐意识到身边那些人除了敬畏自己的权杖外，没有一个人真正属于她，没有一个人真正在乎她是否能多活几天。身体硬朗时，伊丽莎白女王无不沉浸在无拘无束、玩弄权术于股掌的惬意生活中。但对一位年逾古稀却依然没尝过爱与被爱的滋味，生命中没留下一丝遗憾但不失温馨的美好记忆，从未体验过为妻之喜怒哀乐、生产之"痛苦"、为母之幸福，只能痴痴地待在忧伤的暮色中孤苦伶仃地等待最黑暗的那一刻到来的老处女来说，即使她曾经多么迷恋抛头露面，多么擅长玩弄权术、指点江山，多么趾高气昂、不屈不挠，为祖国做过多少贡献，但随着权力光环的褪去，一夜之间只剩下一把老骨头时，我们还能指望她的晚年不孤独、凄惨吗？

多亏伊丽莎白女王独特的养生之道——"滴酒不沾、严格节食是驱除百病的最好疗剂"，她经常这样说——以及坚持运动的良好习惯，她的身体一直很硬朗。她从不知疲倦，也几乎不生病。直到1602年初，她身边的人才开始注意到她的身体不比以往了。不过，她依然外出狩猎，出席宫廷舞会。她擅长跳舞。跳舞之于女王，好比溜冰、打网球之于许多老年人，这是最好的锻炼，才不管别人怎么说！1602年12月，哈林顿男爵约翰·哈林顿——他是个非常有趣的人，深得伊丽莎白女王喜欢——来看望她时，发现"她手里握着过去经常喝水用的金杯，但

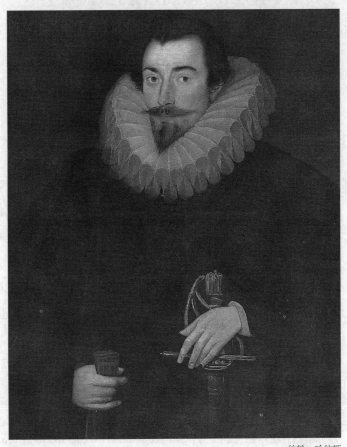

约翰·哈林顿

罗伯特·凯里

她的内心似乎在告诉自己'够了，不需要了'"。哈林顿男爵约翰·哈林顿为伊丽莎白女王朗诵了自己写的讽刺诗。伊丽莎白女王微微一笑，说："等你感到大限将至的时候，对这些糊弄人的东西就不会有什么兴趣。朕对这些东西感兴趣已经是过去的事了。你看到了，朕身体虚胖，很是不适。自昨夜以来，朕只吃了一个蛋糕，味道糟糕透了。"之后，约翰·哈林顿急忙给苏格兰国王詹姆斯六世寄了一份礼物。礼物中夹着一个便条，上面写道："耶稣啊，你进你国的时候，请记得我。"①

蒙默斯伯爵罗伯特·凯里②——伊丽莎白女王的表兄亨斯顿男爵亨利·凯里之子——在1602年12月看望伊丽莎白女王时说："您看起来很精神！"伊丽莎白

---

① 出自《圣经》。原文是拉丁语"Domine memento mei cum veneris in regnum"。
② 即第一代蒙默斯伯爵罗伯特·凯里（Robert Carey，约1560—1639），英格兰贵族、廷臣。

女王说："不，罗宾，朕身体并不好。"然后，"由于身体不适，女王没再说什么。十天或十二天以来他一直很难过，心情一直很沉重。在与她聊天的过程中，她叹了四十或五十次重气……我随即给苏格兰国王写了封信。"①不过，伊丽莎白女王糟糕的心情丝毫没有影响缜密的思维。1603年1月5日，她写给詹姆斯六世一封信。字迹虽然潦草难以辨认，但铿锵有力，个性十足。

从1603年3月起，伊丽莎白女王的身体状况急剧恶化。她患上了喉疾，喉咙肿胀，疼痛难忍，几乎说不出话来。伊丽莎白女王身边只有罗伯特·凯里和他妹

面临死亡威胁的伊丽莎白女王

---

① 在拉近与博林家族的男性亲属之间的关系方面，伊丽莎白女王虽然付出了很大努力，但既没有给他们加官晋爵，也没有给他们发财的机会。亨斯顿男爵一直想继承博林家族的维尔特伯爵爵位，但伊丽莎白女工始终没有答应。直到他弥留之际，伊丽莎白女王才给他送去代表伯爵爵位的权杖及服饰，把它们放在他的病榻上，但那位脾气暴躁的老头却对她说："女王陛下，既然您在我活得好好时认为我不配拥有此殊荣，那我一个将死之人现在要它还有什么用呢？"——原注

妹斯洛克普夫人①。他们一刻也不想离开女王，只为争取第一时间给詹姆斯六世报信。枢密大臣们费尽心思劝她用膳，或让她上床休息，但她谁的话也不听。伊丽莎白女王总是害怕上床。每当躺在床上时，她总会产生一种错觉，隐隐约约"看见自己骨瘦如柴的模样。和着火光，她情不自禁地感到害怕"。迫不得已，大臣们赶紧请来了正在为妻子服丧的海军上将诺丁汉伯爵查尔斯·霍华德。查尔斯·霍华德既是安妮·博林的表弟②，又是她的表孙女婿③。因此，他似乎是女王临终前唯一一个可以信任的人。在他的好言相劝下，伊丽莎白女王终于喝了一些汤。伊丽莎白女王的宫女索思韦尔夫人④说道："对于其他人提出的一切问题，女王一概未作答复，只是对一旁不停地劝她移寝御榻的查尔斯·霍华德轻轻地说，'我的海军上将，你如果知道朕在御榻上看见了什么，就不会再劝朕了'。首席秘书罗伯特·塞西尔听到这句话后，连忙问，'陛下您是不是看到神灵了？'伊丽莎白女王瞟了他一眼，示意这种无聊的问题无须作答。罗伯特·塞西尔接着说，'为了英格兰的臣民，您必须躺到御榻上去。'女王轻蔑地一笑，说，'对君主不能用必须这个词！'缓了一口气之后，她接着说，'小精灵啊小精灵，要是你的父亲仍健在，他可不敢这么多嘴！你明知朕所剩时日不多，所以才敢如此放肆！'随后，女王命令罗伯特·塞西尔和其他人离开内室，只允许查尔斯·霍华德一人留下。她摇了摇头，悲伤地说，'朕现在身不由己了。'查尔斯·霍华德试图以一贯的勇气安慰她，让她振作起来。但女王说道，'朕已无力回天，朕的大限已到。'"罗伯特·凯里说："查尔斯·霍华德一边哄骗，一边硬扯，最后把她抬上了御榻。"

伊丽莎白女王曾经暗示，詹姆斯六世就是自己的合法继承人。事后，查尔斯·霍华德对同僚说，直到病情加重的那一刻，伊丽莎白女王才吐露了真实的想法。两年前，会见亨利四世的大臣罗斯尼时，伊丽莎白女王曾提到将来让英格兰

---

① 即费拉德尔菲亚·凯里（Philadelphia Carey），第十代博尔顿的斯洛克普男爵托马斯·斯洛克普（1567—1609）之妻。
② 见附录二。——原注
③ 见附录三。——原注
④ 索思韦尔夫人是罗伯特·索思韦尔（1563—1598）之妻，也是第二代埃塞克斯伯爵罗伯特·德弗罗的情妇。

和苏格兰共主的事。但直到伊丽莎白女王临终前几个小时，大臣们才壮着胆向她请教继承人的问题。大臣们宣布伊丽莎白女王暗示的就是詹姆斯六世。罗伯特·凯里也这样认为。尽管他当时似乎不在场，但他的妹妹极有可能是见证人之一。索思韦尔夫人的文字记录似乎也是有力的证据，但她的措辞天主教气息过浓，其可信性值得怀疑。"枢密院专门请来坎特伯雷大主教约翰·惠特吉夫特和其他高级教士为女王做祈祷。伊丽莎白女王看到他们后异常生气，当场恶狠狠

约翰·惠特吉夫特

地教训了他们一顿。她告诉他们自己是基督虔诚的信徒没错，但讨厌看到福音派传教士。她也不想让他们在自己面前玷污圣灵，然后呵斥他们赶紧滚蛋。所有人不得不依着伊丽莎白女王。即使伊丽莎白女王临终之际，她的神志依然清楚。回答问题时，她的措辞依然恰当、得体，只是日渐加重的喉疾使她难以说话。伊丽莎白女王希望能有什么法子清清嗓子，以便回答枢密大臣的请示——女王想让谁来继承王位——时舒服一点。但心疼女王的大臣们说，'听到中意的名字后陛下只需随便竖起一根手指即可'。大臣们依次提到法兰西国王、苏格兰国王，女王毫无反应。但当念到博尚勋爵①时，女王一下子激动起来，反驳道，'朕决不允许那个贱妇的儿子触碰朕的宝座，它理应由某位称得上国王的人来坐。'语毕，女王晏驾（1603年3月23日下午）。"

然而，根据史料记载，在那令人印象深刻的"大发作"后，伊丽莎白女王又多活了几个小时。罗伯特·凯里澄清道，1603年3月23日18时，他与坎特伯雷大主教约翰·惠特吉夫特一同走进伊丽莎白女王的内室；伊丽莎白女王没有说话，但表示自己在听坎特伯雷大主教约翰·惠特吉夫特的祈祷，并两次示意坎特伯雷大主教约翰·惠特吉夫特不要离开；伊丽莎白女王是在1603年3月24日（星期四）凌晨的某个时刻晏驾的。

在叱咤政坛的众多伟人中，伊丽莎白女王不是最璀璨的那颗明星。她也不是一个让无数男子倾倒的女人。即使在女性统治者当中，我也不认为她是第一人，因为我首先想到的是为君无所不能、为女人完美无瑕的卡斯蒂尔女王伊莎贝拉一世②。但我不敢保证这种对比就一定合理。就伊丽莎白女王统治时期所

---

① 即凯瑟琳·格雷郡主（1540—1568）与第一代赫特福德伯爵、第一代博尚男爵爱德华·西摩（1539—1621）之子博尚勋爵爱德华·西摩（1561—1612）。当时，"rascal"一词特指身份卑微的人。——原注

② 卡斯蒂尔女王伊莎贝拉一世（Isabella I of Castile, 1451—1504）与阿拉贡国王斐迪南二世的结合为外孙查理一世（即神圣罗马帝国皇帝查理五世）统一西班牙奠定了政治基础。通过斗争登上王位后，她大幅整顿政府，严厉惩罚犯罪分子，多举并施偿清前任及王兄欠下的高额外债。她与丈夫斐迪南二世在治理联合王国时做出的一整套关键性决策对其他国家与地区都或多或少产生过积极的影响。她与丈夫完成收复失地运动，大肆迫害穆斯林和犹太教徒——或迫使他们改信天主教，或把他们驱逐出境。他们支持并资助克里斯托弗·哥伦布于1492年开辟新大陆。

伊莎贝拉一世

面临的各种艰难险阻及盘根错节的复杂局势，鲜有哪位君主能与她相提并论，鲜有哪位君主如她这般辉煌。这才是客观、公允评价伊丽莎白女王功过是非的唯一标准。任何试图还原伊丽莎白女王真实面目的研究报告——即使文藻有时略显夸张——都不应该背离这个基本的事实。有些研究者以偏概全，坚称伊丽莎白女王徒有虚名，昏庸无能。她唯我独尊、随心所欲、鼠目寸光、盲目轻信、胆小怕事、急躁冒进，对别人斤斤计较，自己却挥霍无度，总是以一己之虚荣、好恶随意践踏法律。但他们没有进一步说明，也没法说清为何这样一位"劣迹斑斑"的女人成功统治英格兰长达四十五年。每个人不乏撞好运的时候，政治家也不例外。但当有人一再把伊丽莎白女王取得的一切辉煌成就归因于好运时，我们只能说："我们断然不能透过连真实姓名都不敢公开的文人的笔头去了解伊丽莎白女王的真实面貌，因为那些文笔犀利、立意迂腐、措辞生硬的文人只会断章取义，哪懂得以事实根据来说话的道理？相反，伊丽莎白女王时期的大臣、权贵以及那些曾参与政府决策、掌舵国家航向、与国家同舟共济的伟人们才有真正的发言权。"①

我们不妨看看那些曾经参与政府决策的伟人是如何评价伊丽莎白女王的吧。亨利四世评价道："我何尝不是踏着她的足迹追寻治国的灵感！"下一代人中的佼佼者奥利弗·克伦威尔评价道："伊丽莎白女王名垂千秋！这是我们的骄傲！"

---

① 出自弗朗西斯·培根的作品《追忆伊丽莎白》（*Infelicem memoriam Elizabethoe*）。——原注

伊丽莎白女王时期的各届议会

议会（届）	伊丽莎白女王 继位第几年	召开日期	延期至	解散日期
第一届	一年	1558/9 年 1 月 25 日		1559 年 5 月 8 日
第二届 （第一会期）	五年	1562/3 年 1 月 12 日	1563 年 4 月 10 日	
第二届 （第二会期）	八年及九年	1566 年 9 月 30 日	1566 年 12 月 30 日	1567 年 1 月 2 日
第三届	十三年	1571 年 4 月 2 日		1571 年 5 月 29 日
第四届 （第一会期）	十四年	1572 年 5 月 8 日	1572 年 6 月 30 日	
第四届 （第二会期）	十八年	1575/6 年 2 月 8 日	1575/6 年 3 月 15 日	
第四届 （第三会期）	二十五年	1580/1 年 1 月 16 日	1580/1 年 3 月 18 日	1583 年 4 月 19 日
第五届	二十七年及二十八年	1584 年 11 月 23 日 *	1585 年 3 月 29 日	1586 年 9 月 14 日
第六届	二十八年及二十九年	1586 年 10 月 15 日 *	1586 年 10 月 29 日	1587 年 3 月 23 日
第七届	三十一年	1588/9 年 2 月 4 日		1589 年 3 月 29 日
第八届	三十五年	1592/3 年 2 月 19 日		1593 年 4 月 10 日
第九届	三十九年	1597 年 10 月 24 日 *		1598 年 2 月 9 日
第十届	四十三年	1601 年 10 月 27 日		1601 年 12 月 19 日
* 圣诞节期间议会休会				

附录二

伊丽莎白女王与霍华德家族同时期主要成员之间的关系图

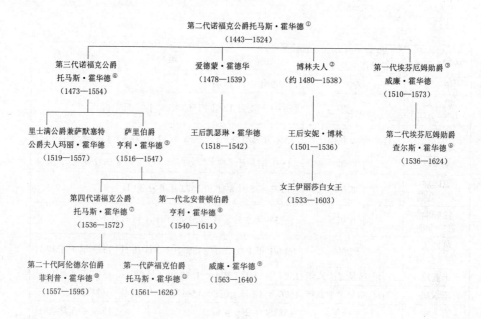

第二代诺福克公爵托马斯·霍华德①
(1443—1524)

第三代诺福克公爵托马斯·霍华德④
(1473—1554)

爱德蒙·霍德华
(1478—1539)

博林夫人②
(约 1480—1538)

第一代埃芬厄姆勋爵③
威廉·霍华德
(1510—1573)

里士满公爵兼萨默塞特公爵夫人玛丽·霍华德
(1519—1557)

萨里伯爵亨利·霍华德⑤
(1516—1547)

王后凯瑟琳·霍华德
(1518—1542)

王后安妮·博林
(1501—1536)

第二代埃芬厄姆勋爵查尔斯·霍华德⑥
(1536—1624)

女王伊丽莎白女王
(1533—1603)

第四代诺福克公爵托马斯·霍华德⑦
(1536—1572)

第一代北安普顿伯爵亨利·霍华德⑧
(1540—1614)

第二十代阿伦德尔伯爵菲利普·霍华德⑩
(1557—1595)

第一代萨福克伯爵托马斯·霍华德⑪
(1561—1626)

威廉·霍华德⑨
(1563—1640)

---

① 即弗洛登战役中英军统帅萨里伯爵。
② 托马斯·博林爵士与伊丽莎白·霍华德结婚后被亨利八世封为威尔特希尔伯爵与奥德蒙伯爵。
③ 海军上将埃芬厄姆的霍华德，玛丽一世封其为埃芬厄姆男爵。
④ 亨利八世的大臣。
⑤ 亨利·霍华德是诗人，被亨利八世处死。
⑥ 查尔斯·霍华德指挥英格兰海军打败无敌舰队，被伊丽莎白女王封为诺丁汉伯爵。
⑦ 托马斯·霍华德被伊丽莎白女王处死，其爵位被剥夺。
⑧ 亨利·霍华德被詹姆斯一世授封为北安普顿伯爵。
⑨ 其妻是霍华德家族和达尔斯家族的共同继承人伊丽莎白·达尔斯。
⑩ 菲利普·霍华德的爵位继承自外公第十九代阿伦伯爵亨利·费茨艾伦，死于伦敦塔。
⑪ 托马斯·霍华德是第四代诺福克公爵托马斯·霍华德与第二任妻子玛格丽特·奥德利之子。

伊丽莎白女王与博林家族
主要成员之间的关系图

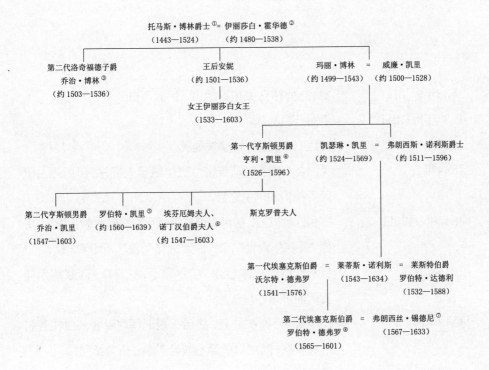

① 托马斯·博林爵士被亨利八世封为威尔特布尔伯爵、奥蒙德伯爵。
② 伊丽莎白·霍华德是第二代诺福克公爵托马斯·霍华德之女。
③ 乔治·博林被亨利八世处死。
④ 亨利·凯里是伊丽莎白女王的大臣、将军。
⑤ 伊丽莎白女王晏驾的消息就是他带给詹姆斯六世的。后来，他被詹姆斯六世封为蒙默斯伯爵。
⑥ 据说她私留了罗伯特·德弗罗打算送给伊丽莎白女王的戒指。
⑦ 弗朗西丝·锡德尼是弗朗西斯·法尔辛厄姆之女，菲利普·锡德尼爵士的遗孀。
⑧ 罗伯特·德弗罗被伊丽莎白女王处死。

附录四

伊丽莎白女王时代大事年表

1533年9月6日	安妮·博林在格林威治生下伊丽莎白。
1533年9月10日	伊丽莎白受洗。
1536年5月19日	安妮·博林因通奸罪被处死。
1544年	《国会法案》明确英格兰王位继承人顺序,伊丽莎白位列爱德华和玛丽之后。
1547年1月28日	亨利八世驾崩,亨利八世与简·西摩之子爱德华继位,史称"爱德华六世",简·西摩之兄爱德华·西摩摄政。
1548年	亨利八世遗孀凯瑟琳·帕尔薨逝,托马斯·西摩萌生迎娶伊丽莎白的想法。
1549年3月	托马斯·西摩被处死,之后一段时间内伊丽莎白在著名学者罗杰·阿夏姆的悉心教导下潜心研习学问。
1553年月6日	爱德华六世驾崩。
1553年7月10日	简·格雷郡主继位。
1554年	怀亚特叛乱爆发,伊丽莎白受牵连被囚伦敦塔,萨塞克斯伯爵亨利·拉德克利夫设法保护伊丽莎白的人身安全。后被转移至伍德斯托克继续监禁。
1555年10月	伊丽莎白获准前往哈菲尔德庄园,由托马斯·波普爵士负责监护。

1558年11月17日	玛丽一世驾崩，伊丽莎白继承王位。
1559年1月	腓力二世正式向伊丽莎白女王求婚，伊丽莎白女王拒绝。
1559年1月25日	新一届国会通过选举产生。
1559年3月	英法苏三国签订《卡托－康布雷西斯和约》，伊丽莎白女王在加来问题上做出让步。
1559年4月	国会分别颁布《至尊法案》《统一法案》，顺利解决了崇拜仪式等重大问题。
1559年6月	苏格兰爆发叛乱，伊丽莎白女王巧妙斡旋，一边暗中输送金钱大力支持"公理会"新教派贵族，一边与西班牙哈布斯堡王室展开婚姻谈判，以此威胁法兰西做出妥协。
1560年2月27日	伊丽莎白女王与苏格兰"公理会"新教派贵族达成协议，同意出兵苏格兰。
1560年3月28日	英军挥师北上攻入苏格兰，利斯围攻战陷入僵局。
1560年7月16日	英法苏三国签订《爱丁堡条约》，法兰西势力开始逐步退出苏格兰，苏格兰事务由苏格兰自己全权处理，伊丽莎白女王是合法的英格兰与爱尔兰女王。
1560年8月	玛丽·斯图亚特返回苏格兰。
1562年3月1日	法兰西爆发瓦西大屠杀，伊丽莎白女王开始支援胡格诺派。
1562年10月初	英军占领勒阿弗尔，此举引起法兰西强烈的反英情绪。
1562年10月	伊丽莎白女王病危，王位继承问题提上日程。
1563年3月	法兰西天主教派与胡格诺派握手言和，强烈要求伊丽莎白女王撤走在法全部英军。
1563年4月	英格兰与法兰西主动达成妥协。
1563年7月28日	英军全部撤离法兰西。
1565年7月29日	玛丽·斯图亚特与亨利·达恩利勋爵结婚。
1566年6月19日	小王子詹姆斯·查尔斯·斯图亚特出生。
1567年2月10日	亨利·达恩利勋爵被暗杀。

1567年5月7日	博思韦尔伯爵詹姆斯·赫伯恩与妻子离婚。
1567年5月15日	玛丽·斯图亚特与博思韦尔伯爵结婚。
1567年6月15日	卡伯里山战役爆发，玛丽·斯图亚特投降受辱，后被囚禁。
1567年9月29日	玛丽·斯图亚特仓促宣布退位，小王子詹姆斯·查尔斯·斯图亚特继位，莫里伯爵詹姆斯·斯图亚特摄政。
1568年2月2日	玛丽·斯图亚特成功逃走。
1568年5月13日	朗赛德战役爆发，玛丽派贵族再次战败，后流亡英格兰。
1568年10月	玛丽·斯图亚特在约克郡接受审讯。
1568年12月	伊丽莎白女王与莫里伯爵詹姆斯·斯图亚特达成协议，拒绝玛丽·斯图亚特返回苏格兰，承认詹姆斯·查尔斯·斯图亚特是苏格兰国王。
1569年到1570年	英格兰北方伯爵叛乱。
1570年1月23日	苏格兰摄政莫里伯爵詹姆斯·斯图亚特遭人暗杀。
1570年2月	教皇庇护五世颁布褫夺伊丽莎白女王教籍的训谕。
1570年4月	英军越过边界进入苏格兰。
1570年8月8日	法兰西王室与胡格诺派签订《圣日耳曼条约》，吉斯家族失势。
1571年2月	威廉·塞西尔受封为伯利伯爵。
1572年4月	尼德兰革命爆发。
1572年4月19日	英法签订《共同防御盟约》。
1572年6月2日	诺福克公爵托马斯·霍华德在塔山被处死。
1572年8月24日	圣巴塞洛缪大屠杀。
1573年5月	英军攻陷爱丁堡城堡，"玛丽派"贵族投降。
1576年11月	比利时属尼德兰与荷兰、泽兰两省革命代表签署《根特协定》，同意联手迫使腓力二世做出让步。
1577年9月	亨利三世与纳瓦拉的亨利签署《贝尔热拉克条约》，指定区域内的新教礼拜仪式合法。

1578年3月	西班牙政府同意贝尔纳迪诺·德·门多萨出使英格兰,英西关系缓和。
1579年到1582年	耶稣会颠覆英格兰计划始末。
1579年11月	英法签订《联姻条约》,法兰西王室催促伊丽莎白女王尽快与阿朗松公爵弗朗西斯完婚。
1580年10月	弗朗西斯·德莱克爵士完成环球航行后返回英格兰。
1581年6月2日	莫顿伯爵詹姆斯·道格拉斯遇害。
1581年8月	法军进驻康布雷,帕尔玛公爵亚历山大·法尔内塞率军撤退,伊丽莎白女王外交斡旋获得胜利。
1582年8月22日	"鲁思文劫持事件"爆发,天主教阴谋失败。
1583年11月	"思罗格莫顿"阴谋败露,英格兰政府驱逐贝尔纳迪诺·德·门多萨出境,英西关系紧张。
1584年7月10日	奥兰治亲王威廉一世不幸遇刺身亡。
1585年3月	"联合保证"通过议会决议。
1585年12月	伊丽莎白女王命莱斯特伯爵罗伯特·达德利率军进入尼德兰支援革命各省。
	弗朗西斯·德莱克爵士率舰队洗劫比戈、圣多明哥、卡塔赫纳。
1586年1月	莱斯特伯爵罗伯特·达德利背着伊丽莎白接受尼德兰总督一职。
1586年7月	英苏结盟。
1586年10月25日	特别委员会在威斯敏斯特法庭宣布玛丽·斯图亚特有罪,依法剥夺玛丽·斯图亚特的英格兰王位继承权,詹姆斯六世依法享有各种特权。
1586年11月	莱斯特伯爵罗伯特·达德利返回英格兰。
1587年	英西关系恶化,战争迫在眉睫。
1587年2月9日	伊丽莎白女王下令处决玛丽·斯图亚特。

1587年4月	弗朗西斯·德莱克爵士率英格兰舰队主动出击,袭扰西班牙港口,焚烧西班牙战舰。
1588年7月29日到 1588年8月8日	英西两国海军在格拉沃利讷附近的英吉利海峡展开决战,"无敌舰队"大败。
1589年4月	弗朗西斯·德莱克爵士率领英格兰舰队远征里斯本失利。
1596年4月	埃塞克斯伯爵罗伯特·德弗罗和埃芬厄姆的霍华德男爵查尔斯·霍华德率领英格兰舰队远征加迪斯大获全胜。
1598年5月2日	法西签订《韦尔万和约》。
1598年8月4日	伯利伯爵威廉·塞西尔去世。
1598年8月	蒂龙伯爵休·奥尼尔在阿马附近大败亨利·巴格诺尔爵士,英军惨遭屠杀。
1599年4月	埃塞克斯伯爵罗伯特·德弗罗出任爱尔兰总督。
1600年6月	埃塞克斯伯爵罗伯特·德弗罗因触犯伊丽莎白女王龙颜被软禁。
1601年2月	埃塞克斯伯爵罗伯特·德弗罗叛乱失败,25日被处死。
1603年3月24日	伊丽莎白女王驾崩。